Aceitar a mudança é
harmonizar-se com
ela e encontrar a
felicidade e a paz.

Coordenação de comunicação: Marcio Lipari
Capa e Projeto gráfico: Jaqueline Kir
Diagramação: Letícia Nascimento
Preparação: Mônica Gomes d'Almeida
Supervisão de revisão: Cristina Peres

1ª edição — 33 impressões
2ª edição — 6ª impressão
5.000 exemplares — março 2020
Tiragem total: 375.000 exemplares

Dados Internacionais de Catalogação na Publicação (CIP)
(Câmara Brasileira do Livro, SP, Brasil)

Lucius (Espírito).
O fio do destino / pelo espírito Lucius ; [psicografado por] Zibia Gasparetto. — 2. ed. — São Paulo : Centro de Estudos Vida & Consciência Editora, 2015.

ISBN 978-85-7722-251-3

1. Espiritismo 2. Psicografia 3. Romance espírita I. Gasparetto, Zibia. II. Título.

13-07952 CDD-133.9

Índices para catálogo sistemático:
1. Romance espírita : Espiritismo 133.9

Este livro adota as regras do novo acordo ortográfico (2009).

Editora e Gráfica Vida & Consciência
Rua das Oiticicas, 75 – Parque Jabaquara – São Paulo – SP – Brasil
CEP 04346-090
editora@vidaeconsciencia.com.br
grafica@vidaeconsciencia.com.br
www.vidaeconsciencia.com.br

O fio do destino

ZIBIA GASPARETTO

Neste romance, você conhecerá duas vidas passadas do espírito Lucius.

NOVA EDIÇÃO

Em cada minuto, uma escolha.
Em cada escolha, um resultado.
Em cada resultado, uma experiência.

Prólogo

Hoje, após tantos anos, retorno ao antigo lar abandonado, buscando encontrar ali as dulcíssimas emoções de antanho. Entretanto, a poeira do tempo varreu a sede das minhas lembranças e o progresso estabeleceu novo ambiente no mesmo local.

A vida nos auxilia, oferecendo-nos oportunidades de nos desapegar dos objetos, das formas materiais, chamando-nos para a profundidade da essência pura. Estabelecendo em nós apenas a destilação dos nossos sentimentos, transforma-os em precioso perfume.

Na tela de minha mente, deslizam nesta hora, como o desenrolar de uma película cinematográfica, todos os acontecimentos dramáticos e emotivos vividos naqueles tempos, e — curiosa sensação — meus sentimentos registram todas as emoções passadas que pareciam adormecidas no esquecimento, sepultadas pela constante necessidade de superar o sofrimento, de aprimorar o espírito, na luta pela evolução.

As emoções se avolumam e eu, colocado frente a frente com as recordações, vivo-as de novo, na maratona maravilhosa e profunda da mente. Poderia dizer que, de repente, um véu tivesse sido retirado do meu cérebro, desdobrando minha capacidade de memória, retrocedendo no tempo, penetrando os mistérios do passado, sentindo, como um encantamento, as emoções de outrora.

Assim, continuo olhando dentro de mim mesmo e rio quando revivo um momento feliz; sofro e choro quando revivo um trecho doloroso. Mas, apesar de tudo, sinto útil esse mergulho no torvelinho das lutas passadas, porque, agora, consciência um pouco mais desperta do que então, vejo também os erros cometidos, as atitudes impensadas e imprudentes que tantos sofrimentos causaram mais tarde. Contudo, na gloriosa apoteose da introspecção emotiva, apesar dos múltiplos sofrimentos revividos, uma luz nova e serena me domina o ser, oferecendo-me uma segurança nunca antes pressentida e uma profunda confiança no futuro.

Dessa maneira, talvez minhas lembranças possam ser úteis a outras criaturas pela experiência que representam, porque, na verdade, poucos na vida não terão amado, poucos não terão confiado, poucos não terão sido traídos, desprezados, adulados, perseguidos, e certamente nenhum terá vivido sem o sofrimento.

Como as Leis que regem os destinos dos seres são imutáveis porque perfeitas, a evolução do espírito se processa lenta e seguramente. Na tela das experiências de cada um, os deslizes e as conquistas se assemelham bastante. Por isso de alguma valia será, certamente, a experiência de um amigo que deseja de alguma forma perseverar no bem e continua lutando, árdua e entusiasticamente, para sua libertação.

Estes são, pois, os objetivos a que me proponho compondo esta obra.

Dissipar as ilusões e procurar mostrar a realidade, porque, como já nos disse o excelso mestre Jesus, "A verdade nos fará livres!".

A carruagem rodava mansamente, bamboleando ao som cadenciado do matraquear dos cascos dos animais que castigavam ritmicamente as pedras do calçamento.

Paris, no ano de 1891, era uma bela cidade. As crises políticas que atravessara na época das mudanças de sistema de governo trouxeram, à esplêndida capital, os homens mais eminentes, as figuras mais respeitáveis do cenário cultural do país.

Era justo mesmo que a República, pela sua maneira liberal de exercer o poder, favorecesse a livre-iniciativa, incentivando as pessoas cultas a cerrarem fileiras nas disputas do Senado e da Constituinte.

Além disso, Paris continuava a manter sua tradição em todo o mundo nos setores da elegância, das artes e da literatura. Paris, no ano citado, era a capital do mundo.

A noite estava cálida e bela. Pelas cortinas abertas, suave aragem penetrava causando agradável sensação. Eu, porém, um tanto indiferente, permanecia sentado no banco acetinado do carro, ligeiramente entediado.

Com vinte e cinco anos, esgotara toda a capacidade emotiva que o dinheiro podia comprar. Único filho homem de abastada família, tinha todos os desejos satisfeitos.

As mulheres rodeavam-me, alimentando-me a vaidade, e o espelho contava-me que era possuidor de um tipo físico atraente. Alto, cabelos negros naturalmente ondulados, moreno pálido, barba cerrada que, embora bem raspada, sombreava-me o rosto, tornando-o másculo. O queixo, ligeiramente pronunciado, denotava caráter dominante, e os gestos, o tom de voz revelavam o hábito de ordenar.

Nem sempre eu fora um indiferente. Sensível e emotivo, um tanto sentimental na adolescência, fui me modificando ao contato com a sociedade. O excesso de facilidades que encontrava por toda parte, na realização dos menores desejos, sepultava os primeiros anseios sob as frias cadeias sociais, criadas pelas aparências.

Meus pais residiam em cidade próxima. Afastara-me do lar para estudar e conseguir bacharelar-me em leis. O sonho dos meus resumia-se nesse diploma que, quando em minha primeira juventude, eu transformara em ideal, mas agora, cursando o quarto ano da Sorbonne, não lhe dava grande importância.

Estudava, sim. Tinha até certa facilidade para aprender, mas a noção do ideal desvanecera-se. Agora, queria terminar o curso para conseguir o título de doutor, cumprindo um dever de honra para com os meus e satisfazendo também minha vaidade de regressar vencedor.

Longe estava o tempo em que sonhara legislar no Congresso, que idealizara trabalhar pelo bem-estar da coletividade, dando-lhe leis mais sábias e condizentes com as necessidades do progresso.

Distante estava de mim a lembrança dos ideais sonhados. Dirigia-me à ópera para assistir a um espetáculo de gala. Era a estreia de madame Germaine Latiell, soprano consagrada pela crítica contemporânea, que arrancava aplausos entusiastas das mais seletas plateias do mundo.

Na realidade, eu não ia ao teatro propriamente pela música nem pelo espetáculo em si, mas pelo hábito social de aparecer sempre que alguma estreia importante engalanasse os meios representativos da alta sociedade de então.

Geralmente comparecia sozinho a esses espetáculos. Ocupava uma frisa bem localizada e fleumaticamente assistia ao programa, sem muitos arroubos nem entusiasmo.

Apesar de estar constantemente envolvido em aventuras amorosas, jamais comparecia acompanhado em público, o que de certa forma criava ao meu redor uma auréola de inconquistável.

Agradava-me mostrar-me indiferente, superior e distante. Assim, com o decorrer de algum tempo, tornei-me realmente insensível, e o que eu simulara apenas por vaidade acabou sepultando minha sensibilidade, encobrindo-a.

Apesar disso, a bem da verdade devo esclarecer que o traço marcante da minha personalidade era a honestidade. Odiava mentir e jamais perdoava a quem errasse ou fraquejasse em qualquer circunstância. Nesse particular era irredutível.

Mas a indiferença com que me revestira, encobrindo as emoções, sufocando-as como fraquezas condenáveis, tinha me tornado a vida um pouco tediosa.

Dia a dia sentia-me mais sem vontade para buscar o ideal da profissão que prazerosamente resolvera seguir.

À força de tentar suplantar a maioria, de ser autossuficiente, arrojara de mim o desejo de trabalhar em benefício da coletividade.

Por isso, dirigia-me ao teatro sem a alegria que minha situação de moço rico e disputado, naquela fase tão entusiasta da mocidade, deveria despertar.

Ouvindo o bimbalhar dos sinos da catedral, senti-me um pouco inquieto. Não gostava de atrasos. A falta de pontualidade parecia-me falta de responsabilidade.

Felizmente, deveríamos estar perto já.

De fato, dali a instantes o cocheiro parou o veículo e pressurosamente desceu da boleia para abrir a portinhola com a usual mesura.

Desci um tanto apressado, atirei-lhe algumas moedas e, a passos rápidos, entrei no teatro.

Os corredores regurgitavam e ouvia-se um zum-zum de palestras a meia-voz, de despedidas e acenos, pois as primeiras luzes já começavam a ser apagadas lentamente, como de praxe.

Cumprimentando com ligeira inclinação de cabeça alguns conhecidos que encontrei pelo caminho, consegui por fim chegar à porta do meu camarote. Girando o trinco delicadamente, entrei. Imediatamente senti-me contrariado. Vislumbrei um pedaço brilhante de um rico vestido e parei incontinente. A dama virou surpreendida a cabeça para a porta. Friamente desculpei-me e saí. Com certeza entrara errado. Coisa muito desagradável, mas se justificava pela pressa com que eu chegara.

Na porta estava o número da frisa com meu cartão fixado no lugar correspondente.

Minha irritação aumentou. Por lamentável equívoco tinham ocupado meu camarote. E o espetáculo já se ia iniciar.

Resolutamente, retrocedi e entrei novamente na frisa.

Situação desagradável, pensei, principalmente porque a dama estava só e seria indelicadeza de minha parte mandá-la sair.

Novamente ela me olhou, e desta vez pude observar que era jovem. Seu olhar de altivez parecia interrogativo. Senti-me como se eu fosse o intruso. Sustentei seu olhar, que não se desviou. Parecia esperar que eu explicasse minha presença ali. Havia tanto orgulho naquele olhar que minha irritação cresceu, e foi com secura que disse:

— Senhora, certamente não conseguiu encontrar seu camarote e assim acomodou-se no meu. Permita-me que chame o cicerone para indicar-lhe onde deverá acomodar-se.

Vi, apesar da obscuridade reinante no teatro, que seu rosto coloriu-se e empalideceu sucessivamente enquanto seu olhar tornou-se mais brilhante.

— Isso é um abuso intolerável! Como ousa dizer-me tais palavras? Pensei que na França o cavalheirismo tivesse sobrevivido no regime republicano. Enganei-me! Peço-lhe que me liberte da sua presença. Desejo assistir ao espetáculo sozinha!

Surdo rancor brotou dentro de mim. Petulante jovem! Além de não se encabular com minha falta de cortesia, expulsava-me como a um criado!

Furioso, saí. O espetáculo estava começando. A orquestra já tocava o prelúdio. Fui procurar o gerente.

Assim que me viu, correu para mim com a mão estendida.

— Senhor Jacques! Procurei-o por toda parte. Acreditei que Vossa Senhoria não tivesse vindo hoje.

Aproveitei para desabafar meu mau humor.

— O que significa, senhor Latorre, o incidente desta noite? Quem permitiu que meu camarote fosse ocupado sem minha autorização, além do mais por uma mulher?

— Para isso o procurava. Como não o vi entrar... Fiquei na porta a esperar até há poucos minutos.

Agarrando-me pelo braço, conduziu-me à pequena sala onde estava situado seu gabinete, enquanto dizia:

— Um caso desagradável, senhor Jacques, mas não tivemos culpa. Posso garantir. Existem circunstâncias às quais não conseguimos fugir. Devemos a Vossa Senhoria nossas desculpas e algumas explicações. Mas entremos em meu gabinete. O que vou dizer não pode ser ouvido por terceiros. Acomode-se, senhor Jacques.

Sentei-me visivelmente nervoso.

— Nada justifica sua falta de honestidade. Afinal, já havia reservado a frisa com bastante antecedência. E por que preço!

Ouvindo a alusão ao preço, o gerente pareceu ligeiramente embaraçado. É que se habituara a negociar os melhores lugares, cedendo-os a quem melhor lhes pagasse, embora o preço fosse, por lei, taxado igualmente nos ingressos.

— Quanto a isso, podemos sanar as dificuldades, devolveremos o seu dinheiro, como é justo.

Senti-me mais irritado. Levantei-me.

— Até agora não ouvi nada que explicasse o acontecido, a não ser que o senhor tenha encontrado quem lhe oferecesse mais pela frisa e tenha tido a desonestidade de vendê-la duas vezes!

Agarrando o assustado homenzinho pelo gasnete, continuei:

— Mas isso irá ao conhecimento do chefe de polícia!

— Não, senhor Jacques! Não faça isso! Quer arruinar-me? Já disse que posso explicar tudo! Por favor!... Largue-me. Deixe-me falar!...

— Está bem. Mas que sua explicação seja satisfatória!

O senhor Latorre tirou um lenço do bolso e enxugou a testa molhada de suor.

— Eu bem sabia que esse caso iria aborrecer-me. Mas, senhor Jacques, o senhor tem razão realmente. É frequentador habitual do teatro e sabe que jamais houve caso semelhante! Acontece que hoje, pouco antes de o espetáculo começar, recebi um portador do governador ordenando que reservasse um lugar especial para sua convidada. Com o devido respeito, respondi-lhe que a casa já estava tomada e não seria mais possível a reserva do lugar. Irritado, respondeu-me que o problema era meu e eu deveria solucioná-lo. Pode o senhor calcular minha situação! Tentei objetar ainda, mas meu interlocutor foi positivo. Disse tratar-se de uma nobre dama inglesa que viajava incógnita e manifestara o desejo de assistir ao espetáculo sem que seu nome aparecesse. Disse-me ainda que meu emprego na gerência do teatro dependia do acolhimento que dispensasse à ilustre dama. Assim, senhor Jacques, começou esse problema. Pouco depois, chegou a nobre senhora e disse-me que desejava escolher um bom lugar! Oh, senhor Jacques! Como se fosse possível tal escolha! Mas ela me tratou como a um lacaio e, ao chegar em frente do camarote do senhor, disse-me: “Ficarei com este. Pode ir”. Coloque-se em meu lugar, senhor Jacques. O que poderia fazer? Corri à porta para preveni-lo, mas infelizmente nos desencontramos.

— É inacreditável! Se fosse na época da Monarquia, seria compreensível, mas hoje?! Em plena era republicana! Pois fique sabendo, senhor Latorre, que não aceito essa imposição. Vim ao espetáculo e paguei alto preço pelo meu lugar. Não há outra frisa que essa senhora seja convidada a ocupar, portanto consinto que ela assista ao espetáculo da minha frisa, mas eu é que não ficarei sem apreciá-lo. Vou imediatamente para o meu lugar. A ópera já teve início.

O gerente fez um gesto de impotência.

— Por favor, senhor Jacques! Não me arruíne! Preciso deste emprego! Estamos dispostos a devolver o dinheiro, a reservar outro lugar graciosamente em outro espetáculo. Faremos o que o senhor desejar!

— Nada disso, senhor Latorre. Estamos em um país de liberdade, onde o protecionismo e o abuso acabaram. Vou assistir ao espetáculo da minha frisa! Passe bem!

Saí. Fechei a porta rapidamente para fugir aos protestos e aos rogos do pobre homem.

Voltei apressado ao meu camarote e, sem bater levemente, como era de praxe, entrei.

A jovem senhora estava com o rosto voltado para o palco e voltou-o para a porta assim que pressentiu minha presença. Percebi o pequeno contrair de sobrancelhas e um ligeiro gesto de contrariedade.

Senti-me mais calmo. Se aquela mulher orgulhosa e pedante pensava fazer na França o que certamente faria em sua terra, eu lhe provaria que estava enganada.

Sentei-me em uma cadeira um passo atrás, mas do lado oposto ao seu. Olhou-me e murmurou baixinho:

— O que significa isto? O senhor novamente?

Curvei ligeiramente a cabeça e respondi-lhe algo irônico:

— Poderia perguntar-lhe a mesma coisa, uma vez que esta frisa é minha. Entretanto, para que não ajuíze mal do nosso cavalheirismo, vejo-me constrangido a convidá-la a assistir daqui ao espetáculo.

Seu olhar fuzilou-me rancoroso.

— Saia imediatamente! — sua voz, que a raiva parecia metalizar, soou autoritária.

— Pelo contrário, minha senhora, ficarei. Nada nem ninguém me fará desistir do espetáculo.

— O senhor pagará por isso. No primeiro intervalo, mandarei enxotá-lo daqui.

— Se lhe agrada o escândalo, a mim não impressiona nem molesta. Faça o que lhe parecer melhor.

Ela nada mais disse. Voltou-se para a frente e pareceu concentrar toda a sua atenção no palco.

Procurei fazer o mesmo, porém minha atenção estava voltada para aquela mulher e disfarçadamente busquei, na semiobscuridade do ambiente, observá-la melhor.

Apesar de meu orgulho desejar encontrar nela motivos de crítica, não pude deixar de reconhecer a beleza do seu perfil delicado, o belo tom dourado de seus bastos cabelos, a classe, a distinção de suas roupas e atitudes.

Com o decorrer dos minutos, cheguei a esquecer o local onde nos encontrávamos. Procurava estudar-lhe a fisionomia, que se transformava extraordinariamente conforme sentia as emoções do espetáculo.

Quem era aquela mulher? Por que o incógnito? Alguma aventura de amor ou alguma intriga política? Qual mistério a envolvia? Devia ter muito prestígio. Suas maneiras demonstravam que estava acostumada a mandar sem restrições.

Criatura antipática. Merecia uma lição.

O pano baixou ao término do primeiro ato. As luzes parcialmente se acenderam e ela se levantou, arrepanhando a saia com um gesto gracioso. Lançando-me um olhar rancoroso, saiu do camarote.

Remexi-me no lugar. Aonde teria ido?

Levantei-me e dirigi-me ao *fumoir*. Alguns amigos me cercaram imediatamente.

— Jacques, quem é aquela?

— Criatura admirável!

— Como é linda!

— Onde a descobriu?

Irritado com a avalancha de perguntas, principalmente porque a elogiavam tanto, respondi mal-humorado e de maneira evasiva. Minha atitude provocou protestos e risadas da parte deles.

— Quer ocultar-nos, hein?

— Não confia nos amigos?

— Nós descobriremos tudo, pode deixar.

— Não estranhem, companheiros. Jacques é o homem dos mistérios!

Escondi meu aborrecimento. Seria pior se eles o notassem. Depois de alguns minutos de palestras, que procurei cuidadosamente desviar da ilustre desconhecida, retornei ao camarote. Estava vazio.

Esperei enervado que a música reiniciasse. De repente, notei que o programa era insípido. Irritante mesmo. Tive ímpetos de sair, ir-me embora.

Mas... e se ela voltasse? Haveria de rir-se de mim, julgando-me derrotado. Contudo, os minutos se escoavam e ela não voltava. Teria ido embora? Nesse caso, perdera para mim. Meu orgulho sentia-se satisfeito. Apesar disso, ao menor ruído, voltava-me para a porta sobressaltado.

Ao término do segundo ato, eu já não tinha mais dúvida: ela havia se retirado. Saí para o corredor, que regurgitava.

Comentava-se o sucesso da estreante. Alguns conhecidos perguntaram minha opinião. Era exímio em matéria de crítica teatral. Embaraçado, notei que sequer prestara atenção ao espetáculo. A noite para mim não fora agradável. Apenas por uma questão de hábito assistira até o fim.

Sentia-me contrariado. Não estava acostumado a ser tratado com tal rudeza. Aquela mulher preferira sair e perder o espetáculo que tanto prazer parecia lhe causar a permanecer comigo por mais tempo dentro da frisa.

Contudo, experimentava também alguma alegria: eu a tratara com uma dureza que certamente ela não conhecia. Estávamos quites.

Saí do teatro assim que o pano baixou. Recusei alguns convites para cear com amigos. Fui para casa.

Capítulo 2

Durante os dias que se seguiram, fui envolvido por uma série de compromissos. Não tinha tempo de meditar sobre a ocorrência do teatro e quase a esqueci.

O ano letivo estava no fim e eu precisava estudar para passar nos exames.

O incidente do teatro, visto agora, já com mais serenidade, provocava-me o riso pelo que tinha de grotesco. Somente a curiosidade fazia-me recordar a figura da desconhecida.

Qual seria a sua identidade?

No tempo da Monarquia e do Império, as ligações amorosas e escandalosas dos mais nobres senhores do poder se multiplicavam, e até nossos dias chegam as notícias sobre as favoritas da Corte. Com o advento da República, apenas os homens tinham sido substituídos, porque os chefes de governo continuavam também a manter as suas concubinas, dando-lhes autoridade e prestígio.

Poderia aquela mulher ser também uma daquelas? Jamais conseguiria saber.

Passei nos exames e, numa fria manhã de inverno, viajei rumo à casa paterna.

Ia satisfeito e orgulhoso. Rever os meus e ao mesmo tempo apresentar-lhes as boas notas conquistadas. Mais dois anos e estaria bacharel! Doutor! Depois, bem... depois resolveria que rumo dar à minha vida.

Quando a carruagem parou em frente dos portões de nossa casa, estes se abriram de par em par. Escrevera avisando-os da minha chegada. Era esperado, certamente.

Foi com alegria que revi os belos jardins da minha infância. Na entrada do antigo, mas confortável, palácio, rostos amigos e carinhosos me esperavam.

Minha mãe, senhora que os anos não conseguiram envelhecer, ereta e altiva, como sempre, apareceu na soleira. Esperou que eu a abraçasse e deu-me as boas-vindas.

Assim era minha mãe. Boa criatura, mas um tanto inibida para demonstrar sua afetividade. Não acariciava nunca, porém eu sabia que adorava ser acariciada. Muito cumpridora dos seus deveres para com o lar e a família. Pelos seus olhos passou um lampejo de ternura quando a abracei.

Minha jovem irmã correu para mim, apertando-me nos braços, beijando-me carinhosamente nas faces.

Lenice era o oposto de minha mãe. Seu temperamento afetuoso e amigo expandia-se com facilidade, demonstrando claramente a sensibilidade emotiva do seu espírito.

— E papai? — indaguei, procurando descobri-lo com o olhar.

— Precisou sair muito cedo, mas logo estará de volta. Agora vamos, filho, precisa comer alguma coisa e descansar.

Sorri. A viagem fora curta e não havia necessidade de repouso. Pelo contrário, desejava rever os pormenores de minha infância, percorrendo meus sítios preferidos.

Porém eu já não era a criança de antigamente e não podia correr como um garoto pelas dependências amigas.

Contive a impaciência e entramos na casa.

Nada mudara! O ambiente familiar permanecera inalterado. Os mesmos móveis antigos dispostos da mesma maneira, os belos castiçais de prata luzindo impecáveis, os cristais e os bibelôs brilhando como sempre, e o agradável odor característico de açafrão, de que mamãe tanto gostava.

Tomamos chá com bolo na sala de estar e palestramos agradavelmente.

Somente ao jantar foi que revi a figura ereta e nobre do meu querido pai. Ele me pareceu um tanto mudado. Um pouco mais envelhecido, talvez. Mas sorriu e palestrou normalmente conosco, inteirando-se das minhas atividades na capital.

Apesar da sua austeridade, era um homem bom e compreensivo. Descendente de família de nobre estirpe, soubera amoldar-se aos costumes modernos e, lançando-se no mundo das altas finanças, conseguira multiplicar o exíguo patrimônio da família.

Se é verdade que os abusos da Corte na Monarquia e no Império deram lugar às loucuras e à sanha revolucionária, em que a ignorância comandava as massas e por essa circunstância criaturas incultas viram-se guindadas a altos postos administrativos, passados alguns anos, serenados os ânimos, pesadas as consequências, gradativamente e por lógica natural, os homens cultos e competentes foram sendo procurados e recolocados ante as responsabilidades administrativas.

Assim, apesar de tudo, voltava o poder às mãos da elite do país. O que é natural, porque os pobres de então eram miseráveis demais e embrutecidos pelos trabalhos rudes. A classe média possuía, em sua maioria, uma estreiteza de vistas meramente deplorável, deliberadamente combatendo a educação e o progresso.

Nossa família era, pois, muito conceituada, e papai um homem efetivamente culto e respeitado. Também aprendêramos a respeitá-lo dentro do lar. Suas palavras compreensivas e serenas eram sempre acatadas sem discussões.

Às nove horas subi ao meu aposento para dormir. Um bem-estar agradável me dominava pelo regresso ao lar, e eu antegozava já as delícias de um bom sono na velha cama macia.

Entrei. Os objetos de uso pessoal que trouxera já haviam sido dispostos nos lugares usuais, e a roupa, arrumada nas gavetas.

Preparei-me e deitei. Dormi.

Pouco depois acordei sobressaltado: alguém batia apressado na porta do quarto.

Meio entontecido ainda, fui abrir. Marie, a velha e dedicada serva, parecia transtornada.

— Senhor Jacques!... Senhor Jacques! Depressa... Por favor, depressa!

— O que houve, Marie? Que aconteceu?

— Oh! O senhor Latour! Foi acometido de um ataque!

Senti um frio incontrolável, enquanto meu estômago revoltava-se. Sem ouvir mais nada, avancei pelo corredor escuro e em poucos instantes alcancei os aposentos de meus pais. Empurrei a porta entreaberta e, angustiado, vislumbrei a cena dolorosa:

Meu pai, sentado sobre a poltrona, cabeça pendendo para a frente, braços abandonados e inertes ao longo das laterais da cadeira.

Minha mãe, em trajes de dormir, pálida e aflita, chamando-o pelo nome, friccionando-lhe as mãos, a testa, numa tentativa desesperada de reanimá-lo. No banquinho a seus pés, minha irmã, longas tranças pendentes descuidadas sobre a camisa azul, não conseguia dominar o pranto.

Avancei, sentindo aumentar meu mal-estar.

— O que houve, mamãe?

— Não sei explicar. Ele parecia bem. Conversávamos em voz alta, eu no quarto de dormir, ele aqui. Disse-me que precisava tratar de um assunto urgente e ainda se demoraria para deitar. Pouco depois, chamou-me com voz rouca e aflita. Quando entrei na sala, já o encontrei caído na poltrona. Fiz o possível para reanimá-lo. Martin já foi procurar o doutor Flaubert.

Levantei o rosto tão querido de meu pai. Estava com olhos entreabertos, boca cerrada fortemente, corpo gelado e endurecido.

Senti-me aterrado. Jamais presenciara cenas dolorosas. Fugia das doenças e dos doentes com verdadeiro terror não por covardia propriamente, mas por sentir-me impotente para sanar o mal e desgostava-me o sofrimento humano.

— Acho melhor removê-lo para a cama — volveu minha mãe. — Afrouxando a roupa, deixando-o mais descansado, quem sabe melhorará.

Com muito esforço, conseguimos transportá-lo para sua cama e mudar-lhe a roupa.

Quando chegou o médico, três pares de olhos ansiosos aguardaram o diagnóstico.

— Congestão cerebral — disse-nos doutor Flaubert, um tanto preocupado.

A moléstia era muito grave.

Dia após dia, lutamos desesperadamente para vencê-la, porém não conseguimos.

Após vinte dias de vigília e sofrimento, meu pai se foi, deixando-nos sós com a nossa dor.

Contara passar dias alegres junto aos meus e encontrara dor e sofrimento.

Meu pai permanecera quase todo o tempo inconsciente, tendo tido poucos instantes de lucidez, quando nos olhava com tristeza infinita. Nessas ocasiões, demonstrava desejos de falar, mas não conseguia.

Dias após o seu passamento, recebi a visita do procurador que administrava nossos haveres, naturalmente dirigido por meu pai.

Foi então que compreendemos a causa da súbita moléstia que o acometera. Seus últimos empreendimentos, malsucedidos, haviam consumido quase todo o patrimônio que ele em outros tempos fizera multiplicar.

Feitas as contas, os acertos, verificamos que ficáramos reduzidos a pouca coisa, que certamente não daria para manter o nível de vida ao qual nos habituáramos.

Fora naturalmente essa certeza que o preocupara, forçando-o a arriscar vultosas quantias em negócios pouco seguros, mas que representavam única oportunidade para uma recuperação.

Quando finalmente viu inutilizada sua última esperança, ao tomar conhecimento dessa notícia, sua comoção foi tão forte que o abateu.

Reunidos em nossa bela sala de estar, mamãe, minha irmã e eu procurávamos dar um rumo e traçar planos para nosso futuro.

Minha mãe, triste, mas resoluta, resolveu:

— Venderemos esta casa, iremos para uma menor. Talvez em Paris. Assim, pouparemos maiores despesas com seu alojamento e estaremos reunidos.

— Mas, mamãe, talvez agora eu já não possa estudar.

— Nem pense nisso, meu filho. Agora, mais do que nunca, você precisa conquistar o diploma. Depois, seu pai queria vê-lo formado.

A ideia de minha mãe não me seduzia. Eu estava profundamente humilhado com o golpe que recebera. Ser pobre era pior do que ser doente. Morar em uma casa modesta, não poder mais frequentar os teatros e os lugares elegantes e, principalmente, descer da posição excepcional em que me colocara ante as minhas relações era-me bastante doloroso.

Eu jamais pensara na possibilidade de ter que modificar minha maneira de ser. Naquela ocasião, preferia abandonar tudo, seguir para um lugar qualquer, onde não fosse conhecido, para então começar vida nova.

Por isso não concordei com as palavras sensatas de minha mãe.

Lenice, calada e abatida, nada dizia. Também seria forçada a deixar uma série de coisas às quais estava habituada. Suas amizades, a casa de que tanto gostava, o conforto e as alegrias de uma vida despreocupada.

— Não, minha mãe. A vida em Paris é difícil, nós não nos habituaríamos lá sem dinheiro. Precisamos encontrar outra solução.

— Mas... qual? Nossos recursos não nos permitem manter esta casa.

— Talvez possamos encontrar uma solução sem precisarmos vendê-la.

— Acho difícil. Temos muitas dívidas, e o que possuímos não dará para cobri-las.

— Deixe-me pensar, mamãe. Dê-me tempo, e quem sabe resolveremos a questão. Certamente poderemos convencer alguns credores a esperar. Tudo faremos para não vender esta casa, que tão cara é ao nosso coração.

Minha mãe ouviu pensativa. Seu traje negro e severo acentuava a palidez e o abatimento da sua fisionomia, mas em seu olhar havia determinação e um lampejo de esperança.

— Acho difícil. Contudo, poderemos contemporizar por mais alguns dias.

— Enquanto isso, mamãe, poderei estudar bem nossa situação. Verificar os documentos e os livros de papai. Haveremos de encontrar solução. Vou agora mesmo ao seu gabinete.

Levantei-me animado por uma onda de energia. Mergulhei no estudo daqueles documentos, procurando balancear a situação, que realmente era precária.

Idealizei um plano para conseguir apaziguar nossos maiores credores.

Devíamos vultosas quantias a dois homens importantes no cenário político: senhor Marcel Martin, secretário-geral da République Societé, e senhor Jean Leterre, presidente do Senado republicano. As outros eram dívidas menores e mais fáceis de prorrogar.

Conhecia pessoalmente os dois grandes credores. Contava de alguma sorte conseguir prazo para reorganizar os negócios da família.

Pensava vender algumas propriedades para fazer frente às primeiras despesas e, com o tempo, saldar os compromissos sem me desfazer, porém, da nossa casa, onde conhecêramos felizes momentos de uma ventura terna e serena.

No dia seguinte pela manhã, chamei o notário e juntos estudamos as condições básicas.

Feitos os cálculos, ainda que tudo saísse a contento, ficaríamos praticamente sem nada.

Somente poderíamos conservar a casa se saldássemos a hipoteca que pesava sobre ela.

Senti que a batalha seria hercúlea. Porém, o horror à pobreza e ao descrédito perante a sociedade na qual eu continuava a brilhar nos primeiros lugares deu-me coragem para tentar o impossível.

Participei aos meus a resolução tomada. Minha mãe, cujo luto fechado tornara ainda mais pálida, levantou a cabeça fitando-me com o olhar firme:

— Você faz muito bem. É jovem, pode e deve lutar. Farei o que puder para ajudá-lo. Lenice não irá mais estudar. Precisamos conter os gastos.

Senti brotar em mim surda revolta, ao pensar na dura realidade. Pobre Lenice! Sempre gostara de estudar. Colocava nisso toda a sua vontade jovem e era aluna bastante aplicada.

— Talvez não seja preciso — retruquei indeciso.

— Não podemos continuar só gastando. Resta-nos pouco dinheiro. Quando acabar, nem sei o que faremos!

Lenice colocou docemente a sua mão delicada sobre o meu braço.

— Não se preocupe por isso. Nossa situação será temporária, bem sei. Quando as coisas melhorarem, continuarei meus estudos.

Aceitei a renúncia de minha irmã com naturalidade. Eu estava habituado a que os outros se sacrificassem por mim. Sempre exigira o melhor em tudo e achei normal a atitude de Lenice.

Arrumei minha bagagem e, na manhã seguinte, retornei a Paris. Sabia que minha situação era difícil, mas eu não pensava em um possível fracasso. Nem por um instante permiti que esse pensamento me dominasse.

Capítulo 3

No dia imediato, ao entardecer, fui à residência do senhor Martin. Tratava-se de um homem alto, um tanto forte, cabelos grisalhos, quase brancos, suíças alongadas, rosto corado, maçãs salientes algo lustrosas, olhos pequenos, belicosos.

Vestia-se vaidosamente no rigor da moda e estava sempre envolvido em aventuras galantes.

Vindo de família humilde que se tornara rapidamente rica nos dias negros da revolução, orgulhava-se dos serviços dos seus antepassados. Possuía grande coleção de objetos, suvenires revolucionários que exibia prazerosamente.

Alguns gostam de exibir seus nomes ilustres, como não o possuía, Martin exibia as façanhas dos seus familiares na sangrenta luta como mérito próprio e pessoal.

Recebeu-me com amabilidades. Um pouco humilhado pela dureza da situação que me colocava em posição subalterna, após as saudações iniciais, entrei no assunto.

— Senhor Martin, vim procurá-lo para tratar de um assunto muito sério.

Martin fixou-me um pouco solene.

— Já esperava a sua visita. Seria para mim sumamente desagradável ter que procurá-lo para tratarmos desse assunto.

— Sei o meu dever, senhor. Sou agora o chefe da família. Devo gerir os negócios. Infelizmente, meu pai ocultou-me a real situação dos nossos haveres, o que de certa forma vem dificultar a solução imediata dos compromissos por ele assumidos.

O senhor Martin levantou-se da cadeira pensativo e com significativa ruga no centro da testa.

A certa altura, parou e disse, olhando-me fixamente:

— O que significam suas palavras?

— Significam que vim procurá-lo para juntos estudarmos a melhor maneira de liquidarmos esse compromisso. Espero que o senhor compreenda e conceda um certo prazo para pagamento da dívida.

Senhor Martin permaneceu pensativo por alguns instantes, torcendo fleumaticamente a ponta do bigode.

— Senhor Jacques, o que me pede é impossível. Preciso receber logo o dinheiro. Depois... quais as garantias que me pode oferecer? Sei que o senhor Latour morreu completamente arruinado.

Era a primeira vez que eu tinha que suportar tal humilhação.

O sangue fugiu-me do rosto enquanto ligeira tontura me turvou a mente. Senti um desejo violento de ter o dinheiro ali, naquele momento, para atirá-lo ao rosto do senhor Martin, mas eu não o possuía. Duzentos mil francos era muito dinheiro para mim naquela circunstância.

Contive minha ira, procurando manter o sangue-frio. Fora até ali resolvido a tirar vantagens, não a brigar.

Por isso, procurando tornar firme a voz que a ira fazia tremer, eu respondi:

— Dou-lhe a garantia da minha palavra. Não lhe basta? Pretendo lutar e restabelecer o patrimônio da família.

O senhor Martin olhou-me sério a princípio, depois desatou a rir. Seu riso encheu-me o coração de amargura e de humilhação.

— Ora, senhor Jacques! Se o senhor Latour, com toda a sua capacidade e competência, não conseguiu refazer sua fortuna, como o conseguirá o senhor? Jovem, inexperiente, simples estudante? Mesmo que o senhor trabalhe muito, jamais conseguirá o suficiente para manter-se no luxo e no desperdício a que se habituou. Como fazer para pagar tantas dívidas?

— Acredito que o senhor não esteja bem informado quanto à nossa situação financeira. Devemos boa soma, é verdade, mas possuímos muitas propriedades. Embora tenhamos que nos desfazer de algumas, pensamos conservar outras, cujos rendimentos serão acumulados para pagamento das dívidas restantes. Preciso apenas de um certo prazo. Vim aqui para dizer-lhe isto. Pagarei tudo.

— Meu rapaz, poderíamos fazer um arranjo. Gostaria de comprar o castelo Latour. Pagarei boa soma por ele. Sempre desejei possuir uma casa como aquela. Levarei para lá minha Marie Louise. É o máximo que posso fazer por você.

— Não penso vender a casa de minha família, senhor Martin. Ela nos é muito cara. Nenhum dinheiro do mundo pagaria o quanto vale para nós.

— Senhor Jacques, sentimentalismo não vai ajudá-lo a resolver seus problemas. Somente os ricos podem dar-se ao luxo de serem sentimentais. Os outros têm que usar o raciocínio. O que lhe proponho é um bom negócio. É só o que posso fazer pelo senhor. Quanto ao mais, espero que os títulos sejam resgatados na época certa. Caso contrário, irei ao Palácio da Justiça. Aguardarei uma resposta sua. Faltam só oito dias para o vencimento da dívida.

Talvez meu rosto de certa forma retratasse o que me ia na alma, a avalancha de emoções às quais não estava habituado, porque meu interlocutor olhou-me com ar de comiseração ou talvez de zombaria:

— Pobre rapaz! Com a sua aparência e o seu nome de família, talvez pudesse arrumar um casamento rico. Seria a única solução. Por que não tenta?

Súbito rubor invadiu-me as faces. A indignação era tanta que me levantei. Com ligeiro aceno despedi-me, dizendo simplesmente:

— Dentro de oito dias trarei a sua resposta.

Saí da casa de Martin completamente aturdido. Aquele homem inspirava-me fundo sentimento de repulsa. Comprar nossa casa! Ele, um homem sem escrúpulos e sem nobreza. E o que era pior: levar para lá sua última conquista!

Eu aprendera a respeitar nossa casa como um santuário. Papai tinha verdadeira adoração pela propriedade que havia muitos anos era patrimônio da família. Como permitir que outrem a desrespeitasse? Ademais, nos últimos tempos, eu levara uma vida boêmia, devassa talvez, como era comum a um jovem estudante como eu. Conhecera sórdidos ambientes, sórdidas criaturas;

entretanto, apesar da descrença e da indiferença que esses ambientes provocaram em mim, havia sempre no fundo do meu eu, da minha maneira de ser, um pouco da pureza e da ingenuidade na consideração e no respeito que dispensava à nossa casa e ao nosso ambiente doméstico.

Quando o tédio e o nojo da vida que eu levava em Paris me aborreciam, passava alguns dias em casa dos meus pais e, ao voltar para a cidade, vinha renovado e sereno.

Em suma, aquela casa representava para mim um local de refazimento, de erguimento espiritual, tinha o condão de devolver-me a dignidade.

Essa era a razão real de eu não desejar desfazer-me dela. Vê-la ocupada por estranhos que profanariam suas dependências, transformando-a em local diferente, modificando-lhe o familiar e costumeiro aspecto, era-me insuportável.

Era como se me quisessem roubar o último reduto de ingenuidade, de confiança e de dignidade.

Aonde correr quando me sentisse deprimido e descrente? Onde buscar a pureza, a infância, senão na querida casa onde passei os melhores anos de minha vida?

Lutaria com todas as minhas forças, faria qualquer coisa para não ser despojado da nossa casa.

A cabeça estalava-me de dor. Eu caminhava pelas ruas, revoltado, indiferente, voltado às minhas preocupações. Depois de andar durante algum tempo, fui para casa.

Nem por um instante deixei de pensar no caso. Precisava arranjar uma solução, o que me parecia difícil.

No dia seguinte, pela manhã, resolvi ir à casa do senhor Jean Leterre, a quem devíamos a polpuda soma de trezentos mil francos. Quem sabe com ele teria melhor sorte.

A residência do senhor Leterre situava-se em Saint Paul, bairro fino e aristocrático. Ao contrário do senhor Martin, Leterre procedia de família nobre. Tinha a classe, a distinção que somente as pessoas de fino trato possuem.

Alto, esbelto, ereto, apesar dos anos, cabelos grisalhos, rosto sombreado por generosa barba também grisalha e olhos negros firmes e altivos. Eis a figura do homem que eu devia enfrentar.

Seu palácio, elegante, sóbrio e mobiliado com um luxo discreto, produziu-me a sensação de ordem e eficiência.

Contribuiu de certa forma para serenar um pouco a minha mente.

Circunspecto e atencioso criado conduziu-me até o gabinete do senhor Jean.

— Queira acomodar-se, excelência. O senhor Leterre virá em seguida.

Apesar das preocupações que me envolviam, pude observar a elegância e o conforto da sala onde me encontrava.

Admirei com o olhar a bela escrivaninha ricamente lavrada, os candelabros de prata, as belas poltronas, os livros finamente encadernados colocados em estantes caprichosamente trabalhadas. Foi então que me deparei com um quadro que me chamou especial atenção.

Surpreso, levantei-me, aproximando-me do retrato. Não contive uma exclamação de estupor: a moça do quadro era a mesma que eu conhecera no teatro.

O mesmo rosto delicado e altivo, a mesma expressão orgulhosa luzindo no olhar firme.

Como e por que teria o senhor Leterre o retrato daquela mulher? Seria sua parenta?

Afastei logo essa ideia. Ele era francês e de origem tradicional; a jovem era inglesa.

Também não poderia ser uma aventura amorosa. Um homem sóbrio como Leterre não colocaria seu retrato em seu gabinete.

Tão entretido estava que me sobressaltou ouvir um seco pigarro. Voltei-me um tanto embaraçado.

— Perdão, senhor Leterre. Estava admirando tão lindo quadro que nem o vi chegar.

O outro me respondeu com ligeiro aceno de cortesia.

O senhor Leterre não era muito prolixo. Só usava as palavras quando necessárias.

— Queira acomodar-se, senhor Latour.

Sentei-me na elegante poltrona à frente da imponente escrivaninha, por trás da qual, por sua vez, sentou-se o meu interlocutor. Olhava-me fixamente, esperando que eu falasse.

Senti-me pouco à vontade. Infelizmente o assunto era bastante desagradável para mim. Criando coragem, comecei:

— Senhor Leterre, vim procurá-lo para tratar de negócios.

O outro balançou a cabeça em afirmativa. Sua atitude não era de molde a me ajudar. Entretanto, continuei:

— Sabe o senhor do súbito falecimento do meu genitor. Vim para lhe dizer que não poderemos saldar no prazo marcado nossa dívida com o senhor...

O senhor Leterre ouviu impassível. Apenas ligeiro arquear de sobrancelhas. Nada disse.

Era exasperante o seu silêncio. Apressadamente, continuei:

— Entretanto, trata-se de uma fase apenas. Espero vencer todas as dificuldades dentro de pouco tempo. Conto com sua compreensão. Desejo que nos conceda prorrogação do vencimento.

— O que me pede é impossível! O bom nome de sua família e o prestígio pessoal do senhor Latour possibilitaram-me utilizar os documentos em meu poder, negociando-os. Não podia esperar que o eficiente senhor Latour, a quem os melhores banqueiros e financistas procuravam imitar nos negócios, viesse a fracassar. Da maneira em que estão os meus negócios, sou eu o responsável perante terceiros por essa dívida. Se os senhores não pagarem, terei meu nome seriamente comprometido.

Vendo que não conseguia o adiamento desejado, não pude controlar minhas palavras.

— De qualquer forma, não posso pagar no prazo estipulado. Se concordasse em conceder a prorrogação, teria chance de receber tudo. Assim, arrisca-se a perder.

— O senhor se engana. Quanto mais tempo passar, menos restará para ser arrecadado em pagamento da dívida. O senhor está habituado a uma vida faustosa, sua família também. Como ninguém trabalha, está claro que o patrimônio que ainda resta irá sendo consumido. Portanto, quanto antes realizarmos o acerto, melhor para mim.

Eu, que me levantara no ardor da palestra, deixei-me cair, arrasado, sobre a cadeira.

Compreendia que ele tinha razão.

— O senhor está enfrentando o problema de maneira errada. O prazo não irá ajudá-lo. Pelo contrário, o senhor passará a viver na ilusão do passado e, quando acordar, estará em piores condições. Sei a situação em que estão os negócios de sua família. Informei-me muito bem. Não lhe resta senão uma saída: enfrentar corajosamente a ruína. Vender tudo. Apurar o máximo que puder. Saldar os mais prementes compromissos em primeiro lugar e procurar trabalhar para ganhar o sustento dos seus. O senhor é estudante. Possui cultura. Não lhe será difícil arranjar um bom emprego. O importante é conservar impoluta a honra da família.

Num gesto de desespero, afundei a cabeça entre as mãos. Sentia o rosto enrubescido pela humilhação.

— Depois — continuou ele —, com seu esforço poderá reconstruir seu patrimônio.

A perspectiva era-me muito desagradável. Nas presentes condições eu deveria sujeitar-me a um patrão e de maneira alguma suportaria essa dependência. Trabalhar não era vergonha, mas desde que fosse como chefe, dirigindo. Em condições subalternas, eu sequer cogitava fazê-lo. Entretanto, as palavras de Leterre retratavam a dura realidade. Foi isso o que mais me feriu.

Permaneci por algum tempo cabisbaixo, rosto enterrado nas mãos, pensamentos febricitantes povoando-me a mente.

Realizei vigoroso esforço para dominar a avalancha de sentimentos desordenados que me perturbavam. Por fim, levantei o rosto um tanto contraído e fitei a fisionomia austera do meu interlocutor. Estava séria. Um brilho de energia e determinação fulgia em seu olhar.

— O senhor está me levando ao extremo desespero. Sem o prazo de que preciso, não poderei saldar o compromisso, o que representa sem dúvida a mais completa ruína. Não sei se terei forças para suportar esse estado de coisas.

Aflito, levantei-me da cadeira e, num gesto um tanto dramático, completei:

— Talvez a morte seja a solução para todos os meus problemas.

— Mais uma vez o senhor se engana. A morte é a solução dos covardes! Na sua situação, ainda será pior. Sua mãe e sua irmã ficarão em condições piores do que estão.

As palavras de Leterre aumentaram minha irritação. Comecei a pensar que ele estava querendo aproveitar-se da minha situação de inferioridade. Meus brios se acenderam, obrigando-me a controlar as emoções.

— Quer dizer que não concederá uma prorrogação?

— Não posso.

— Nesse caso, devo retirar-me. Passar bem, senhor Leterre.

O outro inclinou a cabeça silenciosamente.

Saí. Minha cabeça doía terrivelmente. Estava tudo perdido! A última esperança diluíra-se.

Entretanto, precisava encontrar solução! Não podia aceitar a realidade passivamente.

Não queria pensar na dura e adversa ruína financeira, não desejava intimamente enfrentá-la.

Envolvido pelos mais contraditórios pensamentos, caminhei a esmo pelas ruas do aristocrático bairro onde residia o senhor Leterre.

Ia indiferente a tudo o que me cercava, imerso na angústia da própria impotência diante dos fatos. As ruas um tanto enlameadas naquela época do ano, um inverno triste e cinzento, salpicavam minhas elegantes e luzidas botinas. O vento frio assanhava-me os cabelos e batia contra meu rosto de maneira irritante.

Mas eu prosseguia, aturdido e excitado, pensando, pensando, na ânsia de resolver o trágico problema.

Após horas de inútil caminhada, fui para casa. Sentia-me cansado e faminto.

Já era noite. Passara o dia inteiro andando pelas ruas.

Meu aspecto em desalinho e a expressão trágica do meu rosto causaram estranheza em alguns vizinhos que me viram chegar. Isso me aborreceu ainda mais. Fugi precipitadamente para não ser forçado a dar explicações.

No quarto, atirei-me ao leito e não me envergonho de confessar que chorei.

Eu não fora preparado para enfrentar a vida. A educação que recebera fora sempre no sentido de saber mandar, saber gastar e saber aparentar. Julgara-me sempre um ser superior aos demais. Não possuía, por isso, noção da vida como é na realidade. Não compreendia que há mais coragem e valor em saber obedecer do que em saber mandar, que há menos responsabilidade em ser conduzido do que em conduzir.

Atirado de repente a uma situação de inferioridade financeira, não tive forças para compreender. A inferioridade do subalterno, para mim, era sinônimo de incapacidade. Doía-me o simples pensamento de que me veria na contingência de procurar um emprego.

A má vontade dos nossos credores em conceder o prazo que eu pedira parecia-me perseguição e deliberação em arruinar-me. Odiei aqueles dois homens com intensidade.

Pensava, no delírio incessante em que me achava possuído, que eles tentavam espoliar-me.

No paroxismo da angústia, prometi a mim mesmo que muito trabalho lhes daria para receber o dinheiro.

Eu era quase um doutor em leis. Conhecia-as a fundo. Sabia lidar com a justiça. Dali em diante nada mais me importava senão evitar a todo custo entregar-lhes os meus bens. Faria isso, mesmo que tivesse que mentir, enganar, caluniar, alterar documentos, falsificar.

Eu, que condenava sempre os que erravam, que detestava a mentira, diante da pobreza esquecia-me de todos esses pensamentos, base marcante da minha personalidade até ali.

Mas a luta moral fora muito forte para mim e, ao meu redor, só via os dois homens que visitara como inimigos comprazendo-se com minha desgraça.

Então, percebi que nada mais restava a fazer em Paris. As aulas ainda não se haviam reiniciado e eu precisava organizar outros planos para a luta. Minha honra de cavalheiro exigia que eu entregasse aos credores todos os haveres. Porém, iludindo-os, poderia ganhar tempo.

O bom nome da família ajudaria a conseguir dinheiro e talvez pudéssemos viver assim durante algum tempo, o suficiente para que eu me formasse.

Passei a noite insone, revolvendo-me no leito, a mente voltada aos últimos acontecimentos.

No dia seguinte, voltei para minha casa.

Durante a viagem, as palavras duras do senhor Leterre martelavam insistentemente o meu cérebro, implacáveis, porque sentia-as verdadeiras. Entretanto, eu só sabia ver na sua atitude a má-fé e o prazer de tripudiar sobre a minha desgraça.

Foi nessa noite que meu coração fechou-se ainda mais às coisas puras e simples da vida e o gelo do orgulho o envolveu, tornando-me um homem calculista, irredutível, insensível e inescrupuloso, disposto a valer-me de todos os meios que me fossem possíveis para alcançar meus fins.

Era uma batalha desigual, porquanto eu era jovem e inexperiente, mas tinha a força da minha vontade a ajudar-me na luta.

Capítulo 4

Ninguém diria, vendo nossa casa ricamente iluminada, o brilho dos candelabros de prata primorosamente entalhados, a fartura com que corria pelos copos o generoso vinho velho e os mais finos licores, a pompa, a magnificência da nossa recepção, que estávamos arruinados. Ninguém, a não ser alguns amigos mais íntimos, sabia da nossa real situação financeira. O segredo desse estado de coisas era justamente o saber aparentar. Nós gastávamos regiamente. E a maioria dos nossos credores impressionava-se com essa ostentação.

Só eu sabia os sacrifícios que realizava para manter as aparências. Quando depois de alguns meses passados retornara de Paris, encontrara em nossa casa uma carta de Jean Lasseur. Tratava-se de um moço riquíssimo, que fora meu colega de colégio. Fiquei bastante surpreendido, porquanto nossas relações nunca tinham sido muito amistosas. Pelo contrário, mal nos suportávamos e somente a rígida disciplina escolar evitara atritos mais sérios. Quando terminamos o curso, que realizamos juntos, deixamos de nos encontrar. Depois desse tempo, nunca mais nos vimos.

Abri o envelope rápido e li:

Caro Jacques,

Cheguei hoje. Vim para passar algum tempo no castelo de Romão, agora propriedade minha. Somos vizinhos, portanto. Lembrei-me dos agradáveis dias da nossa infância. Irei, no próximo dia 15, fazer-lhe uma visita e espero que possamos ser bons amigos. Saudações.

Jean Lasseur

A perspectiva não me foi agradável. Eu não estava com disposição para receber visitas, principalmente de Lasseur. Porém, não podia furtar-me a essa obrigação, por isso participei aos meus sua visita dali a dois dias.

Quando chegou, Lasseur pareceu-me bastante diferente do rapazinho presunçoso e antipático que eu havia conhecido. Tornara-se um homem elegante e refinado. Vestia-se com apuro e suas atitudes primavam pela mais perfeita cortesia.

Apresentei-o à minha mãe, que se inclinou murmurando algumas palavras de boas-vindas, e só então notei que Lenice estava pálida, parecendo não se sentir bem. Mal estendeu os dedos na direção do visitante, cujos lábios não conseguiram nem roçá-los de leve, tal a rapidez do gesto.

Sentados na elegante sala de estar, palestrávamos sobre assuntos triviais, trocando ideias a respeito do valor das propriedades e do vertiginoso progresso que andava por toda parte.

Enquanto isso, eu podia observá-lo melhor. Notei então que o mesmo antagonismo de outrora renascia. Eu não tinha explicação plausível para esse meu sentimento. Talvez o orgulho e a vaidade de Lasseur, sua maneira sempre arrogante de colocar-se em grau de superioridade perante os demais, chocassem-se com minha própria vaidade, dando às nossas relações um certo cunho de rivalidade. Rivalidade oculta, surda, agressiva, que não transparecia em nossas palavras ou em nossos gestos, mas se fazia presente dentro de nós sempre que conversávamos.

Lasseur mostrou-se delicadíssimo. Cumulou-nos de gentilezas e atenções a pretexto do nosso antigo conhecimento e da sua triste solidão. Seu pai, viúvo havia muitos anos, falecera havia poucos meses, e ele não possuía irmãos. Estava só no mundo.

Essa condição despertou em minha mãe uma certa afetuosidade que me foi indiferente. Depois desse dia, Lasseur passou a visitar-nos com frequência.

Lenice, sempre tão alegre e jovial, tornava-se quieta e retraída sempre que Lasseur estava conosco. Percebi que nosso visitante fazia-lhe a corte e compreendi finalmente a razão de sua súbita amizade por mim.

A ideia deixou-me radiante. Nossa situação estava dia a dia mais difícil. A custo conseguira arranjar com um agiota parte da importância do título que vencera com o senhor Martin.

Se Lenice desposasse Lasseur, poderíamos resolver nossas dificuldades. Ele era riquíssimo e certamente daria bom dote à sua mulher.

Eu tinha pressa. Dentro de poucas semanas as aulas seriam reiniciadas e eu precisaria voltar a Paris.

Felizmente, a pressa não era somente minha. Lasseur também estava apressado para pedir Lenice em casamento. Desejava fazê-lo antes da minha viagem.

Assim, numa tarde cinzenta e fria, Lasseur, a sós comigo na sala, falou-me sobre o assunto:

— Jacques, hoje preciso falar-lhe de um assunto muito sério.

— Estou às suas ordens.

— Você me conhece há muito tempo. Sabe da posição que ocupo na sociedade. Sabe também que herdei de meu pai considerável fortuna. Portanto, acredito dispensar mais informações a meu respeito. Assim sendo, tenho a honra de pedir-lhe a mão de sua irmã em casamento.

Procurei controlar minha satisfação. Não desejava que Jean a notasse. Tentei imprimir em meu rosto uma expressão séria e compenetrada. Minha resposta foi perfeitamente natural.

— Sinto-me honrado com o seu pedido. Naturalmente, será um prazer recebê-lo em nossa família. Entretanto, preciso falar com Lenice.

— Naturalmente. Esperarei pela resposta. Todavia, gostaria de obtê-la antes da sua partida. Como você sabe, vivo muito só. Desejo casar-me o mais breve possível. Estou quase com trinta anos e tenho vida regularizada. Não há razão para esperar.

A custo contive minha satisfação. A pressa de Lasseur vinha ao encontro dos meus interesses.

— Tem razão, Jean. Casando minha irmã, estarei tranquilo quanto ao seu futuro e à sua felicidade. Você sabe que agora sou o chefe da família. Assim, poderei considerar bem cumprida minha responsabilidade para com ela.

Num impulso, levantei-me e toquei a sineta. Martin atendeu pressuroso. Era nosso mordomo havia muitos anos e muito escrupuloso no atendimento das suas obrigações.

— Diga a Lenice que preciso falar-lhe aqui na sala. Peça à mamãe que também venha.

Martin curvou-se ligeiramente e saiu. Olhei para Jean. Apesar da nossa pouca afinidade, não pude deixar de reconhecer que ele era um belo homem. Alto, elegante, olhos muito azuis e expressivos, cabelos louros e naturalmente ondulados. Tinha a pele clara e acetinada de uma beleza quase feminina; entretanto, o bigode bem aparado encobria lábios finos e firmes. De sua pessoa emanava sempre fino perfume, e suas roupas eram impecáveis.

Certamente minha irmã iria sentir-se muito feliz em desposá-lo.

Permanecemos silenciosos aguardando a chegada das duas mulheres. Entraram na sala e, após a troca de cumprimentos, fui direto ao assunto.

— Minha mãe, o senhor Lasseur veio hoje pedir a mão de Lenice. Ele deseja receber uma resposta breve, por isso convidei-as para esta reunião, a fim de resolvermos este assunto.

Mamãe não respondeu de pronto. Parecia surpreendida. Lenice estava pálida e pareceu-me nervosa. Eu, que esperara aclamações de alegria, fiquei confuso. O silêncio pesava e eu tornei:

— E então?

— Senhor Lasseur! Ignorava que fosse fazer esse pedido. Não o autorizei a fazê-lo. Sinto-me muito honrada, mas não posso aceitar. Não desejo casar-me.

Por isso, peço-lhe desculpas, mas não aceito seu pedido de casamento.

A voz de Lenice estava trêmula. Senti-me desapontado. Minha irmã estava atirando fora nossa única oportunidade de evitar a ruína completa.

Jean levantou-se e disse com voz firme:

— Sua recusa é evasiva e não a aceito. Quero os motivos. Por acaso sou-lhe antipático?

— Não se trata disso, senhor Lasseur. Nada tenho contra o senhor. Pelo contrário, tem sido sempre muito bem recebido em nossa casa como amigo de Jacques, mas, para um casamento ser realizado, é preciso que exista amor de parte a parte. Somente quando duas pessoas se amam é que podem ser felizes. Eu não o amo, senhor Jean, e os sentimentos não se podem mudar ao nosso desejo. Por isso, não posso aceitar seu pedido. Desejava poupar-lhe esta franqueza, mas o senhor a exigiu.

Jean levantou-se e, num gesto displicente, começou a rir. Confesso que fiquei chocado com sua atitude. Afinal, não era nada agradável enfrentar uma situação como aquela, ainda mais diante de terceiros.

— Lenice! Francamente, eu acreditava que você fosse mais amadurecida, mais moderna. Amor! Por acaso falei em amor?

Vivo rubor coloriu o rosto jovem de minha irmã.

Jean continuou:

— Entre criaturas educadas e cultas, o amor é colocado no lugar que lhe compete. Aliás, o amor, como você o entende, é ilusão dos poetas, não existe na realidade. O que existe é a paixão, uma doença que perturba a mente do indivíduo e o faz cometer uma série de disparates. Não tenho ilusões, não procuro uma paixão.

O que desejo é constituir um lar. A necessidade de um herdeiro é preponderante. Em você, pensei ter encontrado a mulher ideal para o casamento. É culta, bonita, meiga e de boa família. Por isso fiz o pedido. Espero que reconsidere sua decisão.

Percebendo que Lenice esforçava-se por reter as lágrimas e que seus lábios apertavam-se rancorosos, disse apressado:

— Jean, sua proposta foi inesperada. Fiz mal em transmiti-la a Lenice sem preparação prévia. Concedam-nos alguns dias para uma resposta definitiva.

Fingi não perceber o gesto de impaciência de Lenice.

— Está bem. Dentro de três dias virei saber uma resposta. Espero que seja satisfatória.

Curvou-se ligeiramente e saiu. Então, pude desabafar:

— Lenice, como pode ser tão leviana?

Minha irmã olhou-me dolorosamente surpreendida. Seus grandes olhos negros fitavam-me angustiados.

— Não compreendo, Jacques. Fui apenas sincera. Não sinto pelo senhor Lasseur a amizade e o afeto necessários à união conjugal. Não posso de maneira alguma dar-lhe esperanças.

Desapontado, respondi:

— Sabe bem o que isso significa para todos nós? A miséria, a ruína total! Terei que deixar os estudos e procurar trabalho! Mamãe, depois de viver sempre no luxo e no conforto, terá que se sujeitar a uma velhice dolorosa e humilhante! Você mesma se verá na contingência de trabalhar para ganhar o pão a fim de não morrer de fome. Quer atirar fora uma ocasião rara de consolidar nossa situação financeira, levada por uma ilusão sentimental.

Lenice ouviu séria, cabeça baixa.

Minha mãe, pensativa, olhava-nos com ar preocupado. Desejoso de ganhar terreno, prossegui:

— Depois, Lenice, que experiência você possui da vida e das coisas? Jean é um belo homem, de boa família, uma das grandes fortunas da França. Culto, inteligente, personalidade cativante para qualquer mulher. Partido disputado pelas moças mais exigentes. Por que recusar tanta honra? O amor verdadeiro vem com a convivência, no decorrer dos anos de vida em comum. Essa é a realidade, o resto são ilusões que o tempo encarrega-se de destruir.

Minha irmã ergueu o rosto e pude ver um brilho de tristeza em seus olhos.

— Você quer que eu aceite o senhor Lasseur por marido?

Sorri meio embaraçado. Eu sabia, no íntimo do meu ser, estar visando somente aos meus interesses. Não simpatizava com Jean. Se outra fosse nossa situação, eu jamais consentiria tal união. Era meu pavor da ruína que me fazia aceitar não só o casamento, como o advogava com todo o entusiasmo. Para encobrir os reflexos da consciência, eu tentava convencer-me de que eles seriam felizes e a nossa falta de afinidade fora apenas um mal-entendido que ficara sepultado no passado.

— Por que não? Trata-se de um amigo meu. Depois, minha irmã, não estamos em condições de escolher.

Procurei dar um certo ar de preocupação à minha fisionomia e continuei:

— Sou agora o chefe da casa. Preocupa-me o seu futuro. Sinto-me deprimido por não poder oferecer-lhes o mesmo padrão de vida que sempre tivemos.

Infelizmente, estamos irremediavelmente arruinados. A princípio, tive esperanças de debelar a crise, mas todas as portas foram cerradas. Até agora, conseguimos a custo manter as aparências, porém o cerco aperta-se cada vez mais. Amanhã ou depois teremos que ceder, não poderemos continuar lutando. Então, o que será das suas ilusões e da sua juventude?

Lenice olhou-me triste e respondeu:

— Nada disso é essencial para a conquista da felicidade. Não temo a pobreza, tenho forças para trabalhar. Algum dia, hei de encontrar um homem a quem eu ame e que me faça feliz.

Sorri novamente com incredulidade.

— Você crê realmente que poderá encontrar um homem nessas condições? Como você é jovem e ingênua! Sua situação será bem diversa do que imagina. Um homem culto, rico e de posição não se casará com você se formos pobres a ponto de trabalharmos para o nosso sustento. Lembre-se de que seremos forçados a viver em outro ambiente, onde eles raramente aparecem. Um homem pobre e inculto também não conseguirá despertar o seu interesse porque, sendo fina e educada, não haverá afinidade entre ambos. Lenice, recusando essa oportunidade excelente, você se transformará em uma pessoa deslocada e solteirona para o resto da vida.

Lenice olhou esperançosa para minha mãe quando disse:

— Já sei o que você deseja, Jacques. Mas a senhora, minha mãe, o que diz?

Mamãe levantou-se. Fisionomia grave, preocupada.

Depois de caminhar um pouco pela sala, parou fixando-se e dizendo com voz firme:

— Lenice, você é ainda muito jovem. Está habituada a ver satisfeitos todos os seus desejos. Gostaria de poder dizer-lhe que reprovo esse casamento. Entretanto, não vejo motivo sério que me autorize a fazê-lo. Mesmo desprezando a parte vantajosa para nós da fortuna do senhor Lasseur, ele tem se mostrado sempre um homem de caráter, honesto, e nada há que possa denegrir o seu nome. Sua família é tradicional e respeitada em toda parte. Possui também o senhor Lasseur uma figura jovem e elegante. Como mulher, considero-o um homem bastante atraente. Por que então recusá-lo como marido?

Lenice deixou-se cair desalentada sobre uma cadeira. Seu rosto delicado parecia mais miúdo pela palidez:

— Já sei o que desejam de mim. Será difícil fazê-lo. Não amo o senhor Lasseur.

Minha mãe sorriu, complacente.

— Eu sei, minha filha. Mas o amor virá com o tempo. Sei o que estou afirmando.

— Tenho três dias para pensar. Não preciso do prazo. Embora saiba que não serei feliz, podem dizer ao senhor Lasseur que serei sua esposa. Entretanto, é preciso que ele saiba que se casa com uma moça pobre.

Minha expressão de alegria ao ouvir as palavras de Lenice foi transformada em impaciência.

— Isso não. Ele não pode saber nossa real situação por enquanto. Na véspera do casamento saberei colocá-lo a par da realidade.

Lenice abanou a cabeça com ar de reprovação.

— Onde está seu amor à verdade? Receia que ele queira romper o seu compromisso quando souber?

— Não se trata disso. Apenas não é agradável, para mim, contar-lhe tudo agora. Tenho esperanças de conseguir um bom empréstimo que nos ajudará a resolver a crise. Mas isso só será possível se o seu noivado for anunciado. Conto com isso para garantir a dívida. Depois, é possível que eu consiga aos poucos equilibrar nossas finanças. Se eu conseguir, não teremos necessidade de passar por essa humilhação.

Minha irmã deu de ombros e disse:

— Então, não aceito. O que exigem de mim é uma deslealdade, principalmente levando-se em conta minha pouca simpatia pelo senhor Lasseur.

— Ora, minha irmã! Já disse que penso jogar com seu noivado para refazer nosso crédito. Quando o casamento se realizar, certamente você já estará em condições de levar um bom dote.

Sabia ser impossível realizar tal milagre em tão pouco tempo, mas um só desejo dominava-me: convencer Lenice a aceitar a proposta de Lasseur.

— Jacques, sinto dizer-lhe isto. Temos sido sempre muito amigos, porém você está me empurrando para uma união indesejada. Gostaria de poder ceder, entretanto, não é possível. Sinto desgostá-lo, não me casarei com ele.

Senti-me enrubescer de raiva. Contive-me a custo. Não conseguiria nada brigando com ela, pelo contrário. Devia agir com brandura. Respondi apenas:

— Se deseja atirar-nos na ruína completa, seja. Porém, mais tarde, se diante de uma situação insolúvel eu me vir forçado a uma atitude extrema e irremediável, a culpa será toda sua. Lembre-se bem disso.

Fingindo não ver a expressão de terror que se desenhou em seu rosto, saí da sala triste e cabisbaixo. Encerrei-me no gabinete que fora de papai e não saí durante o resto do dia.

Nos dias subsequentes, deixei-me dominar por extrema depressão. Sentia-me realmente apavorado diante da miséria. Mal vi minha irmã, que, também deprimida e angustiada, pouco saíra do quarto. Finalmente, recebemos a temida visita de Jean.

Aborrecido com o rumo que os acontecimentos tinham tomado, em face da obstinação de Lenice, ordenei-lhe que o recebesse a sós, a fim de dar-lhe sua resposta. Movido por irreprimível curiosidade, postei-me atrás da porta ligeiramente entreaberta para assistir à cena que se iria desenrolar.

Fisionomia um tanto abatida, Lenice recebeu seu pretendente com cortesia e dignidade. Acomodados na sala, após as saudações de praxe, Jean foi direto ao assunto.

— Lenice, vim saber sua resposta.

Lenice levantou os olhos para ele, triste, e respondeu com suavidade:

— Senhor Lasseur, sua proposta muito nos honra. Creia-me que usar um nome digno como o seu envaideceria qualquer mulher. Entretanto, nas presentes condições, não me sinto no direito de aceitá-lo. Peço-lhe que me perdoe.

Jean, o sobrecenho ligeiramente franzido, levantou-se dizendo sério:

— Não estou habituado a perder. Desejo tomá-la por esposa e hei de conseguir. Por que recusa meu pedido?

Com voz um pouco trêmula, minha irmã respondeu:

— Minha afeição pelo senhor não é suficiente para justificar um casamento. Além dessa, outra razão existe, de igual importância.

— Posso saber qual é?

— Não é elegante de sua parte insistir. É algo que não desejo revelar.

— Mas eu quero saber!

— O senhor está se tornando impertinente.

O rosto de Lenice estava enrubescido. Jean riu francamente, fazendo-a sentir-se mais nervosa.

— Ora, menina. Deixemos de infantilidades. Não sairei daqui sem saber a verdade. É um direito que me assiste.

Sem poder conter-se, Lenice respondeu com voz áspera:

— O senhor é desagradável! Já que insiste, conto-lhe. Estamos arruinados. Irremediavelmente arruinados. Sou pobre agora. Não posso casar-me com sua riqueza.

Senti o rosto corar de vergonha com a revelação. Doía-me que Jean, meu velho rival das lides escolares, soubesse a verdade. Olhei para ele. Permaneceu impassível. Odiei-o naquele instante. Parecia desprovido de sentimentos. Não teve um gesto bom para com a lealdade de Lenice. Ela permanecia em pé a olhá-lo desafiadora. Parecia-me vê-la pela primeira vez. Jamais pensei que a meiga, a serena, a alegre e dócil Lenice pudesse ser tão altiva, tão orgulhosa, tão corajosa.

Tive ímpetos de abraçá-la e espantar dali a figura elegante de Jean. Com toda a calma, ele sentou-se novamente:

— Suas razões não justificam a recusa. Por isso não a aceito. Desejo casar-me com você e possuo dinheiro suficiente para ambos. Já sabia da sua situação financeira há muito tempo. A falta de dinheiro na mulher é um bem. Torna-a dependente e submissa.

Lenice abriu a boca, estupefata, sem saber o que dizer. Ele prosseguiu:

— Agora chega de brincadeiras. Posso dizer-lhe que não tem alternativa senão aceitar.

— Por que diz isso? — volveu Lenice admirada.

— Porque para sua família represento a tábua de salvação. Se recusar minha oferta, será irremediavelmente lançada à ruína. À ruína e à desonra, que os levarão a consequências imprevisíveis.

Minha irmã abriu os olhos assustada:

— Desonra? Não é verdade. Será apenas a ruína. Não temo a pobreza. Não importa trabalhar para viver. Sou jovem e o futuro certamente trará dias melhores.

— Trabalhar? — Jean riu, incrédulo. — Em quê? Ademais, ninguém dará emprego a você ou ao seu irmão depois que estourar o escândalo. Você precisa saber que, mesmo entregando tudo quanto possuem, não conseguirão pagar o que devem. Alguns ficarão sem receber, e pode calcular o barulho que farão. Depois, certo de que você aceitaria meu pedido, tomei a liberdade de liquidar o compromisso que tinham com o senhor Martin, muito volumoso, por sinal. Era-me desagradável ver o nome de minha noiva envolvido em comentários pouco dignos.

Enquanto falava, Jean tirou do bolso um maço de documentos que exibiu enfático. Lenice olhava-o sem entender bem o que ele dizia. Sem poder conter-me, entrei na sala.

— Ouvi suas últimas palavras e desejo que me esclareça. Terei compreendido bem?

A humilhação tornava um tanto inseguro o tom de minha voz. Calmamente, Lasseur respondeu:

— Certamente. Você é meu amigo e deve saber que os amigos são para as ocasiões difíceis.

— Como soube que devíamos a Martin?

— Interessei-me quando ouvi certos rumores sobre a sua situação financeira. Foi muito fácil descobrir a lista dos credores e, naturalmente, o mais temível era Martin. Estava ameaçador. Se não o tivesse pago, a estas horas talvez vocês não estivessem mais nesta casa...

Jean dizia a verdade e eu o sabia. De certa maneira, eu estranhara não receber notícias de Martin, vencido o exíguo prazo que marcara. Procurando reunir a altivez que restava em mim, disse com seriedade:

— Somos gratos pelo que fez a nós. Aceitamos sua ajuda a título de empréstimo, que pagarei assim que puder.

Jean olhou para Lenice, que, cabisbaixa e confundida, permanecia calada.

— Não aceito o pagamento do que me deve. Em troca desejo a mão de Lenice para esposa.

Aquilo era inaudito! Vivo rubor tingiu minhas faces de vergonha. Tive vontade de esbofeteá-lo. Procurei controlar-me.

— Jacques, peça ao senhor Lasseur que se retire.

A voz de minha irmã continha profundo desprezo.

— Não é preciso. Pretendo retirar-me em seguida. Agora, desejo que se lembrem de uma coisa: ou Lenice se casa comigo, ou devolvo os títulos ao senhor Martin, com quem mantenho outros negócios, e autorizo-o a cobrá-los devidamente, usando para isso de todas as prerrogativas conferidas pela lei. Esperarei até amanhã impreterivelmente. Passem muito bem.

Inclinando-se elegante, Jean retirou-se enquanto eu e minha irmã permanecemos rijos, eretos e mudos. Uma onda de desespero invadiu-me o ser. Senti, mais do que nunca, a necessidade de refazer a nossa fortuna. Somente o dinheiro, pensava, conserva-nos a salvo das humilhações. Não suportaria viver daquela forma.

— O que ele disse é verdade? — perguntou Lenice num suspiro.

— Sim. Infelizmente é verdade — mergulhei a cabeça entre as mãos no paroxismo da angústia. — Não sei se terei forças para suportar a dura realidade.

Lenice pareceu despertar de repente e correu para mim. Abraçamo-nos.

— Jacques, não diga isso!

Misturamos nossas lágrimas.

Depois de alguns instantes ela continuou:

— Mande um mensageiro ao castelo de Lasseur dizer que aceito ser sua esposa.

Desejei naquele instante recusar o sacrifício de minha irmã. Entretanto, ao mesmo tempo, compreendi que a melhor solução seria essa. Lasseur não consentiria que nosso nome fosse enxovalhado e certamente me ajudaria a recompor a nossa fortuna.

Porém, confesso que não pude olhar minha irmã de frente. Um sentimento vivo de vergonha mantinha meus olhos baixos, enquanto uma sensação de intranquilidade e insatisfação tomava conta de mim. Um pouco por minha irmã e um pouco por receber justamente de Jean aquele favor.

A velha rivalidade dos tempos de escola vinha à tona naquele instante para recordar que Jean vencera. Conseguira, depois de tantos anos de lutas dissimuladas, acobertadas pelo verniz social, colocar-se em atitude superior. Violenta luta interior colocava-me em terrível indecisão.

Por vezes, sentia ímpetos de enfrentar a realidade e recusar o pedido de Jean. Ao mesmo tempo, desejava aceitar o casamento de Lenice, porque assim teria chance de reerguer-me prontamente. Mas, apesar dos sentimentos contraditórios, no íntimo do meu ser, eu sabia que aceitaria passivamente o sacrifício de minha irmã.

Procurei reagir. Sacrifício por quê? Afinal, Lasseur era uma figura atraente e de prestígio na sociedade, além de dono de imensa fortuna. Procurei sorrir numa tentativa de afastar os meus pensamentos. Fitando Lenice de frente, disse:

— Boa e acertada resolução a sua. Embora você não goste dele no momento, deve convir que se trata de um ótimo partido, e nós no momento não estamos em condições de exigir. Poucos teriam aceitado uma aliança com nossa família agora.

Minha jovem irmã sacudiu a cabeça com altivez e respondeu:

— Já resolvi aceitá-lo por marido. Isso deve bastar para a satisfação e a tranquilidade de todos.

Permaneceu calada durante alguns segundos, depois terminou:

— Quanto ao futuro, só Deus o sabe.

Olhei para ela tentando penetrar no enigma daquele coração. Notei-lhe o porte altivo, a maneira orgulhosa de erguer a linda cabeça de sedosos cabelos escuros. Onde estava a menina meiga e alegre de outros tempos? Desaparecera ao contato com a dureza da vida, sepultada na sobriedade do seu traje negro que enlutara também seus projetos para o futuro.

— Está certo — tornei com doçura. — Precisamos falar com mamãe e notificá-la dos últimos acontecimentos.

No dia imediato, ao anoitecer, Jean compareceu à nossa casa. Vinha, como sempre, elegantíssimo, e sua fisionomia não revelava o prazer da vitória. Ele soube ganhar a primeira batalha sem humilhar os vencidos.

Depois de enviarmos nossa resposta ao seu pedido, eu esperava com certo receio sua visita. Temia alusões à nossa capitulação, ironias e demonstrações de superioridade. Nada disso aconteceu. Jean mostrou-se polido, um tanto mais solene e sério do que o comum.

Pediu formalmente a mão de Lenice à minha mãe. Uma vez aceito, disse apenas algumas palavras:

— Muito obrigado, senhora Latour, pela honra de conceder-me a mão de sua filha. Procurarei torná-la feliz.

Eu estava admirado. Afinal, qual era a verdadeira personalidade de Jean? Fez o papel de noivo com galanteria e cavalheirismo. Conduzindo Lenice ao jardim, palestrava com atenção e delicadeza. Sentaram-se em um banco.

Lá, ele lhe entregou pequena caixa, que ela, muda e indiferente, abriu. Tratava-se de um anel. Magnífico brilhante artisticamente incrustado em platina. Minha irmã olhou-o admirada.

— Não precisava dar-se a esse trabalho.

Jean tornou-se sério e disse com certa rispidez:

— Sei o meu dever. Como minha noiva e depois como minha esposa, deve aceitar com prazer as ofertas que eu lhe fizer.

— Não gosto de joias e no momento estou de luto. Sou uma moça simples e sem ambição. Não desejo viver adornada.

Tomando-lhe a fina e delicada mão, ele lhe colocou o anel no dedo anular, dizendo:

— Um anel de compromisso não ferirá o rigor do seu luto. Porém, lembre-se de que, como minha esposa, terá que brilhar na sociedade. As mulheres de nossa casa sempre foram as primeiras em gosto e elegância. Embora você se diga simples, terá que se modificar de acordo com a posição de seu marido.

Retirando depressa a mão que ele ainda retinha entre as suas, Lenice respondeu-lhe com voz fria:

— Por que continuar com esta farsa? Você não me ama, nunca me falou de amor. Sabe que eu também não o amo. Somente cedi por causa da sua ameaça em precipitar-nos na ruína. Por que continuar com esta situação absurda? Qual é a sua verdadeira intenção? Não vê que não poderemos ser felizes?

Ele sorriu, porém em seus olhos brilhava funda determinação.

— Você é muito jovem, Lenice. Aconselho-a a ser mais submissa se quiser dar-se bem comigo. Pode ter a certeza de que, quando me proponho a realizar qualquer coisa, ninguém consegue demover-me. Espero que compreenda isso de uma vez por todas.

A emoção desapareceu do rosto de Lenice, enquanto seu semblante vestiu-se de profunda frieza.

— Se deseja casar-se com uma mulher de sociedade, que brilhe nas recepções e satisfaça sua vaidade, não sei por que escolheu a mim. Não pretendo uma coisa nem outra. Desejo também tornar bem claro: não mudarei! Não sufocarei minha personalidade apenas para dar-lhe prazer. Não sou a esposa mais indicada para você. Ainda está em tempo, podemos terminar nosso compromisso!

Jean ouviu impassível, contudo sua voz era dura quando respondeu:

— Você tem demasiada vontade de romper nosso compromisso. Talvez seja esse um motivo para que eu insista em mantê-lo.

— É inútil. Você desconhece as mais elementares noções de cavalheirismo.

Jean virou-se de frente para ela e colocou ambas as mãos em seus braços, apertando-os com força.

— Nunca mais diga isso! Não admitirei! Será muito pior para você se quiser manter-se nessa atitude hostil. Também sei ser cruel e duro quando necessário. Porém, se for dócil e obediente, serei para você um bom esposo e poderemos viver em paz.

Lenice não respondeu. Seus braços doíam e Jean, sem parecer notá-lo, ainda os apertava. Por fim, largou-os, deixando cair as mãos ao longo do corpo.

— Entremos, nada mais temos para conversar.

— Como queira.

Lutando contra a avalanche de lágrimas que estava pronta para despencar, Lenice levantou-se e encaminhou-se para dentro. Não parecia notar que o noivo a conduzia cortesmente pelo braço. O noivado oficial foi marcado para a semana seguinte.

Durante aqueles dias, Jean cortejava a noiva com elegância e atenção. Tudo quanto um noivo enamorado faz nessa circunstância, ele fez. Visitava-a diariamente e mandava-lhe flores todas as manhãs acompanhadas por delicados presentes.

Lenice pareceu-me mais serena, embora recebesse com indiferença as atenções do noivo.

Fiquei admirado. Ela, que sempre fora muito sensível ao menor gesto de cavalheirismo, que era muito sentimental e delicada, parecia não perceber as atenções de Jean.

Combinamos com Lasseur oferecer uma recepção a fim de oficializar o noivado, marcando a data para o casamento. Lenice desejava apenas a presença dos amigos mais íntimos, mas Jean não concordou.

— Meu noivado é um acontecimento social. Tenho muitos amigos e você deve lembrar-se, Lenice, de que faço questão da vida em sociedade. Afinal, uma recepção é necessidade na união de duas casas ilustres.

Minha mãe resolveu a questão respondendo com seriedade:

— Senhor Lasseur, conheço meus deveres de mãe e a responsabilidade que nos cabe. Não há necessidade de sua advertência. Eu mesma já tinha resolvido dar uma recepção. Entretanto, devo lembrar-lhe o nosso luto recente, que nos isenta em parte desse dever. Daremos uma recepção às pessoas de nossas relações mais íntimas e aos outros escreveremos uma participação, escusando-nos em virtude do luto.

Lasseur retorquiu firme:

— Dentro de poucos dias, irão se completar seis meses do passamento do senhor Latour. Hoje em dia não é usual na sociedade um luto prolongado. Não aceito suas razões para evitar a recepção. Se for por questões financeiras, pagarei todas as despesas.

Pelo aspecto de minha mãe, pela expressão de sua fisionomia, compreendi que o noivado de Lenice periclitava. Intervim, tentando aparentar uma calma que estava longe de sentir.

— Podemos resolver bem a situação. Guarde seu dinheiro, Jean, não é esse o motivo. Minha mãe tem razão quanto ao nosso luto. Entretanto, poderemos oferecer um jantar de gala, sem baile e sem música. Apenas para anunciar o compromisso.

Jean sorriu. Havia certa ironia em sua voz ao dizer:

— Você escolheu bem sua profissão. Será um bom advogado. Está certo. Assim será.

Esse era o motivo da festa suntuosa, em nossa casa, seis meses após o falecimento de meu pai. Todavia, a notícia do casamento próximo de minha irmã abrira-me todas as portas. Conseguira vultosos empréstimos, com os quais continuava mantendo as aparências e renovando o prazo de alguns compromissos urgentes. O senhor Leterre resolvera esperar para receber seu dinheiro, animado pela aliança de minha irmã.

Gozando a aragem cariciosa do jardim, sentado em um banco, eu meditava sobre os últimos acontecimentos. Estava tranquilo quanto ao futuro. Mais um ano e estaria formado. Acariciava a intenção de ingressar na política. Um lugar na Câmara ou no Senado certamente daria ao meu nome a distinção necessária. Seria também uma forma de receber alto salário, que certamente me ajudaria a refazer nossas finanças.

Conforme o combinado, houvera apenas o jantar, um banquete finíssimo que decorrera com grande sucesso, após o qual os convidados dirigiram-se ao salão principal onde, reunidos em pequenos grupos, palestravam cordialmente.

Eu me refugiara naquele recanto, por alguns instantes, para descansar um pouco. De repente, quebrando a calma e a alegria do ambiente, minha atenção foi despertada por um soluço abafado. Duvidei do que ouvira. Concentrei toda a minha atenção na escuta. Sim, eram soluços. Alguém bem perto dali chorava sentidamente.

Lancei os olhos ao redor e não vi ninguém. Onde estaria? Procurando não fazer ruído, tentei localizar o local de onde partiam os soluços. Caminhei para lá cautelosamente. Circunvagando um pequeno arbusto, de frondosa copa, descobri um vulto de mulher que, sentada em um banco no local mais escondido, rosto entre as mãos, chorava desconsoladamente. Penalizado, chamei:

— Por favor...

Com pequeno grito assustado, a jovem dama descobriu o rosto e tentou recompor-se.

— Elisa! O que aconteceu?

Tratava-se de uma jovem de nossas relações. Seu pai fora muito amigo do meu e conhecíamo-nos desde a mais tenra idade.

Como ela era bonita! Seu rosto claro, a tez sedosa e alva, sem uma mancha sequer, fazia ressaltar ainda mais o negror dos seus olhos sombreados por enormes cílios. Os cabelos fartos e escuros eram muito bem cuidados, realçando-lhe sempre a beleza. O talhe esbelto, elegante, casava-se bem com a fidalguia de suas atitudes de moça rica e de sociedade.

Fiquei boquiaberto por surpreendê-la naquela atitude pouco elegante. Habituara-me desde a infância a vê-la sempre ereta e bem-posta, educada e convencional. Notando-lhe o embaraço, disse:

— Desculpe-me se estou sendo inoportuno. O que houve? Alguém a ofendeu? Você está em minha casa. Rogo-lhe que explique o que a magoa. Saberei tomar uma atitude. Por que chora?

Visivelmente nervosa, Elisa lutava para readquirir o domínio interior. Quando conseguiu serenar, disse-me, tentando um sorriso:

— Desculpe-me, Jacques. Estou envergonhada por esta demonstração de fraqueza. Não me pergunte nada, não poderia responder!

— Elisa, doeu-me o seu sofrimento. Você sabe o quanto a estimo. Algo deve ter acontecido para que chorasse tão sentidamente. Não quer confiar em mim?

Ligeiro estremecimento sacudiu-lhe os olhos delicados. Procurando acalmar-se, respondeu:

— Por favor, meu amigo! Nada há para ser confiado. Deixei-me dominar pela melancolia, eis tudo. Apelo para seu cavalheirismo no sentido de não divulgar a cena que surpreendeu.

Sua mão fina e bem cuidada segurava-me o braço num gesto súplice. Sorri.

— Certamente, Elisa. Lamento não poder ser-lhe útil, uma vez que não deseja contar-me os motivos da sua contrariedade. Entretanto, desejo que esqueça sua tristeza e procure entreter-se em minha casa. Vamos caminhar um pouco? A noite está tão bonita!

— Você é muito amável. Entretanto, preciso recompor meu rosto. Vou entrar por um momento. Ninguém deve ver-me tão desalinhada. Mais tarde conversaremos. Com licença.

Levantando-se graciosa, acenando ligeiramente a cabeça, Elisa deixou-me. Segui com o olhar a elegante figura que desaparecia em uma curva do jardim. Viva curiosidade dominou-me. O que teria acontecido para descontrolar tanto a bela Elisa? Segui-a automaticamente, disposto a observá-la melhor.

Entrei no salão. Os convidados formavam grupos elegantes e alegres, palestrando animadamente. Sorrindo e trocando palavras convencionais, atravessei a sala procurando Elisa com o olhar. Quando a localizei, pude observar que estava aparentemente serena. Nada em sua fisionomia recordava a arrebatada atitude de momentos antes. Ria e conversava com desenvoltura. Observando-a com muita atenção, somente percebi um brilho excitado no olhar, onde me pareceu, em um dado momento, fulgurar um lampejo de rancor. Segui a direção de seus olhos e vi-os fixos em Jean, que ao lado da noiva palestrava animado.

A revelação surpreendeu-me. Elisa seria uma das muitas enamoradas do meu futuro cunhado? Agora, ela já desviara o olhar e ninguém duvidaria que estava absorta na palestra de elegante senhora.

Todavia, eu me senti um pouco aborrecido. Teria observado bem? No entanto, por mais que eu observasse Jean, não lhe surpreendi um olhar sequer para Elisa. Isso me deu certa tranquilidade. Afinal, se Elisa o amava e chorava de ciúmes, nada devia importar-me. Eu sabia as paixões que a figura elegante e bem cuidada de Jean despertava em nossa sociedade. Quanto a ele, estaria realmente apaixonado por Lenice? Não a desposaria por um capricho qualquer?

Eu tentava acalmar-me e era em vão que intimamente procurava argumentos que me fizessem afugentar os receios e confiar no futuro. Uma onda de tristeza abateu-me, embora eu me esforçasse para aparentar alegria e serenidade.

Aproximei-me dos noivos e sorri para Lenice com carinho.

— Você está muito elegante! Cumprimentos pelo bom gosto!

Ela me olhou um pouco surpresa. Não esperava meu elogio, que, embora fosse sincero, refletia no fundo uma espécie de bajulação para desfazer a má impressão que a minha atitude, advogando seu casamento, forçosamente lhe causara. Franzindo ligeiramente a testa, respondeu baixinho:

— Estou cansada! Gostaria que tudo terminasse logo.

Havia em seus olhos um brilho triste, embora seus lábios se esforçassem por sorrir. Não me senti bem. A onda de insatisfação aumentou. Saí novamente do salão. Caminhava lentamente encontrando certo prazer em ouvir o ruído seco dos meus sapatos na areia do jardim.

— Jacques!

Voltei-me incontinente.

— Posso fazer-lhe companhia?

— Será um prazer, Elisa.

Aproximei-me, voltando sobre meus passos e oferecendo-lhe o braço com elegância. Fomos caminhando vagarosamente pelas alamedas do parque. Minha companheira permanecia pensativa e calada. De repente disse:

— Jacques, ficou decepcionado comigo esta noite?

— Por que pergunta?

— Pela atitude que surpreendeu...

— Absolutamente, Elisa. As lágrimas dão à mulher mais feminilidade e inspira-nos vivo desejo de consolá-la.

— Fala sério?

Volveu para mim seus belos olhos, procurando ler meus pensamentos. "Adorável criatura", pensei. Pressionei ligeiramente o braço que se apoiava no meu e, fitando-a nos olhos, respondi:

— Muito sério! Não tenho jeito para confidente, mas, se precisa de um amigo, pode confiar em mim.

— Sinto que você é sincero. Esta noite descobri que fui traída. Uma pessoa em que eu depositava profunda confiança deu-me grande desgosto, terrível decepção. Sofri muito, como você viu, não pude refrear a revolta, mas, depois que você falou comigo, acalmei-me. Agora, não sei o que está acontecendo, não sofro mais, sinto-me muito feliz por estar aqui a seu lado, a sós.

Senti-me envaidecido. Não duvidei da sinceridade de Elisa. Não pensei que a modificação tivesse sido muito repentina e não percebi que Elisa mentia. Eu era muito vaidoso e despertara já muitas paixões em formosas criaturas. Por isso, sem pensar, aproveitando a semiobscuridade do jardim, dei-lhe furtivo beijo nos cabelos e abracei-a com carinho.

— Elisa, você é encantadora!

— Sinto-me envergonhada, Jacques. Voltemos.

Dominado por forte entusiasmo, beijei-a nos lábios com calor.

— Voltemos, Jacques, por favor.

Voltamos. A inesperada aventura afugentara do meu coração a incômoda sensação de descontentamento. Foi como um par de namorados que regressamos ao salão. Pude ver que os olhos de Elisa brilhavam. Ela estava realmente linda. Havia excitação e euforia em seu semblante. Conhecia-a havia tantos anos e, no entanto, parecia-me vê-la pela primeira vez.

Entretivemo-nos em palestra com alguns amigos. Quando ela se despediu na companhia do pai, pousei-lhe demorado beijo na mão bem tratada e bonita.

Nos dias subsequentes, visitei Elisa com assiduidade. Eu sabia que com ela não poderia manter uma simples aventura. Respeitava-lhe o pai, considerava-o muito. Por causa disso, algumas vezes pensava em afastar-me definitivamente do seu convívio, mas a moça me atraía, revelando-se de marcante personalidade. E eu voltava sempre a visitá-la, cortejando-a.

Horas agradáveis passamos juntos, à sombra amiga das árvores do parque ou no aconchego acolhedor de sua sala de estar, sob o beneplácito de Ruth, sua dama de companhia.

Eu não acreditava no amor. Conhecera em outros tempos a paixão exuberante e passageira. Para casar-me, desejava conciliar interesses e tradição. Elisa preenchia esses itens. Talvez no futuro pudéssemos acertar isso.

O casamento de Lenice fora marcado para dali a um mês.

Em uma tarde fria de setembro, sob os círios bruxuleantes da Igreja do Sagrado Coração, minha irmã entrou vestida com suntuoso traje nupcial.

Estava linda! Envolta em rendas e tules, parecia uma fada, caminhando graciosa pela nave. Porém, faltava em seus olhos o brilho da felicidade que confere às noivas uma beleza diferente. Suas faces estavam pálidas como a cor do seu traje. Ao vê-la assim, senti doloroso aperto no coração.

Enquanto Jean e Lenice, agora em frente ao altar, uniam-se pelos sagrados laços matrimoniais, a sensação de tristeza invadiu-me o ser. Quando olhei para Elisa ao meu lado, surpreendi-me com sua palidez, notei-lhe as mãos finas e aristocráticas nervosamente crispadas. Seus olhos estavam fixos no casal que se unia no altar.

Vencendo meu próprio sentimento depressivo, perguntei numa voz que desejava tornar alegre:

— Elisa, o que se passa? Vejo-a pálida e nervosa. Sente-se mal?

Ela pareceu arrancada de um sonho. Olhou-me meio inconsciente e nada disse.

— Sente-se mal? — renovei.

— Eu?

— Parece-me pálida e nervosa!

— Oh! Sim. A aglomeração e o cheiro de incenso causaram-me ligeira indisposição. Não é nada. Assim que sairmos ao ar fresco, tudo passará.

— Deseja sair agora?

— Esperemos até o fim. Não deve demorar, já está consumado.

Havia em sua voz um tom desalentador. Observei-lhe a palidez e fiquei apreensivo. Felizmente a cerimônia terminou.

Precedido pelas damas de honra, Jean, elegantíssimo, avançava conduzindo Lenice pelo braço rumo à saída da igreja. Como de praxe, os familiares dos noivos seguiam logo após e, por fim, os amigos.

Fiquei satisfeito por poder retirar Elisa da igreja. Certamente, o ar fresco da tarde haveria de fazer-lhe bem.

Subimos em elegante carruagem que nos levaria à minha casa para a recepção: minha mãe seguiu com uma de suas irmãs e nós tínhamos a companhia sóbria do senhor Trèville, pai de Elisa.

A moça permaneceu recostada nas almofadas do carro durante todo o trajeto, olhos cerrados, faces pálidas. Seu pai preocupava-se com seu mal-estar:

— Não sei o que aconteceu. Tantas vezes temos vindo à igreja e nunca Elisa sentiu-se mal.

— Talvez tenha sido o cheiro forte dos círios acesos, do incenso e das flores. Esse aroma sempre me deixa indisposto.

Enquanto palestrávamos, Elisa parecia nem nos ouvir, respondendo apenas quando lhe perguntávamos pela sua saúde.

— Estou melhor. Deixem-me descansar um pouco e tudo passará.

De fato, quando chegamos a minha casa, ela parecia melhor.

A festa estava animada. Por todos os lados os criados iam e vinham na azáfama de atender a todos os convivas. Os candelabros luziam e os cristais brilhavam alegremente no suntuoso salão.

Nossa casa estava realmente bela! Os jardins iluminados, o hall elegante tendo ao meio graciosa escadaria de mármore recoberta de tapeçaria vermelha que conduzia ao pavimento superior. À direita, o salão de recepção, mobiliado no estilo de Luís XV, unindo-se atrás do hall à esquerda com o salão de banquetes, onde lauta mesa já estava artisticamente preparada. Ricos reposteiros guarneciam as portas e as janelas.

Vendo-a assim, não nego que experimentei vivo sentimento de orgulho. Aquela casa sempre haveria de ser minha, custasse o que custasse.

Entrei no salão como quem tivesse vencido uma guerra. O brilho de satisfação em meus olhos acentuou minha posição de dono da casa e percebi a admiração e o respeito dos velhos amigos de papai pela minha boa estrela ou, quem sabe, pelo meu tino que, contra todos os prognósticos, tinha conseguido manter a posição e a honra da família.

O jantar, servido com classe e muito bom gosto, reuniu em nossa mesa a fidalguia mais expressiva daquela época. E eu era o senhor de tudo. Estava particularmente feliz.

Após o jantar, os convivas reuniram-se em grupos, alguns no *fumoir,* outros circulando pelos jardins. Jean procurou-me.

— Jacques, vamos ao seu gabinete. Precisamos conversar.

Meus olhos alegres o fixaram. Estava o mesmo de sempre, como se as emoções daquela noite não o envolvessem.

— Está bem — concordei. — Vamos.

Uma vez acomodados, ele esclareceu:

— Há já algum tempo que desejo falar-lhe. Julguei mais oportuno agora que nos tornamos parentes. Você sabe que estou informado dos problemas da sua família. Sei que estão arruinados e, para manter as aparências, vocês têm lutado com todas as forças.

Sem saber o que dizer, olhei-o em silêncio. Ele prosseguiu:

— Reconheço que, se estivesse em seu lugar, talvez fizesse o mesmo. A pobreza é insuportável. Não é segredo também que você não me aprecia. Aliás, você nunca me tolerou nos tempos de colégio. Não guardo ilusões. Se me deu a mão de Lenice, foi porque sou rico.

Fiz um gesto negativo querendo interrompê-lo, mas ele, sem me atender, continuou:

— Sei ainda que ela não me aceitaria se vocês não estivessem precisando do meu dinheiro para sair do buraco.

Empalideci. Uma raiva surda começou a nascer-me dentro do peito.

— Entretanto, eu decidi que ela seria minha esposa. Agrada-me contrariá-los. Assim sendo, tenho consciência de que este casamento não passa de um negócio como qualquer outro, onde eu ainda não sei se terei empregado bem o meu dinheiro.

Tive ímpetos de esbofeteá-lo. Contive-me, com medo do escândalo.

— Você fala de minha irmã como de um objeto — consegui balbuciar, trêmulo de raiva.

— Não é bem assim. Se ela concordou em ser vendida e se a família quis vendê-la, eu concordei em comprá-la. Mas isso não é importante. Você sabe que eu tenho muito dinheiro e, para mim, torna-se desagradável ver seu nome exposto nos meios em que realizo meus negócios. Por isso, paguei todas as dívidas que seu pai deixou e esses títulos estão comigo, com quem ficarão guardados para sempre. Esse foi o presente que resolvi oferecer à família de minha mulher. Ainda, fora isso, há o dote régio que é de vontade de Lenice seja entregue à sua casa e acredito suficiente para que, aplicando-o devidamente, você volte a ser o rico fidalgo que sempre foi.

Vendo-o tratar tão friamente o próprio casamento, tive medo. Minha irmã, tão doce, tão romântica, tão meiga, casada com um homem tão mercenário, tão calculista, tão frio. O sentimento de frustração e de culpa invadiu-me novamente o coração.

Ele, porém, apesar de tudo, oferecia-me a liberdade, o luxo, a vida de sempre. Procurei sepultar meus sentimentos e pude reconhecer que ele de fato dizia a verdade.

Eu tinha deliberadamente planejado aquele casamento como uma tábua de salvação. Isso não podia negar. Ele não se deixara enganar. De certa forma era melhor assim. Pelo menos, ele não poderia mais tarde acusar-me de ludibriá-lo, envolvê-lo. Estava consciente e aceitara as regras do jogo.

Quando, controlando meus impulsos, respondi, sentia dentro de mim que, apesar de Jean ser marido de minha irmã, jamais seríamos amigos. Minha voz era fria como a dele:

— É muito generoso. Espero que faça minha irmã feliz.

— Ela agora é minha esposa. Vou ensiná-la a viver.

Abstive-me de perguntar. Queria esquecer o drama de Lenice. Queria convencer-me de que ela conseguiria construir sua vida com ele e, quem sabe, chegasse a amá-lo. Ele era jovem e belo. Ela, linda, bondosa e meiga. Por que não?

Jean continuou:

— Lenice prepara-se para nossa viagem. Partiremos dentro de uma hora. Amanhã meu notário virá procurá-lo para entregar-lhe o dote de Lenice. Quanto aos títulos da dívida, claro, eu os guardarei. É direito meu, já que os resgatei.

Aquilo era um insulto. Eu, pálido, nada disse. Sentia ímpetos de atirar-me sobre ele e dar-lhe o corretivo que merecia. Detinha-me a consciência da minha culpa em tudo aquilo e a inutilidade do escândalo. Se me indispusesse com ele, seria pior. Poderia arruinar-me ou impedir-me de ver Lenice, o que não suportaria.

Reconheci que escapara da ruína, mas estava nas mãos de Jean e naquele momento nada poderia fazer.

— Agora, voltemos aos convidados.

O brilho vitorioso dos seus olhos deu-me vontade de esbofeteá-lo. Mas apenas respondi:

— Tem razão. Os deveres em primeiro lugar.

Saímos. Ele se afastou na postura elegante de sempre, e eu estava arrasado. Minha alegria, meu sentimento de vitória tinham se transformado em amarga sensação de derrota.

Olhei o salão iluminado, o brilho da recepção, a beleza da festa e, pela primeira vez, perguntei-me: valeria a pena?

Saí para o jardim. Precisava respirar um pouco de ar puro. Ia passar. Afinal, Jean era um homem inteligente. Entrara no jogo conhecendo as regras. Por que me enraivecer? Mas os seus olhos frios, o brilho de superioridade, a antiga rivalidade que ele conseguira vencer causavam-me mal-estar. Precisava ver Lenice, despedir-me dela. Porém, faltava-me coragem. O que lhe diria? Amava-a muito, mas não titubeara em forçá-la a um casamento indesejado. Acreditaria na sinceridade do meu amor? Alguém enlaçou o braço no meu e delicioso perfume me envolveu.

— Elisa! — murmurei encantado.

— Estou aqui. Você passou por mim e nem me viu. É assim que você me ama?

Ela estava gentil, e aquilo maravilhou-me. Elisa, apesar de encorajar-me as atenções, em certos momentos mostrava-se distante e difícil. Era sempre eu quem a cumulava de gentilezas, fazendo-lhe a corte, enquanto ela jamais demonstrava emoção mais profunda. Isso, de certa forma, estimulava-me o interesse, uma vez que estava habituado ao sucesso com as mulheres.

Fixei-a e vi um brilho forte em seus olhos bonitos. Apertei sua mão com força, enquanto brando calor me envolvia o coração.

— Eu a amo — retorqui e, num ímpeto, abracei-a, beijando-lhe os lábios entreabertos.

Queria esquecer os problemas desagradáveis de momentos antes e apagar a consciência da minha participação no casamento de Lenice.

Ela retribuiu o meu beijo e exultei. A custo Elisa conseguiu desvencilhar-se do meu abraço.

— Por favor, contenha-se — disse aflita. — Estamos em público. Os convidados podem ver.

Olhei ao redor e puxei-a para trás de uma sebe florida. Lá, estaríamos mais ocultos dos olhos indiscretos. Ela resistia:

— Vamos embora. Agora não.

Mas de súbito passou os braços pelo meu pescoço, abandonando-se ao meu beijo inesperadamente. Exultei. Entreguei-me à emoção, beijando-a repetidas vezes. Porém, de repente, ela cerrou os lábios empurrando-me com força.

— Tem gente aqui... — murmurou assustada.

Larguei-a, enquanto vi Jean no banco ao lado, olhando distraidamente para o outro lado.

— É Jean — tornei teimoso. — Não importa.

— Vamos embora. Acho de mau gosto ficarmos aos beijos escondidos aqui.

— Eu acho bom — tornei com entusiasmo.

Jean levantou-se e saiu sem sequer nos olhar. Isso renovou meu entusiasmo. Tentei abraçá-la de novo, mas ela me repeliu, saindo de onde estávamos. Estava fria e controlada. Seu rosto tinha uma expressão cruel e desagradável que me assustou, jogando um jato de água fria em meu entusiasmo. Vivo sentimento de frustração me acometeu. Tive vontade de voltar a Paris, esquecer tudo e procurar mergulhar em emoções novas a fim de voltar à antiga alegria.

Silenciosos, voltamos ao salão. Aquela festa de repente tornou-se cansativa e não via a hora que tudo acabasse. Felizmente, as despedidas iriam começar. Eu e mamãe ficamos a postos no saguão, precedidos de Lenice e Jean.

Os amigos desfilaram em despedida e foi com indiferença que me despedi de Elisa. Estava mesmo incapaz de qualquer emoção. O cansaço tomava conta de mim.

Ela tentou apagar a impressão desagradável de momentos antes, dizendo-me baixinho:

— Espero você amanhã. Precisamos conversar.

— Está bem — concordei indiferente.

Quando todos se foram, ficamos só os quatro, um tanto embaraçados. Minha mãe adiantou-se, abraçando Lenice e depositando um beijo em sua testa.

— Agora é a senhora Lasseur. Que seja muito feliz! Sei que vai honrar o nome de nossa casa e o de seu marido. Que Deus a abençoe!

Abraçou Jean, pousando delicado beijo em sua face.

— Você é agora meu filho. Confio em seu cavalheirismo. Lenice é inexperiente, porém será uma boa esposa. Trate-a com brandura e compreensão.

Jean curvou-se ligeiramente com um brilho orgulhoso no olhar.

— É minha esposa. Gozará de todos os privilégios dessa posição.

Fingindo não perceber a palidez de minha irmã nem o tremor de seus lábios, beijei-lhe a mãozinha gelada e abracei-a, beijando-lhe as faces.

— Você será feliz, tenho certeza — murmurei, não sei se para convencer-me disso ou se para encorajá-la.

Ela me olhou e nada disse. Havia um brilho de dor em seu olhar.

— Adeus — tornei para Jean. — Boa viagem.

Enquanto a carruagem esperava com a bagagem, abracei Lenice com força, apertando-a de encontro ao peito. Disse-lhe ao ouvido em tom angustiado:

— Eu a quero muito. Não esqueça nunca. Perdoe-me se não pude fazer diferente.

Ela não respondeu. Correspondeu ao meu abraço e em seus olhos brilhava uma lágrima. Foi com o coração partido que os vi subir na carruagem e partir.

O olhar de Lenice acompanhou-me durante o resto da noite, e eu, insone, insatisfeito e preocupado, não consegui dormir.

No dia seguinte, depois de o notário de Jean ter me procurado e acertado tudo, tive uma conversa com minha mãe. Agora, estava tudo em paz. Eu podia voltar a Paris, concluir meus estudos, levando a mesma vida de sempre.

Queria voltar o quanto antes. Pensava que lá, na cidade que amava, em meio aos amigos e aos divertimentos, aos estudos e aos negócios que teria que conduzir, depressa esqueceria os momentos desagradáveis daquele casamento.

Pensei em Elisa. Desejava-a. Mas o casamento não estava na área das minhas cogitações naquele momento. Queria sair dali, usufruir da minha liberdade, da minha posição cujo preço fora tão caro. Se Elisa quisesse casar-se comigo, teria que esperar. Esperar que eu me formasse e regressasse voluntariamente ao lar. Agora, eu podia dar-me ao luxo de esperar.

Procurei-a à noite, para despedir-me. Tencionava voltar a Paris dali a dois dias.

Eu tinha esfriado um pouco o entusiasmo. A atitude dela naquela noite tinha jogado água fria em meu ardor. Senti-me ridículo, não correspondido.

Embora picado em minha vaidade, de repente aquele namoro pareceu-me sem razão de ser.

Fui disposto a usar de franqueza e encerrar o caso. Elisa recebeu-me com gentileza. Eu, contudo, estava distante e frio. Disse-lhe que tinha ido despedir-me. Regressaria a Paris, de onde só voltaria dentro de um ano.

Ao contrário do que eu esperava, Elisa mostrou-se triste e delicada. Disse-me que se sentia só, uma vez que o senhor Trèville tinha viajado para outra cidade para tratar de negócio urgente.

Mostrou-se tão acessível, bastante diferente do nosso último encontro.

Fomos caminhar pelos jardins. Ela, muito próxima, linda e perfumada, não me parecia tão fria como naquela noite.

A certa altura, aproximou-se de mim, enlaçando-me o pescoço e beijando-me com ardor. Esqueci meus propósitos de despedida e tudo o mais. Beijei-a repetidas vezes, dominado pelo calor do momento. A custo ela me conteve. Entramos. Elisa sorria e estava linda.

— Quero que esta noite seja inesquecível — disse-me, olhando-me com paixão.

Tomou duas taças e encheu-as de vinho.

— Vamos brindar ao amor! — disse-me com olhos brilhantes.

— Sim — respondi com voz rouca. — Ao amor!

Bebemos o vinho e, entre beijos, perdi a noção do tempo e de tudo. Ainda hoje, quando me lembro daquela noite, há sempre um pedaço obscuro que não consigo recordar.

Acordei ainda atordoado, sem saber bem onde estava. Elisa sacudia-me aflita.

— Jacques, Jacques, acorde. Meu Deus!

Sacudi a cabeça aturdido. O que estava acontecendo? Olhei ao redor e estava em um quarto desconhecido.

— O que aconteceu? — indaguei, assustado.

— Não sabe? Então já esqueceu?

— Esqueceu o quê?! Onde estamos?

— Em meu quarto.

Assustei-me de fato. Passei as mãos pelos cabelos, num gesto aflito. Aos poucos comecei a recordar-me. A paixão tinha tomado conta de mim. Elisa estava ardente e eu não tinha me contido. Tínhamos bebido, mas eu não me lembrava de ter perdido assim a consciência anteriormente.

Elisa estava nervosa e torcia as mãos desesperada.

— E agora? Por que não resisti? O que vai ser de mim se meu pai descobrir?

Senti uma desagradável sensação no estômago. Não tinha desejado aquela situação, mas era um cavalheiro. Não podia negar-me à reparação. Afinal, Elisa era uma moça de família importante e honesta. Não podia deixá-la naquela situação.

Tomei-lhe as mãos procurando acalmá-la.

— Calma. Daremos um jeito. Não tema.

— Você vai embora. E eu, como farei?

— Preciso voltar aos estudos, mas não a deixarei em dificuldade.

— Como?

— Veremos. Podemos nos casar.

— Quando?

— Quando eu voltar, daqui a um ano.

Ela desatou a chorar.

— Por que chora? Já não disse que nos casaremos?

— Um ano é muito tempo. Você vai esquecer-me. E aí, o que será de mim?

Eu relutava, contudo sabia que ela estava certa. Queria sair dali o quanto antes. Se o senhor Trèville aparecesse, como explicar minha presença?

— Falo a seu pai antes de partir e marcaremos a data — prometi, ansioso para ir embora.

— Hoje mesmo? — inquiriu ela contente.

— Hoje mesmo.

Vestia-me apressado quando, para susto meu, a porta abriu-se e o senhor Trèville apareceu na minha frente. Estava rubro de cólera.

— Finalmente eu o surpreendi! — disse com uma voz que a raiva dificultava. — Bem que desconfiei vendo o chapéu no salão, os copos, as garrafas. Então é assim que um homem de honra procede em um lar honesto que lhe abriu as portas?

Eu estava apavorado. Ele tinha razão até para matar-me como a um cão.

Quando pude falar, balbuciei:

— Senhor Trèville, quero casar-me com sua filha o mais breve possível. Lamento o que aconteceu. Quando vim aqui ontem, não tinha nenhuma intenção. A tentação foi mais forte. Peço-lhe que me perdoe e aceite como genro.

— O senhor não precisava vir na calada da noite. A amizade de nossas famílias sempre lhe abriu as portas de nossa casa.

Elisa chorava a um canto. O senhor Trèville continuou:

— Espero que repare a nossa honra o quanto antes.

— Estou às ordens — murmurei, envergonhado.

O casamento ficou acertado para dali a uma semana e eu, mais uma vez, tive que adiar minha viagem. Estava aborrecido e entediado. Por que tinha cometido aquela loucura? Sempre soube controlar-me. Por que com Elisa tinha sido diferente? Seria amor o que eu sentia por ela? Por certo, porquanto eu não me lembrava de ter sentido antes aquela avalancha de emoções e perdido a cabeça daquela forma.

Minha mãe recebeu a notícia com surpresa. Sabia que eu tinha outros planos. Embora não se sentisse muito à vontade com Elisa, nada disse. Em meu coração, os sentimentos mais contraditórios afloravam. Momentos havia em que o arrependimento tomava conta de mim. Entretanto, eu não podia fugir da situação.

Casamo-nos uma semana depois, na capela pequenina do palácio do senhor Trèville. Foi servido um almoço na casa de Elisa, e à tarde viajamos para a casa de campo de minha esposa em Averne, onde passaríamos alguns dias. Depois regressaríamos e Elisa ficaria com o pai até que eu terminasse os estudos em Paris.

Ela tinha preferido assim, em vez de ficar em nossa casa com minha mãe, como era de se esperar. Alegava que o pai iria ficar só e ela preocupava-se com a sua saúde. Quando eu me formasse, então iríamos para minha casa. Aceitei.

Para minha mãe foi um alívio. Embora ela nada tivesse dito, percebi pelo seu rosto. Mandamos participação para Lenice e Jean e para os amigos.

Diante da emoção do senhor Trèville e dos olhos preocupados de minha mãe, despedimo-nos rumo à lua de mel. Apesar de tudo, eu estava emocionado.

Elisa era uma linda mulher. Pretendia torná-la feliz. Queria construir uma família como meu pai tinha feito, com dedicação e honestidade. Não tinha desejado aquele casamento, mas, uma vez efetuado, lutaria para mantê-lo.

Assim que a carruagem começou a movimentar--se, Elisa recostou-se nas almofadas.

— Está cansada? — indaguei com gentileza.

— Estou. Parece que gastei todas as minhas energias.

Fitei penalizado seu rosto um tanto pálido.

— Vem aqui, recoste a cabeça em meu peito. Não tema. Agora estamos juntos para sempre.

Ela me pediu com voz fraca:

— Deixe-me descansar um pouco, por favor.

Larguei-a um pouco decepcionado. Ela se recostou nas almofadas novamente, olhos fechados, extenuada. Recostei-me por minha vez, fechando os olhos e procurando dormir.

Assim decorreu toda a viagem, e era já noite quando chegamos à casa de campo, onde a governanta nos esperava atenciosa e gentil. O lugar era lindo e acolhedor. Eu, porém, não estava muito disposto. Vendo o rosto cansado de Elisa, não tinha ânimo para qualquer arroubo amoroso. Tinha imaginado nossa viagem de forma bem diferente. Contudo, era cedo para ajuizar. Afinal, aquela semana fora cheia de emoções novas para ela, que decerto se ressentia. Nunca tinha se separado do pai.

O jantar foi servido em romântica sala e programado com muito carinho pela governanta. Estava delicioso e eu tentei dar tempo a Elisa, tratando-a com carinho e atenção. Ela parecia triste e distante.

Depois, sentamo-nos na sala e tentei acalmá-la.

— Elisa, você está triste e sem disposição. Por acaso, algo a desagrada?

— Não. Tudo está bem. Bem demais.

— Então não tem motivo para essa tristeza.

— Sou uma mulher triste, é bom que saiba.

Abracei-a com carinho.

— Deixe isso de lado. Saberei acabar com sua tristeza. Você será muito feliz!

— A felicidade não existe. Não creio nela.

Olhei-a surpreendido.

— Não crê que sejamos felizes? Você não confia no futuro?

— Tudo é falso, fingimento, interesse. É só o que existe.

— Elisa, não seja amarga. Não crê que a amo?

— Não. Não creio. Você se casou comigo contra a sua vontade e, se não tivesse acontecido o que aconteceu, você estaria em Paris, gozando sua posição e seu dinheiro.

No fundo eu lhe reconhecia certa dose de razão.

— Reconheço que casei com você por causa do que aconteceu, mas se aconteceu foi porque a amo. Não resisti aos seus encantos. E agora estou sendo sincero, desejo fazê-la feliz.

Ela me olhou séria e havia certa frieza em sua voz.

— Não tente iludir-me. O amor existe conforme o interesse. Não acredito que exista de verdade.

— Sinto que esteja tão desencantada. Deve compreender o que aconteceu. Agora estamos juntos. Vamos aproveitar estes momentos, viver esta hora que é nossa.

Ela me olhou firme. Depois disse:

— Está bem. Aproveitemos. É o que a vida nos pode dar. Que seja.

Levantou-se, apanhou uma garrafa de champanhe, colocando-a em uma bandeja em que as taças estavam dispostas, e convidou:

— Venha! Vamos para o quarto. Brindemos à vida, ao amor, a tudo! Tem razão. Somos jovens, vamos gozar a vida!

Olhei-a admirado. Estranha mulher. Diferente de todas as que eu tinha conhecido. Mas eu não queria pensar. Acompanhei-a e mergulhei com ela num mundo de sensações em que cada um procurou esquecer tudo o mais.

Capítulo 5

A carruagem balançava cadenciada e alegrou-me reconhecer Paris, seu casario, suas ruas tão familiares.

Finalmente, estava de volta. Muitas coisas tinham mudado desde que eu partira, mas a emoção de rever a cidade querida ainda era a mesma.

Fazia quinze dias apenas que eu tinha me casado, e as emoções sucediam-se dentro de mim. Elisa continuava sendo para mim um enigma que eu não conseguia decifrar. Era capaz de tornar-se uma amante ardente e apaixonada, e logo após transformar-se em uma mulher apática, fria, triste e distante.

Durante a semana da nossa lua de mel, muitas vezes me perguntei se ela de fato me amava. Meu orgulho recusava-se a admitir a possibilidade de não ser amado. Havia momentos no comportamento dela em que eu me sentia recusado, desprezado e mesmo inoportuno. Ela se transformava com facilidade e, em outros momentos, tornava-se apaixonada, sequiosa de afeto, exigindo de mim o máximo.

Meu relacionamento com Elisa era apaixonado, avassalador. Exacerbava minhas emoções, despertando uma paixão, uma sede que a cada dia mais se acentuava. Era como uma doença, um mergulho na sensação. Ela me despertava o desejo, e sua instabilidade emocional alimentava-me a fantasia.

Quando estava longe, não sentia muito sua falta. Mas bastava estar a seu lado, um roçar de mãos, um olhar, um suspiro para que meu desejo se acendesse.

Apesar desse torvelinho de emoções descontroladas em que mergulhara pela primeira vez, queria voltar a Paris e terminar os estudos. A própria Elisa insistiu para que eu o fizesse.

Agora, na carruagem, olhando as ruas da cidade, esquecia-me do fascínio de Elisa para pensar apenas que eu estava de volta. Tinha vencido. Continuava sendo o moço rico e respeitado. Disputaria os primeiros lugares no teatro, nas rodas de luxo. Na Sorbonne não seria colocado à margem como um estudante pobre e sem nome.

A carruagem parou em frente à mesma velha casa. Com emoção paguei o cocheiro e, segurando minha maleta, toquei a sineta. Foi com alegria que ocupei meu antigo quarto e abri as janelas, olhando a paisagem.

Finalmente estava em Paris! Finalmente tinha vencido! Naquele momento esqueci-me de Lenice, de Jean, de Elisa e até de minha mãe. Eu tinha conseguido. No dia seguinte, iria à universidade. Embora estivesse um pouco atrasado, contava ainda conseguir cursar as aulas e não perder o ano.

Entrevistado pelo reitor, a quem expus meus problemas particulares — à minha maneira, é claro —, obtive sua permissão para prosseguir o curso. Estava claro que deveria estudar e repor as aulas que perdera, mas eu o faria de boa vontade. Foi com entusiasmo que reiniciei os estudos.

Percebia a admiração dos amigos que haviam ironizado minha situação de fidalgo arruinado e agora me bajulavam por conhecerem minha boa situação financeira. Desprezava-os. Porém, a mudança das suas atitudes satisfazia-me a vaidade. Eu gostava de ser tratado com deferência, com superioridade, com destaque.

Minha vida passou a ser o que era antes da morte de meu pai, com a diferença de que agora eu valorizava muito mais a riqueza, a posição e tudo quanto possuía.

O tempo foi passando e a cada dia mais eu me acomodava à situação. De vez em quando, recebia carta de Elisa. Esquecia-me dela e do casamento. Teria sido sonho ou acontecera mesmo? Aqueles dias pareciam-me tão distantes que era como se não tivessem acontecido.

Minha mãe escrevia informando-me dos negócios de que eu cuidava atencioso, de Lenice, que vivia com o marido no castelo de Lasseur e parecia estar muito bem.

Fazia dois meses que estava em Paris quando Elisa escreveu-me dizendo que estava grávida. Fiquei emocionado. Um filho! Naquela noite senti saudades de Elisa e desejei estar com ela. Porém, apesar da emoção, no dia seguinte tudo voltou a ser como antes. Parecia-me que Elisa estava falando de outra pessoa. De um casamento que não era o meu e de um filho que não me pertencia.

Escrevi-lhe uma carta carinhosa, dizendo-lhe que desejava estar a seu lado, porém não podia afastar-me para não prejudicar os estudos que agora eu tinha conseguido regularizar. Dali mais quatro meses, eu poderia ir vê-la e passar duas ou três semanas a seu lado.

Após as experiências difíceis pelas quais eu tinha passado, valorizava a conclusão do meu curso. Parecia-me que, diante das mudanças sociais pelas quais a França passava, ele representava o caminho mais eficiente para conquistar posição e sucesso.

Eu tinha sentido que possuía condições para vencer e confiava em minha habilidade. Tinha vencido onde a maioria por certo teria sido derrotada. Pela primeira vez havia experimentado a minha própria força e a ambição chamava-me para novas conquistas de poder e de posição.

O mundo estava mudando, os homens ávidos de progresso e a República abrindo campo vasto de atuação e participação social. Até onde poderia ir? Até onde poderia subir?

Para isso precisava da formação cultural. Bacharelar-me em leis poderia abrir-me as portas da Câmara ou do Senado e até do governo. Sentia dentro de mim a volúpia de liderar, conduzir, ser ouvido, respeitado, acatado.

Atirei-me aos estudos com um afinco dantes nunca sentido.

No fim do ano, voltei para casa satisfeito e orgulhoso com meu desempenho.

Na realidade, apesar disso, eu relutava em voltar por vários motivos. Tinha medo do reencontro com Lenice, de presenciar sua infelicidade ao lado de Jean. Ao mesmo tempo, depois de tanto tempo de afastamento, Elisa afigurava-se quase como uma estranha.

Como me receberia? Enchi-me de coragem, de presentes e preparei-me para o regresso.

Fui direto à nossa casa, onde minha mãe abraçou-me saudosa. Aquele ambiente tão querido, o aroma agradável e tão especial daquele lar tão amado, a presença de minha mãe, tudo contribuiu para desanuviar-me o espírito.

Sentado a seu lado na sala, informei-me de tudo. Lenice parecia muito bem e o casal jantava com ela aos sábados, ou passava a tarde do domingo.

— Como está Lenice? Como vive com o marido? — indaguei preocupado.

— Parece bem. Tratam-se com cortesia e Jean tem sido muito delicado com ela. Lenice está corada, muito bem-vestida, e o marido a cobre de joias.

— Será feliz?

Minha mãe deu de ombros.

— Nunca me fez confidências. Porém, pelo que pude observar, parece que sim.

Suspirei aliviado. Ao mesmo tempo senti um pouco de ciúme. Jean teria conquistado o amor de minha irmã?

— E Elisa? — indaguei.

— Tem vindo visitar-me de vez em quando, em companhia do pai. Está passando bem, apesar do seu estado. Você vai ficar lá com ela ou ficarão ambos aqui? Você não me disse nada quanto a isso. Preparei seu quarto, mas vocês podem ficar no meu, que é de casal.

— Ainda não sei. Vou até lá vê-la e resolveremos.

Não me agradava hospedar-me lá. Amava minha casa, meu quarto, meu lar. Preferia trazer Elisa para nossa casa.

Estava anoitecendo quando fui introduzido em casa de Elisa. Abraçamo-nos. Beijei-a com carinho.

Vendo-a, emocionei-me. Meu filho estava com ela. Era um laço forte e definitivo para mim.

Ela me pareceu um tanto triste, o que me sensibilizou ainda mais. Talvez eu tivesse sido egoísta e indiferente, pensando em meu futuro e deixando-a sozinha durante tanto tempo. Redobrei as atenções e ela me pareceu mais alegre. Seu pai não estava bem de saúde, por isso renunciei à alegria de ficar em nossa casa e aceitei a hospedagem do senhor Trèville.

Elisa contou-me que estava muito apreensiva com o pai, cujo coração estava atingido. Não tive coragem de separá-los, ainda que por pouco tempo. Esforcei-me por adaptar-me ao convívio deles, porém me sentia deslocado. Procurava pretextos para visitar minha mãe e lá permanecia por longo tempo.

Foi no domingo que nos encontramos com Lenice e Jean. Elisa estava particularmente alegre nesse dia e esmerou-se na sua toalete. Eram duas da tarde quando chegamos: eu, Elisa e o senhor Trèville. Estávamos conversando animadamente com mamãe na sala quando eles chegaram.

Levantei-me emocionado. Era a primeira vez que via Lenice depois do seu casamento. Estava linda. Elegantíssima, custei a reconhecer a nossa Lenice naquela jovem senhora desembaraçada e dona de si que retribuía meu abraço educadamente.

Fiquei admirado. Apertei a mão de Jean com a frieza cortês de sempre. Sentamo-nos e eu não conseguia tirar os olhos de Lenice. Parecia outra mulher. Ganhara em beleza, classe, desembaraço, mas onde estava minha Lenice de olhos doces e amorosos? Não consegui vê-la.

Conversamos sobre assuntos gerais, como pessoas bem-educadas, e a tarde decorreu amena e agradável. Tinham acontecido muitas coisas durante aquele ano, porém aparentemente estava tudo bem. Contudo, eu não me sentia à vontade. Algo me incomodava. O que era? Não saberia dizer. Uma sensação de malogro, de decepção, de fracasso, de raiva me dominou. Por quê? Procurei sair daquela onda de pensamentos.

Quando pude por alguns momentos encontrar Lenice a sós no corredor, indaguei ansioso:

— Lenice, você é feliz?

Ela me olhou contrafeita e respondeu:

— Por quê? Não pareço bem?

— Sabe que me preocupo com você. Seu casamento...

— Está consumado. Não se recrimine. Aceitei as condições. Vivemos muito bem.

— Não fiz mal a você?

Ela me olhou admirada e respondeu:

— Esqueça o passado. Hoje tudo está diferente.

— Ele tem sido bom?

— Melhor do que eu poderia esperar nas circunstâncias em que nos casamos.

— Eu e ele não nos afinamos muito.

— Bobagens de adolescentes. Se vocês se conhecessem melhor, se apreciariam.

Senti desanuviarem-se meus receios.

— Desejo que você seja muito feliz. Arrependo-me de ter agido como agi.

Ela deu de ombros.

— Esqueça. Não vale a pena se atormentar.

Abraçamo-nos. Fiquei mais calmo. Quando entrei na sala, Elisa estava pálida e de olhos vermelhos. Teria chorado? Aproximei-me.

— Não está bem?

— Não é nada. Apenas leve mal-estar. Você sabe como são essas coisas... no meu estado...

— Quer repousar um pouco em meu quarto?

— Agradeceria.

Acomodei-a em minha cama, tirei-lhe os sapatos, cobri-a com carinho e tomei sua mão com ternura. Elisa desatou a chorar. Preocupado, curvei-me sobre o leito.

— O que aconteceu?

— Sou uma boba. Estou comovida com seu carinho. Tenho vivido muito só. Suas atenções me comovem.

Acariciei-a, emocionado. Eu sabia que as mulheres ficam muito emotivas durante a gravidez. Minha mãe e Lenice vieram vê-la e confortar. Jean conversava na sala com meu sogro.

Enquanto minha mãe oferecia um chá a Elisa, eu e Lenice voltávamos à sala. Ela parou de repente e perguntou-me:

— Jacques, por que se casou com ela?

Olhei minha irmã admirado. Recordei-me de que Lenice nunca a suportara.

— Apaixonei-me. Fui afoito e avancei demais. Não tive outro remédio senão o casamento. Por que pergunta?

— Esse casamento surpreendeu-me muito. Elisa não demonstrava amar você.

— Eu também, apesar de atraído por sua beleza, não a amava. Aconteceu muito de repente.

— Quando começou? — havia ansiedade na voz de Lenice.

— Foi na noite do seu noivado. Ela estava no jardim, encontramo-nos e tudo começou.

— Tudo aconteceu tão depressa... uma semana depois do meu casamento estavam casados.

— Eu já disse. A culpa foi minha. Fiz o que não devia. Apesar disso, amamo-nos e somos felizes.

Lenice olhou-me com ar preocupado.

— Espero que continuem felizes.

Estremeci, e a sensação de insegurança voltou.

— Seremos — repeti, tentando expulsar de mim o mal-estar.

Nos dias que se seguiram, essa sensação continuou a acompanhar-me. Os achaques do senhor Trèville, os humores de Elisa, minha desambientação em sua casa, tudo criava dentro de mim uma vontade irresistível de voltar a Paris e mergulhar em minha vida de sempre, tentando esquecer os problemas familiares.

Foi com alívio que retornei às aulas. Nem a expectativa de meu filho chegar no início da primavera conseguia motivar minha permanência na casa de Elisa. Agora, mais do que nunca, queria aprofundar-me nos estudos e graduar-me.

Meu filho nasceu em Averne e eu recebi a notícia com emoção.

Elisa, pouco depois do meu regresso a Paris, tinha ido para o campo na tentativa de melhorar a saúde combalida de seu pai. Por isso, meu filho nasceu lá e eu usei a distância como pretexto para não ir vê-los.

Mandei uma carta carinhosa, muitos presentes e a promessa de ir ter com eles quando possível.

Estava no último ano da universidade e muito preocupado com minha carreira. Contudo, meu filho deveria chamar-se Julien, como meu pai.

Foi no meio do ano que tive repentinamente que voltar. A morte do senhor Trèville não me permitiu permanecer distante do lar. Elisa estava arrasada e só meu filho me oferecia motivo de alegria. Era um lindo bebê, grande e forte, que tomei nos braços emocionado, procurando nele as semelhanças de família.

Como sempre, as opiniões eram várias e eu não podia negar que era muito parecido com meu falecido sogro.

Passadas as cerimônias dos funerais, tentei confortar o desespero de Elisa. Ela estava magra e derrotada. Compreendi sua dor.

Herdara toda a fortuna do pai, como única filha e descendente. Assim, nossa fortuna cresceu vertiginosamente.

Elisa se recusou a morar em minha casa com minha mãe. Foi irredutível. Eu não gostava de morar no castelo, mas ela foi decidida. Por que deveria perturbar a tranquilidade de minha mãe e deixar sua casa abandonada? Tinha o dever de cuidar de tudo e não deixaria seu patrimônio.

Vendo-a tão determinada, resolvi contemporizar. Afinal, minha mãe ficaria constrangida em recebê-la e, de certo modo, Elisa tinha razão. Quando eu regressasse definitivamente, resolveria de forma diferente. Era possível que fôssemos residir em Paris, passando lá boa parte do ano.

Foi com emoção e orgulho que colei grau na universidade. Tinha conseguido. E o que era melhor: era respeitado, estimado e citado como exemplo aos demais alunos. Agradava-me ser destacado como modelo e orgulhava-me disso.

Naquele tempo, esqueci-me completamente dos meios e das lutas que utilizara para esse fim. Afinal, eu era um vencedor e a vida não tinha conseguido me derrotar!

Recebi o abraço emocionado de minha mãe e os cumprimentos de Elisa com redobrada alegria. Tinham chegado na véspera e eu lhes reservara uma surpresa: uma graciosa vivenda em Saint Germain, que eu comprara e preparara com esmero, para onde tinha me mudado havia duas semanas.

Era linda, com seu telhado gracioso e jardineiras floridas sob as janelas. Possuía cinco quartos, duas salas e um salão elegante que eu mobiliara com requinte e bom gosto.

Nas cocheiras, dois garbosos animais, um fiacre elegante e uma carruagem de gala para grandes ocasiões. Contratara criados e uma governanta finíssima e muito bem escolhida. Saboreei a alegria das duas. O quarto de Julien e da ama provocou exclamações de entusiasmo.

Eu estava feliz. Orgulhoso. Dali para a frente, a fama, a glória, o poder. Por que não? Tinha tudo para isso.

Expus meu desejo de permanecer em Paris grande parte do tempo. Eu pretendia trabalhar e, além de ativar nossos interesses gerindo nosso patrimônio, dedicar-me à política. Um pouco triste, ela concordou. Compreendia que não podia viver no castelo de Trèville o tempo todo.

Tentei tornar aqueles dias muito felizes. Fizemos passeios muito agradáveis, fomos a teatros e visitamos pessoas importantes com as quais eu pretendia estreitar relações, oferecendo a casa e, quando a situação se tornasse propícia, jantares, chás, saraus musicais em nosso salão. Eu precisava de prestígio e de posição. Tinha facilidade para conversar, atrair.

Fixamo-nos em Paris. Dentro de pouco tempo nosso salão reunia o que era de mais fino e representativo da alta sociedade da época.

Orgulhoso, via Elisa linda, educada e fina receber com graça e gentileza, e sentia-me contente por tê-la escolhido. Uma mulher assim era por certo o que eu precisava.

Entretanto, na intimidade, Elisa continuava caprichosa e muitas vezes eu não a conseguia entender. Tinha momentos de entusiasmo quando correspondia ao meu afeto, mas amiudadamente caía em depressão, demonstrando indiferença e frieza, cujo motivo eu não podia perceber.

Com o tempo, passei a ignorar esses momentos, porque diante dos outros ela era impecável, educada, tratava-me com muito carinho.

Em junho de 1893, quando Julien completou um ano, recebemos em nossa casa de Paris a visita de Jean e Lenice. Eu estava tão feliz em receber e hospedar Lenice que a perspectiva de rever Jean não me aborreceu. Afinal, se ele era bom para minha irmã, eu tinha o dever de recebê-lo com cortesia e deferência. Elisa estava contente e preparou a recepção com muito carinho. Minha mãe também estava conosco.

Eu estava radiante. Ia reunir sob o meu teto as pessoas que amava. Foi com emoção que abracei Lenice na tarde de sua chegada. Ela estava linda e muito elegante. Com desembaraço e classe abraçou mamãe e Elisa. Jean apertou-me a mão com cortesia, beijou a face de mamãe e a mão de Elisa.

Foi com orgulho que mostrei-lhes a casa. Lenice observou alegre:

— Vamos aproveitar nossa estadia em Paris para visitar algumas propriedades que possuímos. Resolvemos também morar em Paris.

Olhei surpreso para Jean.

— É verdade — esclareceu ele. — Possuímos algumas propriedades aqui. É meu propósito levar Lenice a conhecê-las — aproximou-se da esposa, segurando sua mão com gentileza. — Contudo, se ela preferir, compramos uma vivenda mais moderna na cidade. Vejo que ela apreciou muito esta casa. Aliás, Jacques, é muito confortável e de extremo bom gosto.

Exultei. Não só pela delicadeza com que ele tratava a esposa, mas pela maneira como se referia a mim. Jean teria mudado? Teria esquecido as desagradáveis circunstâncias em que eu concordara com aquele casamento? Tudo indicava que sim e eu me senti muito envaidecido.

Estávamos tomando chá na sala quando a ama trouxe Julien. Eles ainda não o haviam visto, porquanto ele tirava sua sesta costumeira na hora em que tinham chegado. Ele veio caminhando com seus pezinhos ainda sem muito desembaraço pela mão da ama. Apresentado a um por um dos presentes, recebeu beijos de minha mãe, carícias de Jean. Lenice, porém, de repente pareceu-me indisposta. Ficou pálida e mal passou a mão trêmula sobre a cabecinha loura de meu filho.

Estava branca como um papel. Preocupado, aproximei-me:

— Lenice, o que aconteceu? Sente-se indisposta?

Ela me olhou e havia muita dor em seus olhos. Passou a mão trêmula sobre a testa gelada.

— Não é nada. Vai passar logo.

— Quer repousar um pouco? — indaguei.

— Não é preciso. Estou melhorando.

De fato, seu rosto estava mais refeito e menos pálido.

Eu, porém, continuava preocupado. Estaria ela doente? Senti-me inquieto. Naquele minuto, Lenice parecia-me estar sofrendo muito. Haveria algum problema entre ela e Jean? A felicidade deles seria só de aparência?

Jean aproximou-se:

— Você está fatigada. Quer repousar um pouco?

— Não — murmurou ela em voz baixa, porém firme. — Foi ligeiro mal-estar. Já passou. Prefiro ficar aqui com todos. Afinal, há muito tempo que não nos reunimos. Quero aproveitar cada momento.

Jean olhou-a sério. Curvou-se atencioso.

— Como queira.

Depois desse momento, Lenice mostrou-se afável e bem-disposta. Conversou com todos e surpreendeu-me sua inteligência, seu brilhantismo. Orgulhei-me dela.

Lenice tinha se transformado em uma encantadora mulher, aliando beleza e classe a uma lucidez de ideias e apreciação intelectual raras em uma mulher.

Elisa era linda, fina, recebia com muita arte, sabia ser agradável, porém nunca se tinha interessado por assuntos mais sérios e jamais conversava sobre política.

Lenice ia muito além. Tive prazer em conversar com ela, e Jean juntou-se a nós naturalmente.

Conversamos durante longo tempo esquecidos de tudo. Falamos sobre o progresso do homem, a nova era dentro do novo século que se aproximava.

— O homem não pode parar — disse Lenice. — Deve progredir sempre. É lei da vida.

— Como assim? — perguntei admirado.

— Deus quer que nos tornemos bons e sábios, e só o conseguiremos continuando a aprender.

— Mas o homem usa tudo quanto aprende para fazer o mal — ajuntou Jean convicto.

— Por agora — retorquiu ela. — É lei da vida que quem planta colhe. Quem faz o mal, causando sofrimentos aos outros, um dia recolherá o mesmo sofrimento no próprio coração. Só assim avaliará o mal que causou e não mais tornará a cometê-lo.

— Acredita mesmo nisso? — indaguei admirado.

— Acredito — disse ela convicta. — Se der-se ao trabalho de observar o que acontece ao seu redor, perceberá muito bem como a vida responde a cada um dando conforme suas obras.

— Justiça de Deus? — inquiri cético. — Não sabia que você era religiosa...

— E não sou. Mas existe a força das coisas que move os acontecimentos e responde aos nossos atos. Deus está na direção de tudo.

Sacudi a cabeça com incredulidade.

— Nesse caso, sua justiça deveria ser perfeita. Entretanto, não existe maior injustiça do que o nosso mundo. Como pode ser?

Lenice olhou-me séria. Havia uma chama luminosa em seus olhos quando disse:

— As injustiças do mundo são só aparentes. Decorrem da precariedade da nossa observação. Não temos capacidade de conhecer profundamente a intimidade de cada um, nem suas necessidades interiores. Vemos apenas o exterior, a aparência, nos enganamos e somos enganados muitas vezes. Contudo, Deus tudo vê, tudo sabe e determina. E responde não pelo que aparentamos ou julgamos ser, mas pelo que verdadeiramente somos.

— Nesse caso, como explicar que pessoas bondosas sofram terrivelmente ou que crianças nasçam defeituosas e aleijadas? Onde está essa tão apregoada justiça de Deus que os padres pregam e nunca ninguém viu?

Eu sempre tinha sido avesso a qualquer religião. Considerava-as como a anticultura que ilude o homem, tornando-o covarde e conformado com as maldades dos outros, a ignorância, o fanatismo. Agora Lenice vinha com essas ideias. Eu não podia aceitar.

— Muitos não a querem ou não podem ver porque lhes falta a chave para poderem compreender.

Olhei-a admirado. Ela prosseguiu:

— Não falo de religião, que é uma maneira humana e parcial de enxergar Deus, que cada um exerce como pode, mas da vida em si, da sua maneira de expressar-se, de nos conduzir. Já pensou nisso? Já sentiu que a vida é a única e objetiva linguagem de Deus?

Olhei-a surpreso. Seu rosto parecia-me tocado de uma luz diferente, sua voz adquirira modulações novas. Jean observava calado, olhos fixos em Lenice.

— Como assim? — indaguei.

— Se quer perceber Deus, é melhor deixar de lado certos conceitos humanos. É preciso sentir a vida, observar os fatos do dia a dia para, através deles, tentar entender o que Deus nos quer ensinar. São lições que nos buscam para que aprendamos a viver melhor.

— Mesmo nas tragédias e na dor? — indaguei.

— Principalmente. As lutas, as dores, os problemas, embora sejam desagradáveis e duros, ajudam-nos a desenvolver aptidões e força para nos tornar mais sábios e amadurecidos.

Fiquei pensativo. Não podia deixar de reconhecer que no meu caso tinha acontecido isso. Não quis dar-me por achado e retorqui:

— E a injustiça, a desigualdade social, como compreendê-las?

— Há uma chave que esclarece tudo: é a reencarnação.

Fiquei estupefato. Minha irmã acreditaria nisso? Que absurdo! Seria diminuir a dignidade humana!

— Não pode estar falando sério — retruquei.

— Estou. Acredito seriamente nisso. Já vivemos antes de estarmos aqui. Sentimos que viemos de algum lugar. Às vezes até nos lembramos de pessoas, cenas, fatos, outras vidas. Você nunca foi a um lugar pela primeira vez e sentiu já ter estado ali?

— Já me ocorreu isso — declarou Jean sério.

— A mim também, mas isso não explica nada — deduzi incrédulo.

— Pode dar-me uma explicação melhor a respeito? — perguntou ela.

Na verdade, eu não podia. Ela continuou:

— Pense como tudo fica claro a partir dessa chave. As injustiças de hoje, inexplicáveis na vida atual, são respostas da vida em reação aos nossos atos de ontem, praticados em outras vidas. Acontecem para nos ensinar a maneira certa de viver e conviver com responsabilidade.

— Se eu tivesse vivido outras vidas, por certo me lembraria — redargui interessado.

— Quem pode garantir isso? Seria útil recordar-se de erros passados, carregando o peso das culpas e dos ódios, das divergências e das quedas? Como conviver de novo com inimigos de vidas passadas, às vezes até dentro do mesmo lar, e poder esquecer e perdoar?

— De que adianta reencontrá-los se tudo ficou esquecido? — interferiu Jean um pouco ansioso.

— As lembranças, os fatos foram esquecidos, porém a animosidade ou a afinidade permanecem. É o que explica a antipatia sem justa causa, a atração e a repulsão entre as pessoas.

Fiquei assustado. Nunca me afinara com Jean. Lenice teria razão? Teríamos vivido outras vidas? Não querendo dar a perceber minha emoção, retruquei sorrindo:

— Você com certeza andou lendo livros orientalistas. Eles é que acreditam nessas coisas...

— Engana-se — respondeu-me ela com suavidade. — Li livros do maior mestre que este país já teve. Um francês de escol, professor, cientista, discípulo de Pestalozzi e físico de nome.

— Quem é? — indaguei admirado.

— O professor Hypolite Leon Denizard Rivail.

— O mestre de Lyon que escreveu a *Gramática Francesa?*

— Esse mesmo. Assinou com pseudônimo de Allan Kardec e faleceu há pouco mais de vinte anos. Codificou a Doutrina Espírita e pesquisou muito o assunto. Lamento não tê-lo conhecido pessoalmente. Contudo, pretendo visitar-lhe o túmulo no Père Lachaise, para orar agradecida pelo grande serviço que prestou à humanidade.

Eu estava boquiaberto. Aquela não era Lenice, minha doce e meiga irmã, tão infantil, tão simples. Era outra pessoa, que me assustava e preocupava.

Olhei Jean como a indagar. Ele limitou-se a dizer:

— Por certo, querida. Iremos até lá.

Fiquei sem saber o que dizer. Elisa aproximou-se, passou o braço pelo meu e foi dizendo:

— Mandei preparar um chá. Façamos uma pausa, há mais de uma hora que estão conversando.

Em sua voz havia dissimulada censura. Sentia-se isolada. Lenice convidou:

— Junte-se a nós.

Ela sorriu e respondeu:

— Certamente, com prazer. Mas eis nosso chá, que vai ser servido.

Embora a contragosto, acompanhei Elisa. "Ela sente ciúmes de Lenice", pensei envaidecido. Procurei ser mais atencioso com ela, que se mostrava encantadora. Só Jean, calado, sério, parecia-me um tanto distante. Jean havia mudado, mas eu não saberia dizer em quê. Às vezes, havia o mesmo brilho de ironia em seu olhar altivo e o mesmo sorriso cortês, frio, que tinha o dom de me irritar, fazendo-me reviver nossas turras da adolescência. Contudo, estava mais sério, mais amadurecido. Talvez eu também tivesse mudado a maneira de vê-lo. Já que era bom para Lenice, eu pretendia esquecer nossos desacertos e conviver com ele dignamente.

A amizade de minha irmã, o sentido de família e de troca afetiva eram muito importantes para mim. Quando eu tinha lutado para conservar nossa casa, nossos bens, era em grande parte motivado pelo desejo de conservar nossa vida familiar, apesar de tudo. Amava nossa casa como ela era, com minha mãe cuidando de tudo, mesmo sem meu pai. Lenice fazia parte dessa vida. Eu a amava muito. Sua amizade era-me preciosa.

No dia seguinte, apesar do mau tempo, uma chuvinha miúda e constante, fomos ao Père Lachaise. Elisa recusou-se, e eu fui para ser agradável à minha irmã. Jean nos acompanhou.

Enquanto Lenice, comovida, colocava um ramo de flores no dólmen florido e, silenciosa, olhos fechados, permanecia meditando, corri os olhos curiosos pelo busto daquele homem de fisionomia austera que estava ali, numa póstuma homenagem. Teria ele descoberto o segredo da vida? Li: "Nascer, e progredir sem cessar, morrer, renascer ainda, esta é a lei". Uma emoção estranha acometeu-me. Teríamos vivido outras vidas? Depois de mortos, voltaríamos a nascer aqui? Senti um arrepio percorrer-me o corpo.

Jean estava sério e circunspecto. O que pensaria? Acreditaria nas ideias da esposa? Uma coisa era visível: o túmulo estava repleto de flores frescas, denotando o carinho e o amor das pessoas para com ele.

De repente, a situação começou a incomodar-me. Não gostava de cemitérios. Por que aceitara ir? Uma inquietação tomou conta de mim e a sensação de insegurança apareceu forte e desagradável.

Suspirei aliviado quando finalmente Lenice resolveu sair. Estava comovida. Olhou-me com olhos úmidos e considerou:

— Um dia, Jacques, você compreenderá esse grande homem e verá como sua doutrina pode nos ajudar nas lutas de cada dia!

Jean nada disse. Nas semanas seguintes, movimentamo-nos em intensas atividades. Recepções, teatros, passeios. Lenice visitou as propriedades do marido e gostou imensamente de uma casa solarenga em Montparnasse, concordando em restaurá-la convenientemente para suas temporadas em Paris.

Elisa e Lenice, apesar de manterem as aparências e tratarem-se educadamente, não se suportavam. Só conversavam o necessário. Apesar de apreciar decoração e ter bom gosto, Elisa não participava das atividades da cunhada. Parecia mesmo ignorar o que estava acontecendo.

A princípio, eu tinha procurado aproximá-las, mas, percebendo as barreiras, decidira dar tempo para que se entendessem. Afinal, eu também não me afinava muito com Jean. Essas coisas podem acontecer.

A restauração da casa levou quatro meses, durante os quais Lenice permaneceu conosco. Minha mãe voltara para casa e Jean ausentara-se algumas vezes para cuidar de seus negócios. Pude usufruir da companhia de Lenice, que me surpreendia a cada dia, revelando-se muito diferente da menina doce e ingênua que sempre fora.

Eu não saberia dizer o que tinha mudado nela. Entretanto, ela estava mais dona de si, mais lúcida.

A seu lado, eu não conseguia ater-me aos assuntos fúteis de salão que eram a delícia das mulheres daquele tempo, mas mergulhava em temas surpreendentes dos quais saía sempre pensando, revendo antigos conceitos, questionando. Era isso que Elisa não compreendia. Embora não expressasse sua desaprovação, não aceitava a maneira de Lenice ver as coisas. E durante esses momentos, entre os assuntos com Lenice e as interferências de Elisa, tentando não desagradar nenhuma das duas, eu percebia claramente a futilidade e a mediocridade de minha mulher.

O que fazer? Naqueles tempos eu não colocava a inteligência como necessária a uma mulher. Bastavam-lhe a figura física, a educação, o bom gosto, a alegria. Porém, percebi naqueles meses de convivência que Lenice ia aos poucos modificando esse conceito. Eu sentia enorme prazer em conversar com ela.

Vendo-lhe o entusiasmo, concordei em ler *O Livro dos Espíritos,* de Allan Kardec, e isso nos ofereceu ensejo a que permanecêssemos conversando durante horas, a ponto de Elisa amuar-se.

Jean assistia a algumas dessas conversas e raramente emitia opinião. Quando participava, falava pouco, observando-nos enquanto eu debatia com minha irmã aquela filosofia que, embora me parecesse racional e lógica, era-me difícil ainda aceitar.

Confesso que aqueles foram belos momentos, apesar do mau humor de Elisa, que se excluía, e do olhar enigmático de Jean.

Uma noite, quando reunidos na sala, Jean, Lenice e eu conversávamos sobre banalidades. Elisa ouvia-nos e a certa altura relatou-nos um caso que ocorrera com uma senhora de nossas relações. Sua nora, jovem e da mais nobre linhagem, tinha enlouquecido e sido internada em um hospício. Ainda sob o peso do drama, Elisa comentou:

— Contaram-me que ela gritava que queria vingar-se do marido e da sogra. E, se não a tivessem dominado, ela os teria agredido. Uma moça tão bonita! Que horror!

— O que teria acontecido? — inquiriu Lenice pensativa.

Contente por ver-se alvo da atenção de todos, Elisa prosseguiu:

— Minha camareira contou-me um segredo de família. Uma amiga sua serviu em casa de madame Chaulier durante anos. Como toda pessoa ignorante, é supersticiosa. Garante que foi a alma de Daniele que voltou para vingar-se.

— Como assim? — inquiri interessado.

— Disse-me ela que o filho de madame Chaulier, aos dezoito anos, teve um romance com Daniele, uma jovem camareira da casa. Quando madame descobriu que ela esperava um filho, enxotou-a e obrigou o jovem a repudiá-la. Daniele, desesperada, suicidou-se jurando vingança. Não é um escândalo? Uma camareira tendo pudores e exigindo reparação?

Senti-me inquieto. O caso era lamentável. Jean olhou para ela e perguntou:

— E você, o que acha?

Elisa sacudiu os ombros com graça. Jean quase nunca dirigia a palavra à minha mulher. Era cortês, delicado, mas frio. Parecia-me que não a apreciava.

— Fantasias de gente ignorante. Essa gente simplória vê fantasmas por toda parte.

— Não devemos acreditar, certamente — acrescentei um pouco atingido. Eu também não me detinha nesses assuntos, mas as últimas conversas com Lenice tinham me forçado a meditar e já a dúvida despertara em mim.

— São histórias. Claro que fantasias. Se fosse verdade, onde já se viu essa coitada querer vingar-se? O que pretendia? Casar-se com seu senhor? Esbulhar essa família?

Lenice ouvia calada. Era evidente que Elisa levantara o assunto para provocá-la. Mas, como minha irmã nada respondeu, Elisa exultou. Finalmente, Lenice, depois dessa, não mais falaria sobre aqueles assuntos tão maçantes, monopolizando toda a atenção.

Foi Jean quem perguntou:

— E você, Lenice, como vê esse fato?

Ela olhou firme para nós e disse com voz segura:

— Quem pode julgar? Quem pode saber o que realmente aconteceu? Se para nós existem ainda servos e senhores, para Deus há apenas seres humanos, todos nós somos seus filhos e todos nós temos sua ajuda. A única coisa que posso afirmar com segurança é que nada permanece oculto para sempre. A mentira, o preconceito, o orgulho, a aparência, a máscara que colocamos diante dos outros querendo aparentar virtudes que não temos, tudo isso, a vida vai modificar e desnudar. É uma história triste, de opressão, de agressão do forte contra o fraco, lamentável a vingança, mas é mais lamentável ainda a nossa falta de compreensão diante dos sofrimentos de tantas criaturas.

Elisa estava pálida. A custo lutava para dominar-se. Conhecendo-a, percebi que um daqueles acessos de raiva estava iminente. Tentei intervir, porém Lenice, calma, segura, com voz um pouco modificada, continuou:

— Ninguém consegue enganar as leis de Deus. Nada fica oculto. Tudo o que fazemos está sob os olhos de Deus, que responde sempre de acordo com nossos atos, exercendo a justiça. Por isso, guardemos a certeza de que, seja o que for, Deus está no leme e, embora nossas opiniões possam ser divergentes, fará sempre o melhor.

Elisa, tentando dominar-se, inquiriu jocosa:

— Você crê que foi o fantasma de Daniele que se vingou da família?

— Se foi, eu não sei. O que sei é que a morte não é o fim de tudo, que a vida continua e o espírito é eterno. Sei também que a dor, a paixão, a revolta, o desequilíbrio são próprios do ser humano, seja nobre ou plebeu, senhor ou servo. Quando morremos, deixamos o mundo da Terra, nosso espírito vai viver em outro lugar, mas conserva sempre sua individualidade. Continua sendo o mesmo, com seus afetos, suas mágoas, seus rancores. Nesse caso, se ele pudesse, se conseguisse, se a dor e o ódio o envolvessem a ponto de cegá-lo para outros ângulos da vida, por que ele não poderia vingar-se?

— Não acredito nessa loucura — tornou Elisa com azedume.

— É um direito seu. Só respondi porque me perguntaram. Não desejo impor minha opinião. Aliás, mudemos de assunto, é melhor.

Mas Elisa parecia obstinada.

— Quer fugir da luta?

Lenice sorriu com simplicidade.

— Luta? Por favor, Elisa, não coloque nesse ponto.

Ela não conseguiu controlar-se:

— Irrita-me esse descaso por nossa posição, colocando os criados no mesmo plano que nós. Deus os colocou exatamente no lugar que devem ficar. Foram criados para nos servir. Apenas isso. Sempre houve e sempre haverá senhores e servos. Se eles pudessem ter os mesmos direitos que nós, seria o fim do mundo!

Eu queria intervir, mas temia piorar a situação. Jean olhava as duas e o velho brilho irônico refletia-se em seu olhar. Parecia deliciar-se com a situação, que a mim era desagradável.

— Compreendo — disse Lenice educadamente. — Embora pense diferente, respeito sua posição.

Elisa não se deu por satisfeita.

— Diz isso porque seus argumentos são pobres. Imagine onde ficaríamos se isso fosse possível!

Lenice respondeu calma:

— Diante de Deus, somos todos iguais, com direito à vida e ao respeito. Aquele que nasce pobre, por isso precisa ganhar seu pão nas tarefas humildes, pode ter qualidades e virtudes que muitos do nosso meio ainda não possuem. Para mim, o homem vale não pelo que tem ou pela posição que ocupa, mas pelas qualidades morais que possui. Não se esqueça de que o maior que nasceu neste mundo, diante do qual todos nos curvamos, era simples carpinteiro.

— Você torce os fatos. Mas nada me fará aceitar essa loucura. Sempre haverá ricos e pobres. Os que mandam e os que obedecem.

— Concordo com você. Porém, a vida deseja que aprendamos a respeitar os outros e principalmente que desenvolvamos nossas aptidões. Por isso, voltamos várias vezes ao mundo em diferentes posições, conforme a necessidade.

Aquele pensamento era-nos muito desagradável. Considerei:

— Não creio nisso. Quer dizer que eu, Elisa, Jean, qualquer um de nós poderia vir a nascer como servo ignorante? Você não afirmou ontem que existe uma Lei de Evolução e nosso espírito nunca regride?

— Essas ideias disparatadas não merecem nem serem consideradas — fez Elisa triunfante.

— É difícil para nosso orgulho admitir que nossas vantagens de agora não serão eternas. Um dia partiremos do mundo, e o que levaremos? Posição, bens, nome, tudo ficará aqui. Lá, do outro lado, no mundo onde todos nós viveremos, seremos apreciados pelo que somos, não pelo que temos. E, se tivermos que nascer de novo em berço pobre, é porque só vivendo e sentindo aquela situação vamos enxergar a verdade. Compreenderemos que o trabalho rude, porém honesto, não é vergonha nenhuma. E, se estamos compreendendo mais, estamos evoluindo, enriquecendo nosso espírito, que é meta da vida.

Não concordei com minha irmã. A perspectiva de nascer pobre era-me insuportável. Anulava tudo quanto eu tinha lutado por conseguir a vida inteira:

— É um absurdo! — comentou Elisa.

Lenice tornou:

— Só expus minhas ideias porque Elisa insistiu. E já que comecei, gostaria de dizer ainda que o homem carrega muitas ilusões e enganos que fatalmente terá que perder. Deus quer a verdade, e ela é mais bela do que imaginamos. Ela é luz, progresso, alegria, amor. No futuro, todos os homens se amarão como irmãos. Por isso, não há nada que permaneça oculto para sempre na face da Terra. O homem comete deslizes, enganos, crimes ocultamente porque, não vendo ninguém por perto, acredita-se impune. Não sente o pensamento alheio, por isso acredita que ninguém possa perscrutar o seu. Mas chega para cada um a hora da verdade, quando tudo será revelado e então o arrependimento empurra-os para a reparação. É nessa hora que, aprendendo a dura lição, queremos esquecer, refazer, e a vida nos conduz de novo à reencarnação.

Lenice olhava firme para o rosto de Elisa, que estava branca como cera. Teria caído se eu não a tivesse sustentado.

— O que tem? — indaguei assustado.

Lenice levantou-se séria.

— Lamento. Peço desculpas. Esse assunto não agrada a Elisa.

— Foi ela quem insistiu — murmurei a contragosto.

Jean estava mudo. Enquanto eu insistia para que Elisa tomasse um copo de água, Lenice era a única que estava calma, como sempre.

Dali para a frente, resolvi evitar aqueles assuntos. Eram desagradáveis e Elisa ressentia-se.

Mais tarde, em nossos aposentos, minha mulher confidenciou:

— Até quando Lenice vai provocar-me? Até quando falará sobre coisas próprias da ralé?

— Acalme-se, Elisa — ponderei sério. — Não permitirei mais esses assuntos se a desagradam, mas você deve convir que ela não queria, você insistiu.

— Não acredito que alguém com o berço de sua irmã possa pensar daquele jeito.

— Também não é o caso de se irritar a esse ponto. Se ela respeita suas ideias, por que não respeitarmos as dela? Não há razão para que você se aborreça dessa forma.

— Quero que ela vá embora daqui — exigiu ela com raiva. — Tive um choque.

— Não me peça tal coisa. A casa deles já está praticamente pronta. Um pouco mais de paciência e logo irão embora. Você não é criança.

Desse dia em diante procurei evitar esses temas, e nem Lenice nem Jean tornaram a eles.

Quinze dias depois, instalaram-se em sua nova casa. Apesar da delicadeza de Lenice, convidando Elisa e mostrando-lhe os arranjos da casa, minha mulher continuava fria para com ela, limitando-se ao estritamente necessário, embora educadamente.

Essa situação desagradava-me, porquanto gostaria que elas se estimassem.

Reconhecia que Elisa era caprichosa e fútil, enquanto Lenice continuava serena como sempre e, apesar de suas ideias extravagantes, era muito lúcida e ponderada nas atitudes.

Essa situação entre as duas espaçou um pouco nossos encontros, mas eu ia muitas vezes à tarde tomar chá no salão de Lenice e conversávamos longa e livremente.

Se eu não podia aceitar suas ideias, respeitava-as. Eram lógicas e de uma beleza profunda. Pena que eu não acreditasse em suas bases. Ela me recebia com carinho e muita atenção. Foram deliciosos esses momentos.

Era meu desejo fazer carreira e ingressar na magistratura. Foi com orgulho que recebi um convite para lecionar na Sorbonne. Quem me fez a solicitação foi o senhor Leterre, exatamente aquele a quem meu pai devia e se recusara a reformar o prazo para pagamento da dívida.

Fiquei radiante quando ele me procurou de maneira informal, em minha própria casa, para formular esse convite em nome do grupo de conselheiros da universidade, do qual fazia parte.

Recebi-o com deferência. Agora eu estava em condições de esquecer aqueles tempos, aparentemente, porquanto essa visita honrosa era-me sumamente agradável. Ele estava envelhecido e sua figura inspirava respeito. Agradeci o convite sensibilizado, comprometendo-me a comparecer em reunião com os demais membros do conselho e da reitoria.

— Alguns anos se passaram desde que nos vimos pela última vez — recordei orgulhoso.

— Sim — respondeu ele com o olhar percuciente fixo em mim. — As coisas hoje estão muito diferentes. O senhor realmente conseguiu vencer e sobrepor-se aos problemas. Admiro-o por isso, creia.

— Foi difícil, mas, quando se luta com coragem e tenacidade, muito se consegue.

Ele sorriu. Seu rosto se rejuvenescia quando sorria.

— O senhor estava apavorado, mas devo penitenciar-me. Não acreditava que conseguiria. Nós, os mais velhos, às vezes subestimamos a mocidade. Eu estava errado. Reconheço.

Sorri, bem-disposto.

— Recordo-me agora de que vi um retrato de uma dama em seu escritório. Quem era?

— Por que quer saber?

— Conheci-a na ópera. Houve um incidente entre nós. Impressionou-me bastante e nunca consegui descobrir-lhe a identidade. Quando o visitei, vi o retrato. Estava tão preocupado com meus negócios que nem tive coragem de perguntar. Agora, o caso veio-me à memória e a curiosidade ainda é a mesma.

— Não sei de quem fala, senhor Latour.

— De uma dama linda, loura, vestido cor de pérola, olhos muito expressivos, colo exuberante e bem-feito, lindas mãos, porte altivo e elegante. Tinha uma maneira de mexer o lábio inferior adorável.

Ele riu divertido.

— Pelo jeito, ainda não a esqueceu.

— Com efeito, foi uma singular aventura...

Contei-lhe o episódio da ópera.

Ao término, ele respondeu:

— Realmente, ela estava incógnita. Lembro-me de sua visita. Trata-se de dama da mais alta linhagem em seu país.

— Ainda hoje a curiosidade me angustia. Quem é ela?

— A jovem condessa viajou incógnita. Era-lhe perigoso revelar a identidade. Entretanto, depois desses anos, posso dizer-lhe que se fazia chamar por Helen Robinson.

— Era seu nome verdadeiro?

— Não. Viajava incógnita porque em seu país a situação política não era satisfatória. Havia descontentamento, temia-se um atentado. Tinha casamento arranjado com um nobre inglês. Foi o que aconteceu. Meu pai era aparentado com eles, por isso nossa amizade de família vem de longa data. Conheci a Helen desde a infância. Era encantadora.

— Casou-se com o nobre inglês?

— Sim. O arranjo consumou-se e tudo deu certo. Embora não tenha sido um casamento de amor, como Helen queria. Afinal, em política essas coisas nunca andam juntas.

— E agora, onde estão eles?

— O marido ocupa destacada posição em seu país e sua jovem esposa faz as honras devidas, naturalmente.

— Vejo que não menciona nomes.

— Prefiro ser discreto. Afinal, compreendo por que Helen retornou tão cedo da ópera naquela noite. Nunca me disse. Ela estava hospedada em minha casa.

Fiquei surpreendido. Em minha fantasia, uma dama misteriosa, intrigas palacianas, tudo me aguçava a curiosidade.

— Gostaria de saber mais sobre ela.

— Sinto, senhor Latour. Empenhei minha palavra que nada diria.

— Fiquei muito impressionado com ela.

— Realmente, Helen possui uma beleza invulgar.

— É orgulhosa. Enxotou-me sem piedade. Lamento não ter sido mais gentil. Hoje, depois de tanto tempo, confesso que não queria perder a chance de tê-la conhecido. Fiquei fascinado.

O senhor Leterre sorriu.

— É a mais bela mulher que conheci.

— Concordo. Pena que não tenha voltado a vê-la.

— Melhor para o senhor. Helen tem muitos compromissos. Tanto se espera dela que o senhor certamente não seria bem-sucedido. Além disso, ela é muito cercada, seria perigoso aproximar-se.

Essas palavras tiveram o dom de aumentar-me o interesse. Entretanto, o senhor Leterre nada mais disse. Formulei o propósito de investigar melhor, agora que eu iria estar mais tempo com ele.

Desviei o assunto com habilidade. Embora aparentasse não mais me interessar, tinha dentro de mim a ideia de não descansar até desvendar aquele enigma.

Ingressei na magistratura naquele mesmo mês e dediquei-me de corpo e alma ao trabalho. Queria prestígio, poder, glória, destaque. Tinha chegado a um ponto de minha vida em que o dinheiro já não era o bastante. Tinha provado o sabor da vitória e pensava que ela fosse apenas uma questão de ousadia e capacidade.

Elisa estava bastante ocupada com a moda e as recepções. Raramente nos víamos a sós. Eu, a pretexto de minha ocupação, acompanhava-a muito pouco, reduzindo minha presença ao absolutamente indispensável.

Entretanto, meu prazer era visitar Lenice, com quem conversava, abrindo o coração nas minhas mais caras ambições, satisfeito por não encontrar Jean. À tarde ele se ausentava e eu procurava estar com minha irmã sempre a sós. Eram momentos deliciosos.

Certa tarde, tomando chá em sua sala de estar, sentindo-a um pouco mais calada do que o usual, perguntei-lhe à queima-roupa:

— Lenice, você está triste?

— Não. Apenas pensando, meditando.

— Você é feliz? Um dia fiz esta pergunta e você me respondeu afirmativamente. Mas às vezes penso que não é verdade. Hoje é um dia.

Ela sorriu.

— Aceitei o que a vida me deu e procuro viver o melhor possível.

— Isso não quer dizer que está feliz. Às vezes me preocupo, pensando que a empurrei para um casamento que a desagradava.

Ela tocou meu braço com delicadeza.

— Não se preocupe. Você não tem culpa de nada. Eu só obedeci. Também quis manter nossa situação.

— Consola-me ver que Jean não é mau para você.

Ela sorriu e em seus olhos havia um brilho emotivo.

— É um homem de palavra. Orgulhoso, porém um cavalheiro. É muito culto e possui vontade férrea.

— Vejo que o admira.

— Sim. Admiro-o. Pena que tenhamos tido tão mau início.

Olhei-a admirado.

O que havia por trás daquele relacionamento?

— Vocês não têm filhos. Por acaso há algum problema de saúde?

Ela estremeceu, e em seu rosto passou uma nuvem de tristeza.

— Nenhum — respondeu séria. — Mas deixemos esses assuntos do passado e vivamos o presente.

Fiquei intrigado. Lenice por certo escondia de mim alguma coisa. Ela se emocionava quando falava nele e ao mesmo tempo entristecia-se. Tomei-lhe as mãos com carinho.

— Lenice, está preocupada. O que é? Conte-me tudo, talvez eu possa ajudar.

— Ninguém pode. Só Deus. Não se preocupe. Há dias em que nos tornamos sentimentais. Só isso.

Sorriu e seu rosto descontraído afugentou-me as preocupações.

Tudo para mim corria muito bem. Meu nome ia ficando conhecido como juiz e as teses que eu publicava dando uma visão nova e mais aberta a respeito da justiça e do homem, as aulas na universidade tinham feito tanto sucesso que eu, fascinado, comecei a escrever livros, ensaios sobre psicologia humana e sobre a justiça numa linguagem clara e menos técnica que fizeram a delícia dos intelectuais da Sorbonne, mesmo fora da minha área.

Embora se envaidecesse com meu sucesso, Elisa continuava com sua intensa vida social. Era Lenice quem discutia comigo as ideias, muitas vezes modificando minha maneira de ver as coisas, e hoje sei o quanto ela contribuiu para meu êxito como escritor. Comecei a ficar conhecido e ser convidado para paraninfar formaturas na universidade e, esporadicamente, para fazer palestras em vários lugares.

Esses acontecimentos empolgaram-me e afundei-me nos estudos, cada vez mais próximo de Lenice e cada dia mais distante de Elisa.

Para amenizar essa situação, de que, aliás, ela não reclamava, procurava fazer-lhe todas as vontades. Comprei uma vila no campo, onde ela convidou muitos amigos para passar as férias de verão conosco. Era uma linda vivenda, e fiquei muito feliz quando ela insistiu pela presença de Lenice com o marido. Elas sempre se evitaram e, se não podiam ser íntimas, pelo menos que pudessem conviver com naturalidade.

Adorei a ideia e convenci Lenice a ir, porquanto estava escrevendo novo livro e gostaria de discuti-lo com ela. Quando ela aceitou, fiquei feliz.

Foi com alegria que ajudei Elisa a preparar tudo para a viagem. Julien estava alegre e falante. Nosso filho era um menino voluntarioso, porém encantador. Seus olhos de um azul-escuro suavizavam-se quando sorria contente e escureciam quando se irritava. Era um pouco teimoso, mas muito inteligente, e eu tinha compreendido que, para que ele aceitasse as coisas, era-lhe necessário apenas compreender. Elisa não gostava de argumentar e queria impor-lhe suas determinações, o que, apesar da pouca idade do menino, já causava atrito entre eles.

Enquanto comigo ele se portava como um homenzinho aos sete anos, com ela fazia birra e mostrava-se recalcitrante. Contudo, isso eles superavam pelo afeto que os unia. Elisa amava o filho apaixonadamente. Tinha para com ele arroubos e preocupações que nunca tivera comigo ou com ninguém.

Estávamos felizes e há muito eu não via Elisa tão alegre e cordata como naqueles dias. Nossa vila era encantadora e tudo era alegria em nós.

— Não convidei muita gente — disse Elisa, contente. — Apenas pessoas que se harmonizam. Assim, descansaremos e poderemos usufruir mais a companhia uns dos outros.

Elisa, desejosa de agradar-me, havia convidado pessoas que eu admirava, e o senhor Leterre aceitara vir com a filha. Estava viúvo e nosso convite foi aceito com prazer. Elisa tivera o cuidado de não convidar nenhum dos seus amigos fúteis que eu não apreciava. Pareceu-me mais linda e havia um brilho emotivo em seus olhos.

Senti-me um pouco culpado por ter me afastado demais do seu afeto e estava desejoso de aproveitar esses momentos de convivência. Porém ela não mostrou vontade de aproximar-se de mim, aceitando minhas atenções com certa indiferença.

Sentindo que a tinha negligenciado, tratei de rodeá-la de gentilezas. Estava de férias e com tempo para dedicar-me à família.

Lenice e Jean chegaram no sábado e a maioria dos convidados já tinha chegado. Éramos doze pessoas tão bem escolhidas, que logo o ambiente tornou-se agradável e descontraído como só as casas de campo podem ser. Ver Lenice ali era para mim motivo de muita alegria.

No domingo cedo estava muito bem-disposto e alegre. Depois do café, dirigi-me ao salão e de repente tive um choque, sentindo as pernas fraquejarem. Sentado em uma poltrona, Jean folheava um livro de gravuras e pacientemente explicava a Julien a história da vida animal, e o menino em pé a seu lado, fascinado, bebia-lhe as palavras. Suas cabeças próximas uma da outra e o rosto um ao lado do outro fizeram-me empalidecer.

Estaria sendo vítima de uma ilusão? Só isso poderia explicar aquela semelhança absurda entre eles. A mesma cor de cabelos, o mesmo brilho, o mesmo nariz, o mesmo queixo voluntarioso.

Tive vontade de sair dali. Controlei-me. Que loucura! Estaria com ciúme de meu filho?

Seria minha hostilidade com Jean tão profunda que eu recusava-me a aceitar sua atenção para com Julien? Mas... e a semelhança? Saltava aos olhos!

"A vida tem coisas bem estranhas", pensei, tentando acalmar meu espírito, procurando explicação para esse fenômeno. Ia retirar-me quando Julien percebeu minha presença.

— Venha, papai. Veja que linda essa girafa. Ela tem o pescoço comprido porque gosta de comer a rama dos galhos altos. Não é engraçado?

Aproximei-me. Jean calou-se. Parecia embaraçado. Teria percebido meu ciúme?

— Continue, Jean. Julien aprecia muito a natureza.

Jean levantou-se.

— Agora chega, Julien. Faz mais de uma hora que estamos aqui.

— Depois o senhor conta mais? — indagou ansioso.

— Claro. Amanhã voltaremos ao assunto.

A voz dele tremia um pouco ou foi impressão? Vendo meu filho afastar-se, indaguei:

— Gosta de crianças, Jean?

— Não é o meu forte — respondeu seco.

— Julien apreciou sua companhia. Uma criança traz alegria a um lar. Por que vocês não têm filhos? Lenice disse que nada os impede.

— Ela disse? — os olhos dele brilharam, emotivos. — Eu gostaria de ter um filho — concluiu ele, olhos perdidos em um ponto indefinido.

— E por que não?

— É, acho que precisamos pensar nisso. Aliás, tenho me preocupado com a continuidade da família.

Havia um pouco de tristeza em sua voz. Pela primeira vez pareceu-me mais humano.

Contudo, a cena de momentos antes ainda me preocupava. Um pensamento louco, uma suspeita começou a nascer em mim. Tentei varrer aqueles pensamentos incômodos.

Nos dias que se seguiram, eles se tornaram para mim uma obsessão. Comecei a observar Elisa e percebi o quanto a presença de Jean a perturbava. Vi que ele a evitava e ela o seguia por toda parte. O que havia entre eles? Estaria enlouquecendo? Meus ciúmes estariam me levando a uma suspeita maluca?

Fui para o jardim. Precisava pensar.

Sentei-me em uma pedra que, à guisa de banco, encontrei detrás de uma sebe. Quanto mais pensava, mais e mais suspeitava de Elisa. Teria ela tido algum romance com Jean? Só à simples suspeita, meu coração descompassava-se. Foi quando ouvi vozes vindas do outro lado da sebe. Havia um banco lá. Quis retirar-me, mas a curiosidade foi maior. A voz de Jean chamou-me a atenção. Falava fria e calculadamente.

— Deve entender meu problema. Não desejo impor nada. Mas é preciso que o nome de família se perpetue. Um filho é o que mais desejo. Se proponho isso, é porque é absolutamente necessário. Não posso deixar acabar o nome de família. Preciso desse filho, Lenice! Quero que compreenda que é necessário.

— Você já tem um filho — respondeu Lenice com frieza. — Logo, o herdeiro de que precisa já existe.

— Quer prosseguir nessa loucura? Ofende-me por acreditar-me capaz de tal atitude.

— A semelhança a cada dia é mais forte. Isso você não pode negar.

— Reconheço esse ponto, mas juro que nunca mais vi Elisa depois que a conheci. Seria incapaz dessa indignidade.

Fez-se silêncio por alguns instantes. Eu, pálido, sentia o coração bater tanto, que parecia querer sair-me pela boca.

— Não sei explicar essa semelhança que você diz haver entre mim e seu sobrinho. Sabe que Elisa nunca se conformou com o nosso rompimento.

— Sei. Sei também que ela iludiu Jacques para ficar perto de você. Meu irmão é bom, nobre, não merece ser tão miseravelmente enganado!

Senti tudo rodar à minha volta. O chão parecia fugir-me. Lutei desesperadamente para controlar-me, tinha que ouvir tudo até o fim.

— Não sei por que estranha força ele se parece comigo. Talvez, por ela estar obstinada, imprimiu essa semelhança. Elisa é capaz de tudo.

— Não é elegante de sua parte deixá-la com toda a culpa num ato que sempre é feito a dois. Depois, não precisa explicar-me nada. Fizemos um trato e nele o amor não entrou. Você é livre para fazer o que quiser desde que respeite meu irmão. Nesse ponto eu não transijo.

— Lenice, está levando longe demais nosso estúpido trato. Elisa nunca significou nada. Eu juro novamente que nunca a vi depois que conheci você. Acredite. Deixemos Elisa de lado com sua loucura. Eu quero um filho e para isso preciso de você. Deve convir que tenho razão.

Silêncio. Eu estava arrasado. Ouvi Lenice dizer:

— Concordo. Está bem.

— Sabe que, se não fosse tão necessário, não lhe pediria esse sacrifício.

A voz dele era fria e áspera. Parecia mais uma sentença de morte do que um encontro de amor.

Eu não compreendia o que havia entre eles. Estava agoniado e o mundo tinha desabado ao meu redor.

Ouvi ainda Lenice dizer:

— Está bem.

— Esta noite, irei ter com você.

— Como queira.

A voz dele tremia um pouco. Ele saiu e ela ficou. Eu não sabia o que fazer. Lenice também suspeitara de um romance entre eles e tinha notado a semelhança! Ela parecia saber de algo mais que eu desconhecia.

Num gesto decidido, atravessei a sebe e Lenice deu pequeno grito de susto.

— Jacques? O que foi? Por acaso...

— Ouvi. Sem querer, mas ouvi. Não pode negar suas suspeitas. Eu também notei a semelhança de Julien com Jean. Preciso saber a verdade.

Lenice estava pálida.

— É só uma suspeita. Como você ouviu, Jean nega e não há provas. Podemos estar cometendo uma tremenda injustiça.

— Tenho notado que Elisa muda quando Jean aparece, que ela o segue o tempo todo com o olhar. Claro que já houve algo entre eles. Conte-me tudo.

— Isso é verdade. Mas foi antes de Jean frequentar nossa casa. Eles tiveram um breve romance. Jean contou que Elisa dizia-se apaixonada e ele, não querendo iludi-la, declarou-lhe que não a amava e tudo parou aí.

— Elisa nunca me contou.

— Descobri isso logo que conheci Jean, através de uma amiga que conhecia o romance deles. Contudo, ele nunca deu motivos para suspeitas.

— Lenice, há muitas coisas que eu ignoro. Conte--me tudo. Deve-me essa explicação. A conversa que ouvi foi estranha para marido e mulher. O que aconteceu entre vocês dois?

Lenice suspirou.

— Vou contar-lhe a verdade. Você precisa saber de tudo.

Sentei-me a seu lado e minhas pernas estavam trêmulas. A emoção tornava-me inseguro, sentia-me culpado de tudo. Eu e minha ambição.

Ela me olhou preocupada, depois começou:

— Como sabe, eu não queria casar-me com Jean. Havia algo nele que eu detestava. Suas maneiras de dono da situação, sua frieza deixavam-me temerosa.

— Eu fui o culpado. Eu impus esse casamento!

— Naquele momento, você realmente me pressionou. Quando aceitei, pensei que, se ele conhecesse a verdade, naturalmente, como cavalheiro, se recusaria a casar-se e eu estaria livre. Não me importava trabalhar para viver. Preferia isso à riqueza que vinha dele. Sua superioridade e sua calma tinham o dom de irritar-me. Uma tarde, nos jardins da nossa casa, quando éramos noivos, conversei com ele francamente. Disse-lhe que não o amava e me era extremamente penosa a ideia do nosso casamento.

— E ele? — indaguei.

— Apesar de um pouco pálido, respondeu:

— *Bobagens. Nosso casamento vai realizar-se e verá que tudo mudará.*

— *Mas eu não o amo!* — ajuntei entre lágrimas. — *Vou me casar com você unicamente pelo seu dinheiro, pela sua posição! Porque meu irmão quer. Sabe que estamos arruinados.*

Ele tornou-se frio ao responder-me:

— *Controle-se. Chorar não adianta. Não me comove. Eu não disse ainda que a amo. Nosso casamento não é um casamento de amor. É um arranjo entre mim e sua família. Estou a par de tudo quanto me contou. Não vejo motivo para esta cena. Odeio queixas, é bom que saiba desde agora.*

Sua atitude inesperada irritou-me ainda mais:

— *Eu odeio você!* — gritei furiosa. — *Se fosse um cavalheiro, jamais aceitaria casar-se comigo sabendo que não o amo e que estou sendo forçada a fazê-lo!*

Ele pegou meu braço e apertou-o com força.

— *Jamais repita isso. Fiz um trato com seu irmão. Vamos nos casar. O amor é ilusão passageira. Há coisas mais importantes do que ele. Verá que está enganada em seu julgamento.*

Fiquei arrasada. Solucei descontrolada. Ele frio, ao lado, esperou até que eu esgotasse as lágrimas, depois deu-me um lenço dizendo:

— *Vamos respirar ar puro, andar um pouco. Venha. Vai fazer-lhe bem.*

Odiei-o naquele momento. Se pudesse, fulminava--o ali sem piedade.

Tomei a mão de Lenice. Estava arrependido.

— Perdoe-me, querida — disse. — Eu estava louco!

Ela suspirou e prosseguiu:

— Eu queria ter reagido, mas mamãe estava tão esperançosa e você tão contente! Na véspera do nosso casamento, Jean disse-me solene:

— *Amanhã estaremos casados! Não precisa temer nada. Como minha esposa, terá todas as atenções devidas. Espero o mesmo de você. Ninguém precisa saber que não me ama.*

— *Pede-me para fingir?*

— *Peço-lhe dignidade. Será minha esposa. Não percebe os deveres que lhe competem?*

Corei enraivecida. Ninguém, muito menos Jean, tinha o direito de dar-me aulas de boas maneiras. Procurei cumprir meu papel. Apesar de aterrorizada, fui amável para com ele e nossos convidados. Ele ficou satisfeito. Quando partimos para viajar, sentei-me num canto da carruagem. Estava trêmula, apavorada. Ele me olhou conciliador:

— *Agradeço-lhe, Lenice. Tudo saiu perfeito. Meus amigos nada perceberam.*

Eu tremia de frio e de medo. Ele, vendo meu estado, cobriu-me com a manta e sentou-se no outro extremo do banco. Eu tinha vontade de chorar; ele parecia seguro de si, calmo. Odiei-o por isso. Afinal, por que ele tinha insistido naquele casamento absurdo? Talvez apenas para contrariar-nos, para mostrar-nos sua superioridade, esmagar-nos com seu dinheiro.

Enquanto eu, trêmula, sentia um nó na garganta, ele, recostado nas almofadas, parecia dormir calmamente.

Chegamos a Petit Château Enchanté, graciosa casa de campo cercada por lindos bosques, onde Jean costumava passar o verão. A noite estava fria e ele levou-me à lareira para aquecer-me. Estava delicado, atencioso.

Deu-me um cálice de licor. Aos poucos, o frio passou, mas estava inquieta, nervosa.

Ele me olhou calmo:

— *Por certo deseja descansar. Vou levá-la aos seus aposentos.*

Suspirei aliviada. Tínhamos aposentos separados. Eu tinha sido apresentada à governanta, que me dera as boas-vindas, e à camareira, que maliciosa e diligente preparou meus aposentos, onde ao entrar enrubesci, vendo a enorme cama de casal. Sobre ela, havia lindíssima lingerie que minha mãe tinha comprado. O leito preparado. Na mesinha da antessala havia champanhe, biscoitos e bombons. O ar estava perfumado. Fiquei apavorada.

Jean, porém, estava calmo como se nada fosse. Acompanhou-me até o quarto, dizendo que voltaria dentro de meia hora. Voltaria mesmo, ou teria dito aquilo por causa da criada? Quis despedi-la, porém ela se mostrou ofendida, dizendo que era uma honra preparar-me para tão grande noite. Para não dar escândalo, deixei-a aprontar-me como quis. As massagens nas costas, para aliviar a tensão e o cansaço da viagem, fizeram-me bem. Vestiu-me com aquelas roupas finíssimas, escovou-me os cabelos e, contemplando-me no fim, disse orgulhosa:

— *Madame, está linda! Jamais vi noiva tão bela!*

Jean bateu à porta discretamente e entrou. Estava com um robe de seda sobre o traje de dormir. Eu não soube o que dizer. A criada despediu-se com uma mesura e o olhar embevecido. Nós ficamos ali, olhando-nos como dois inimigos. Eu estava de sobreaviso, pressentindo um novo perigo.

Ele desfez a tensão com voz fria:

— *Estamos em nosso papel. Precisamos representá-lo bem. Não posso permitir que amanhã todos os criados saibam que não nos amamos. Temos que cumprir a tradição.*

Calmo, abriu o champanhe e colocou-o nas duas taças. Ofereceu-me uma dizendo:

— *Vamos brindar. Apesar de tudo, nosso casamento deverá ser um casamento bem-sucedido. Para isso, terá todos os seus direitos respeitados e o mesmo espero de você. Verá que não sou tão difícil como pensa. Espero que saiba respeitar esta casa, meu nome e sua posição. Assim sendo, tudo irá bem. Lenice, há coisas nas quais não transijo. Socialmente, ninguém deverá jamais saber o que se passa entre nós. Nem seus parentes. Quero sua palavra de que assim será.*

Levantei a cabeça com orgulho:

— *Sei dos meus deveres de esposa e tenho dignidade bastante para respeitar meu marido e meu novo estado. Não precisa recomendar-me isso!*

— *Se você não tivesse essas qualidades, eu jamais a teria desposado.*

— O amor não é importante para você?

Ele riu com leve ironia.

— *Amor? O amor é apenas troca de interesses, jamais existiu. Não passa de ilusão, nada mais.*

Eu me perguntava o que aconteceria depois. Temia o pior. Por isso, tomei o champanhe e pedi outra taça. Jean encheu nossas taças de novo. Minha cabeça rodava. Eu não tinha comido nada, tal a minha ansiedade.

Ele se aproximou de mim dizendo-me com voz rouca:

— *Lenice, sou seu marido e cumprirei meus deveres até o fim. Ninguém poderá dizer amanhã que um Lasseur desonrou o nome na noite de núpcias.*

Minha cabeça rodava. Ele me tomou nos braços e levou-me até o leito. Meu coração batia descompassado, querendo saltar pela boca.

Jean tinha braços fortes e firmes. Comecei a chorar, ele me atirou ao leito dizendo-me com raiva:

— *Você chora? Odeia-me tanto assim? Verá como sou, pois é minha esposa, quer queira quer não.*

Encolhi-me assustada. Ele parecia outro homem, tão ardente e tão delicado, tão amoroso e tão forte, que em seus braços, cansada e submissa, depois de tudo, adormeci.

Ela fez uma pausa e eu beijei-lhe a mãozinha fria. Seu rosto estava emocionado, recordando. Ela prosseguiu:

— Quando acordei no dia seguinte, um belo dia de sol, Jean já se tinha levantado, eu estava só. Perturbada, lembrava os acontecimentos, e um misto de emoção e receio me acometia. Tinha desejado que ele não me tocasse. Não me parecia justo, uma vez que nosso casamento era apenas um trato. Aliás, ele tinha cumprido seu papel de marido como um dever de honra. Ao mesmo tempo, perturbava-me a lembrança de suas carícias e de seus beijos. Eu estava confusa e assustada. Como um homem frio, odioso e prepotente podia ser tão ardente?

Não tive ânimo para levantar-me. Meu corpo doía e eu estava arrasada.

Jean cobriu-me de atenções, mandou-me flores, e os criados tratavam-me com muito carinho. Sem saber o que fazer, eu chorava, perdida num oceano de dúvidas e emoções. Entretanto, a primeira semana passou e eu aos poucos fui me equilibrando. Não amava Jean, mas podia conviver com ele educadamente, uma vez que ele se mostrava atencioso e delicado.

Todas as noites ele ia ao meu quarto cumprir seu papel de marido. Eu, nesses momentos, esquecia-me de que o amor não existia entre nós. A notícia do seu casamento com Elisa sacudiu-me o suficiente para que eu pudesse raciocinar. Chocada, com sua carta nas mãos, fiquei parada, pensando. Jean encontrou-me assim e indagou:

— *Más notícias?*

— *Meu irmão casou-se com Elisa de Trèville.*

Ele se surpreendeu:

— *Elisa?*

— *Sim.*

— *O que há de errado nisso?*

— *Tudo. Jacques não amava Elisa, nem pensava em casar-se. Ao contrário, queria voltar para Paris, terminar seus estudos.*

Ele deu de ombros.

— *O amor não é o bastante para ele.*

Enrubesci:

— *Quer dizer que ele se casou pelo dinheiro dela? Acusa meu irmão de mercenário?*

Ele fez um gesto de surpresa:

— *Não quis dizer isso, porém você mesma o disse.*

— *Não aprecio Elisa. Com certeza ela o envolveu.*

— *Pode estar enganada.*

— *Você a defende porque teve um romance com ela. Já sei disso.*

Ele fez um gesto vago.

— *Nada sério, foi há muito tempo. Ela não é a mulher que me atrai nem a que desejava para esposa.*

— *Com certeza Elisa não lhe obedeceria. Nem respeitaria sua intimidade.*

Eu estava com raiva e vontade de chorar. Ele ficou muito pálido. Segurou-me pelo braço com força.

— *Jamais lhe faltei com o respeito. Por que me acusa?*

— *Porque num casamento de negócios, sem amor, não teria obrigatoriamente que haver intimidades.*

Ele se tornou irônico.

— *De negócios? Eu dei tudo a você: meu nome, meus bens, tudo a que uma esposa tem direito. Em troca, o que me ofereceu? Em se tratando de um negócio, o logrado fui eu. Pode estar certa de que Elisa, nesse ponto, não agiria como você. Estaria a meu lado implorando cada carícia.*

Um vivo rancor brotou dentro de mim.

— *Não quero ser comparada com Elisa. Pelo que diz, deve conhecê-la bem melhor do que eu. Se você se sente logrado em seus interesses, se não valho o que pagou por mim, por que não me devolve para minha família? Por que não terminamos logo com essa farsa para que eu possa ir embora?*

Lágrimas rolaram pelo meu rosto. A fisionomia de Jean estava fechada, fria. Apertou meu braço dizendo com raiva:

— *Odeia-me a tal ponto? Repudia todos os momentos que vivemos juntos e quer voltar à sua família? Saiba que eu não aceito. Casamo-nos. Levaremos isto até o fim. Um Lasseur jamais volta atrás em uma decisão. Se minha companhia lhe é tão penosa, não mais irei ao seu quarto, nem à sua cama. Contudo, nosso fracasso só deve ser conhecido por nós. Ninguém mais deve saber disso. Não posso ceder mais do que isso sem ferir minha honra. Se quer assim, não privarei mais da sua intimidade.*

— *É muito fácil para você, naturalmente* — disse. — Eu estava muito magoada. Nunca houve amor.

— *Já lhe disse que o amor é ilusão! Não deve entrar em nossas discussões.*

— *Está bem. Nesse caso eu aceito. Ficarei. Se me respeitar, diante dos outros serei sua esposa e não darei motivos a nenhuma suspeita.*

— Eis aí nossa vida, Jacques. Resume-se a isso.

— E agora, como estão as coisas? — perguntei.

— Durante esses anos, aprendi muitas coisas, principalmente sobre Jean. Pergunto-me, às vezes, se não tenho sido injusta com ele.

— Por quê?

— Tem sido perfeito cavalheiro. Atencioso, educado, temos conversado e pude apreciar sua grande cultura, seus grandes dotes de honra, de caráter, que estava longe de supor. Tenho pensado muito e lamento tê-lo conhecido de forma tão dolorosa.

— Fala como se o apreciasse.

Ela corou um pouco.

— Sim, aprecio-o. Gostaria que o conhecesse melhor. É orgulhoso, teimoso, porém muito nobre em certas ocasiões. Tenho comprovado isso. É muito respeitado nos seus domínios pelos servos e criados.

Olhei-a nos olhos, admirado.

— Você o ama, Lenice!

Ela balançou a cabeça afirmativamente, mas disse:

— Talvez. Isso pode surpreendê-lo, porém nestes anos de convivência tenho me perguntado se não fui muito ingênua com aquela atitude. Se tudo continuasse como começou, poderíamos ter chegado a viver bem.

— Por que não diz isso a ele? Ele também a aprecia e respeita. Pode ser que também a ame.

— Não creio. Não sei o que foi, qual a desilusão que o fez assim. Ele não acredita no amor. Agora não há mais remédio.

— Crê que entre Elisa e ele pode haver alguma coisa? — indaguei temeroso.

— Não agora. Mas a semelhança de seu filho com ele é marcante. Pensei nisso desde a primeira vez que o vi.

— É estranho! Elisa parece fascinada por Jean — observei com raiva. — Teriam voltado ao antigo romance?

Lenice abanou a cabeça.

— Não. Jean tem sido muito discreto. Só veio por insistência minha. Não é homem para isso.

— Vejo que confia nele.

— Não tenho motivos para desconfiar. Apenas uma hipótese explicaria essa semelhança. A idade de Julien. Perdoe-me, mas se o filho não for seu, ela se casou com você para salvar as aparências.

Senti-me como se um raio me tivesse fulminado. Lenice dissera exatamente o que eu temia e pensava sem querer admitir.

— Tenho certeza de que Jean não se encontrou com ela depois do nosso casamento. Além disso, seu casamento com ela foi muito rápido. Você pode ter sido envolvido.

Deixei cair a cabeça entre as mãos, arrasado. Pela minha memória passaram todas as circunstâncias que me levaram ao casamento. Agora, depois de tudo isso, a situação estava clara. Elisa tinha se casado comigo para fugir ao escândalo e para dar um nome ao seu filho.

Uma dor aguda feriu-me o peito. Julien! Doía-me a suspeita de que ele não fosse meu filho.

— Não se deixe abater — disse Lenice, alisando-me os cabelos. — Sequer sabemos se é verdade.

— Tem razão. Entretanto, agora muitas coisas se aclararam em minha cabeça. Compreendo tudo.

— Não sejamos precipitados. Podemos estar enganados.

— Dói-me pensar que Julien pode não ser meu filho!

— Não cometa essa injustiça. Ele é seu filho! Se não o for pelo sangue, o é pelo coração. Lembre-se de que ele não tem culpa de nada nesta história toda. Ele o ama e o vê como seu verdadeiro pai.

— Vou obrigar Elisa a contar-me tudo!

— O que lucraria? Por que não perdoar? Se aconteceu, foi antes do seu casamento. Não pode negar que Elisa tem sido esposa fiel e dedicada. Pretende destruir seu lar por uma coisa que aconteceu antes do seu namoro com ela?

— Ela me enganou e eu cedi. Caí feito um bobo. Sequer percebi como ela planejou tudo!

— Deixe o orgulho de lado — aconselhou ela. — Ele sempre atrapalha. Calma. Procure esquecer. Perdoe. Aja como se não soubesse. É o melhor a fazer por agora.

— Será muito humilhante confessar que sei de tudo — ajuntei, perdido em minhas cogitações.

Compreendia que Lenice tinha razão. Contudo, a dor, a dúvida, a incerteza, o desgosto queimavam-me como fogo.

Mal toquei nos alimentos e disfarçadamente pus--me a observar Elisa. Ela parecia fascinada por Jean. Onde quer que ele estivesse, ela aparecia. Foi com certa satisfação, apesar da raiva, que percebi que ele lhe fugia ao assédio. Lenice tinha razão nesse ponto. Jean não a desejava.

À noite, não consegui dormir. Remexia-me no leito e resolvi dar uma volta no jardim. Estava uma linda noite, apesar de fria, e havia calma no ar. Fui andando pensativo, procurando lembrar os fatos, ligar as coincidências, entender como tudo se tinha passado.

O ruído de vozes surpreendeu-me. Elisa falava com voz abafada. Aproximei-me, cauteloso. O coração a querer saltar pela boca.

— Por favor — dizia ela. — Por que foge de mim? Há quanto tempo venho esperando por essa oportunidade!

— Não há nada para dizer — Jean respondeu com voz fria e dura.

— Mas eu tenho. Sei que sua mulher é estéril. Até agora não lhe deu filhos! Eu dei a você um belo varão. Por que me repudia?

Pensei que fosse cair ali mesmo, tamanha foi minha emoção. Controlei-me a custo. Queria saber a verdade.

— Julien é uma bela criança, mas tem seu pai. Não creio nessa história. Depois, ainda que fosse verdadeira, é muito tarde.

— Não pode ter esquecido! Eu o amo. Tudo fiz por você, por que me repele? Não vê que estou me humilhando? Por que me trocou por aquela mulher que sequer o ama e se casou por causa do seu dinheiro?

Jean enfureceu-se.

— Não repita isso! Não admito. Não meta Lenice nessa história. Exijo que a respeite.

— Você não a ama! Sei que vivem como dois estranhos.

— Não se meta em nossa vida. Não tolerarei nenhuma intromissão.

— Por que não podemos ser felizes? Podemos ir para longe, nós três. Viveremos nossa vida. Não importa o mundo. Você gosta de Julien, não tem herdeiro, ele é seu filho! Por que o repele?

— Está louca. Eu não a amo. Deixe o menino como está. Jacques o ama e é bom pai. Não pode jamais saber dessa história. Controle suas emoções. Amanhã mesmo voltarei para Paris. Se quer saber a verdade, digo-lhe: amo minha esposa, admiro-a. Se ela se casou comigo pelo meu dinheiro, foi porque eu quis. Desejei-a para esposa desde que a vi. Eu a amo, compreende? Jamais a trocaria por qualquer mulher. Sinto o que houve entre nós. Eu não sabia que você estava esperando um filho. Não acreditei quando me disse. Nunca a amei! Agora que já sabe, se tem um pouco de dignidade, procure fazer feliz seu marido e seu filho. Sua loucura já nos tem infelicitado e se interpôs entre mim e Lenice. Deixe-nos em paz. Trate de viver para o seu lar, sua família. Não me procure mais, por favor. Não quero vê-la nunca mais.

Ela o agarrou, a soluçar:

— Jean, não me deixe!

Ele a empurrou, decidido.

— Não faça cenas. Odeio-as. Saia do meu caminho!

Ele saiu apressado e eu me escondi para não ser visto. Lenice tinha razão. Jean não era o canalha que eu sempre tinha pensado. Era digno e a amava. Seria verdade? Teria ele se casado com ela por amor? Isso explicava sua obstinação em desposá-la mesmo contra sua vontade. Seu orgulho não o deixava demonstrar isso.

Elisa chorou convulsivamente e eu, ouvindo seus soluços, tive vontade de sumir. De ignorar, de não estar ali. Tudo ficou claro para mim. Ela só tinha se casado comigo para encobrir seu erro e ficar perto de Jean. Eu tinha caído como um ingênuo. Eu, o *expert* em mulheres, o vaidoso, o inconquistável.

Naquele instante, chorei emocionado e percebi que meu amor por Elisa não passava de orgulho, sem profundidade nem beleza.

Deixei-me envolver, seguro de que ela me amava, e meu orgulho sequer me permitiu perceber o que havia de estranho em nosso relacionamento. Desejei partir, não estar ali. Depois do que ouvira, seria impossível qualquer entendimento com Elisa. A separação seria inevitável.

Enquanto ela soluçava desalentada, senti ímpetos de lançar-lhe em seu rosto toda sua maldade. A lembrança de Julien, a quem amava profundamente, impedia-me. Decidi partir. Não suportaria estar com outras pessoas os dias que ainda nos restavam de descanso, representando meu papel.

Apareci na frente de Elisa pálido e triste. Ela, vendo-me, deu pequeno grito de susto.

— Ouvi tudo — disse com voz fria. — Sempre me perguntei por que você se casou comigo. Hoje descobri a resposta. Como pôde ser tão ordinária?

Ela, aterrorizada, tremia qual folha sacudida pelo vento. Sentindo crescer a revolta, eu procurava conter--me para não esbofeteá-la.

— Jacques, perdoe-me. Foi há tanto tempo! Eu estava com medo do escândalo!

— Essa indignidade é tão sórdida que, se eu não a tivesse ouvido de seus lábios, jamais acreditaria! O que me fere ainda mais é que, se ele a quisesse, você não hesitaria em segui-lo, levando Julien, deixando-me. Foi ele quem não a quis. Você chora por ele! Não quero vê-la nunca mais. Tudo acabou entre nós. Vou embora para sempre.

— Será um escândalo. O que direi aos nossos convidados? E sua carreira? Ficará prejudicada.

— Nada me importa agora. Amanhã mesmo deixarei esta casa. Cuidarei da nossa separação. A comédia acabou.

Elisa tentou demover-me. Pediu perdão, chorou. Eu, porém, estava imune às suas lágrimas fingidas.

Saí dali arrasado, meu coração pesava como chumbo. Fui até o quarto de Lenice. Tencionava partir bem cedo e antes queria falar com ela. Atendeu-me e, vestindo um robe, acompanhou-me até meu gabinete. Olhava-me preocupada.

— Lenice, parto amanhã bem cedo. Preciso falar com você agora.

— Pense bem antes de tomar alguma atitude.

— Sei o que estou fazendo. Há poucos instantes surpreendi uma cena entre Elisa e Jean. Você tinha razão.

Narrei-lhe tudo quanto tinha presenciado e finalizei:

— Lenice, Jean não é o mau-caráter que sempre pensei. É um homem de bem. Ele a ama. Disse a Elisa que se casou com você por amor!

Ela abanou a cabeça e ligeiro rubor coloriu-lhe as faces.

— Não creio. Ele o disse apenas para obrigar Elisa a desistir.

— Meu sofrimento não me impede de ver a verdade. Ele a ama! Se Elisa casou-se comigo para encobrir seu erro, por que ele teria se casado com você? Por que, dentre tantas que o amavam e dariam tudo para ser sua esposa, ele escolheu justamente você, pobre e sem amor, suportando nosso orgulho e a sua indiferença? Por que a tratou com tanto carinho? Acha que ele seria capaz de fingir?

— Se o que me diz é verdade, por que ele nunca me disse? Por que aceitou minha intransigência, colocando um muro entre nós?

— Orgulho ferido. Só isso. Ele esperava que com o tempo você viesse a amá-lo. Desejava conquistá-la. Porém deve ter chegado à conclusão de que você jamais o amaria.

Ela suspirou fundo:

— Se ele soubesse!

— Eu sei. Você o ama há muito tempo — tomei-lhe as mãos com carinho. — Lenice, não atire fora sua felicidade. Fui o causador dos seus sofrimentos, impondo um casamento que você não desejava. Quero ter a alegria de saber que não fui tão mau assim, que vocês se amam e se compreendem. Aproveite seus momentos. Apesar de tudo, ele lhe é fiel. Por que não tem um entendimento franco com Jean?

— Não sei. Vamos ver. Viver bem com ele é tudo quanto mais desejo neste mundo.

— Então não perca tempo. Você feriu muito seu orgulho recusando-o. É sua vez agora de dizer-lhe isso. Garanto que valerá a pena.

— Vou pensar. E você, o que pensa fazer?

— Irei embora amanhã bem cedo. Não posso viver mais com Elisa. Está tudo acabado entre nós. Estou me separando dela.

— É muito nobre de sua parte pensar na minha felicidade com Jean nesta hora.

— Ele não tem culpa de nada. Tenho a certeza de que nunca a procurou depois que se casou. É um homem de bem.

Lenice levantou-se e beijou-me a face com carinho.

— Você também é um homem de bem. Não foi muito feliz. Espero que as coisas possam mudar. Que algum dia encontre a mulher que possa amá-lo e dar-lhe tudo quanto merece.

— Não quero mais saber de amor — disse convicto. — Agora, só a carreira vai interessar-me.

— E Julien?

— Oficialmente continuará meu filho. Farei por ele tudo quanto puder. É vítima inocente de sua perversa mãe.

— Não seja tão severo com ela. Sempre viveu muito dentro das convenções sociais. Para ela, um filho sem pai seria uma tragédia tão grande que chega a explicar o seu gesto, envolvendo-o. Se ela lhe contasse a verdade, você não a teria desposado.

— Por certo. Eu sequer queria casar-me na ocasião.

— Não a justifico, porém posso compreender como alguém como ela se sentiria.

— Talvez até eu pudesse compreender esse gesto. Mas, agora, como explicar sua traição? Não posso esquecer-me de que ela só não me abandonou porque Jean a repeliu. É isso que me convence de que, entre mim e ela, nada mais é possível.

Lenice abraçou-me penalizada, mas nada disse.

— Adeus! — murmurei, apertando-a nos braços. — Reze por mim. Sei que tem esse poder.

— Deus vai ajudá-lo. Porém, Julien jamais deverá saber o que aconteceu esta noite. Ele é seu filho, ama-o e para ele é você seu verdadeiro pai. Compreenda isso. Ele não tem culpa.

— Julien é parte de mim. Amo-o. Jamais deixarei de amá-lo. Não penso em contar-lhe a verdade. Farei tudo que puder por ele. Esse segredo morrerá comigo. Mas Elisa eu não quero mais. Não a suportaria.

— Deus guie seus passos. Para onde pretende ir?

— Para Paris. Lá, em minha casa, pensarei no que fazer. Preciso meditar, clarear as ideias. Tenho vivido iludido, enganado. A ilusão acabou.

— Obrigada por ter confiado em mim.

— Um dia ainda pretendo ter uma longa conversa com Jean. Talvez possamos nos conhecer melhor e mais intimamente. Se sair de Paris por algum tempo, escrever-lhe-ei. Desejo que seja feliz.

Abraçamo-nos demoradamente. Apesar de tudo, eu me sentia mais calmo depois de ter falado com ela.

— Conte-me se as coisas melhorarem com Jean.

— Contarei — respondeu ela com olhos úmidos.

Fui para meu quarto. Ouvindo ruído no quarto de Elisa, passei a chave na porta de ligação. Não desejava vê-la mais naquela noite.

Não conseguia dormir. Aproveitei o tempo para arrumar minha mala e todos os meus pertences. Depois, sentei-me em uma poltrona e recordei minha vida toda, a doença de meu pai, sua morte, tudo com detalhes. Tinha sido ingênuo. Sempre o orgulho como conselheiro. Estava consciente do meu erro. Tinha sido vítima estúpida da minha própria vaidade. Não titubeara em forçar o casamento de Lenice com um homem que eu não apreciava, unicamente por interesse, indiferente ao seu sofrimento. Entretanto, a vida preparara tudo. Eu tinha entrado em um casamento muito pior do que o de Lenice. Jean não se casara enganado e era um homem de bem. Eu, com toda minha esperteza, tinha sido ludibriado com facilidade e desposara voluntariamente uma mulher indigna e fútil, apaixonada por outro homem.

Poderia haver maior castigo? Estaria eu sendo punido para compreender que ninguém pode querer conduzir o destino dos outros em proveito próprio? Com justa razão, Elisa tinha feito a mesma coisa que eu. Defendera-se. Para conseguir seu objetivo, enganara, fingira e me envolvera. Exatamente como eu tinha feito com mamãe e Lenice.

Senti-me deprimido, triste. Existiria mesmo esse Deus a nos ensinar através da vida, como Lenice dizia? Cada ação nossa provocaria uma reação, uma resposta correspondente? Nesse caso, eu, ali, naquela hora, estava recebendo a minha resposta. Se eu não tivesse feito o que fiz com Lenice, minha vida teria sido diferente do que fora? Essas perguntas queimavam-me a mente.

Estava amanhecendo quando resolvi tomar um café para partir. Saí do quarto e me dirigi à cozinha. Minha boca estava amarga, porém eu estava calmo.

Aceitara o fato de ter recebido da vida o mesmo que eu tinha dado. Na copa fiz um gesto de surpresa. Jean estava sentado tomando uma xícara de café. Vendo-me, levantou-se dizendo:

— Os criados dormem ainda e tomei a liberdade de fazer um café. Não podia dormir. Aceita uma xícara?

Olhei-o. Afinal, nunca tinha procurado conhecê-lo mais intimamente. Parecia outro homem à meia-luz do amanhecer, metido em seu robe.

— Aceito — respondi calmo.

Aquele café me faria bem. Sentei-me a seu lado na mesa e, enquanto bebia o café lentamente, disse-lhe com seriedade:

— Esta é a noite da verdade. O tempo parece que parou. Ela não acaba nunca.

Ele estremeceu:

— Por que diz isso?

— Vou partir agora. Não pensava vê-lo antes de ir embora.

— Isso o preocupa?

— De forma alguma. Nesta noite existe uma força estranha no ar, mexendo os pauzinhos do nosso destino.

— Não entendo...

— Como se fôssemos marionetes. Como se alguém que comanda os destinos humanos tivesse resolvido, de repente, colocar cada coisa em seu lugar. Arrumar o que levamos anos em deturpar e confundir. Esta é a noite da verdade. Eu aceito esse jogo.

Jean olhou-me admirado e, na penumbra da sala, seus olhos brilharam.

— Se não entendeu, eu explico. Durante anos, todos nos enganamos mutuamente. Hoje é a noite de esclarecer tudo.

— O que quer dizer? — inquiriu ele um pouco assustado.

— Ouvi sua conversa com Elisa no jardim ontem à noite.

Ele me fixou sério e disse com voz firme:

— Foi uma cena muito desagradável para mim. Hoje mesmo sairemos desta casa. Estou esperando apenas amanhecer para convidar Lenice a partir.

— Ela já sabe de tudo.

— Também?

— Sim. Aliás, devo dizer que ouvi sua conversa com ela. Sei que estão separados e salvam as aparências.

— Ela contou?

— Contou porque eu já sabia. Ouvi quando lhe pediu para terem um filho.

Jean calou-se. Eu prossegui:

— Apesar de tudo, Jean, esta noite aprendi a confiar em sua honestidade. Se quer saber, arrependi-me de ter forçado o casamento de Lenice por dinheiro com um homem que eu sequer podia apreciar porque não conhecia. Se o conforta saber, reconheço que o enganado fui eu. Manobrei minha mãe e Lenice a serviço dos meus interesses e não percebi que fui manobrado por Elisa pelos interesses dela. Enquanto você é bom para Lenice, Elisa não titubearia em trair-me se você a tivesse aceitado. Vê que estou sendo sincero.

— Posso afirmar-lhe que jamais amei Elisa. Nosso relacionamento foi forte, a paixão nos envolveu, porém, de minha parte, durou apenas alguns dias. Ela não possuía as qualidades que desejo numa mulher! Jamais pensei que ela pudesse ter se casado com você para enganá-lo. Disse-me estar grávida, mas ela era uma mulher cheia de subterfúgios e mentiras. Não acreditei. Pensei que tivesse se apaixonado por você com o mesmo ímpeto que o fora por mim. Fiquei aliviado de certa forma ao saber que ela se tinha casado. Jamais tive qualquer intimidade com ela depois que o nosso relacionamento acabou, eu afirmo.

— Acredito. Ouvi como a repeliu. Jean, apesar de tudo, nessa história toda, desejo muito que Lenice seja feliz.

Ele suspirou fundo.

— Eu também. Mas ela jamais me aceitou. Foi um erro pensar que com o tempo ela viesse a esquecer o passado.

— Hoje aprendi a conhecê-lo melhor e lamento não ter feito isso antes. Reconheço que o orgulho é mau conselheiro. Sei que você pode fazer Lenice muito feliz.

— Se ela quiser.

Não sei se a minha franqueza ou a penumbra favorecia confidências. O fato é que Jean jamais me pareceu tão humano.

— Sei que você se casou com ela por amor, embora seu orgulho o impeça de reconhecer isso. Você a desejou desde o primeiro dia.

— É verdade — disse ele, pensativo. — Ela parecia detestar-me, mas eu contava conquistar-lhe o amor com o tempo. Quanto mais a conhecia, mais percebia o quanto ela era digna, pura, bondosa. Lenice é meu tipo de mulher. Aprecio cada gesto seu, cada pensamento, cada atitude. É bela por dentro e por fora. Sim.

Eu a amo! Amo tanto que não sei mais viver longe dela. Passei esta noite amargurado, triste, consumido de mágoa por ver que a mulher que amo é a única que não me aceita.

— Hoje posso saldar minha dívida com Lenice.

— Como assim?

— Posso contribuir para sua felicidade para que ela esqueça meus atos passados. Ela também o ama! Confessou-me esta noite! Deixe o orgulho de lado e vá ter com ela, agora mesmo. Abra o seu coração. Garanto que tudo ficará bem entre ambos. Ela merece toda a felicidade deste mundo.

Jean colocou a mão em meu braço, apertando com força.

— Repita o que disse. Ela me ama? Está seguro disso?

— Claro. Mostrou-se triste. Reconheceu que, se não tivesse sido tão orgulhosa e ingênua truncando o relacionamento de ambos, tudo poderia estar bem. Não perca tempo. Ela o espera. Vá agora e conte-lhe tudo. Esta é a noite da verdade. A vida vai pôr cada coisa em seu lugar.

Ele se levantou, estendendo-me a mão.

— Obrigado, Jacques. Lamento tudo de ruim que houve entre nós. Você tem a alma nobre. Apesar de tudo quanto fiz, de aparecer como vilão com Elisa, de ter errado muito, não só me perdoa como me faz o homem mais feliz do mundo... Eu lhe serei eternamente grato. Quero ser seu verdadeiro amigo.

Apertei-lhe a mão com um nó na garganta.

Sentia-me digno pela primeira vez depois de tantos anos. Enquanto ele corria para os braços de Lenice, eu, solitário, triste, porém de cabeça erguida, coloquei minha bagagem na carruagem e iniciei minha viagem de volta.

Cheguei a Paris cansado. Em meu quarto, em meio aos objetos que me eram caros, meditei muito em todos os meus atos passados.

Estava arrasado, desiludido, mas, apesar disso, havia dentro de mim uma força nova. Reconhecia o quanto tinha sido indigno. Isso me fazia aceitar sem revolta a amarga colheita da minha semeadura.

Aos poucos fui me sentindo livre como havia muito não me sentia. Meu compromisso com Elisa tinha acabado. Meu amor por ela se transformara em desprezo, só não se transformou em rancor porque, por incrível que possa parecer, eu pude compreender sua posição. O estúpido tinha sido eu. Eu e mais ninguém.

Só depois de alguns dias foi que pensei em separação legal. A lei não me facultava liberdade total, porém eu poderia separar os bens sem acordo com Elisa e desfazer nosso contrato de casamento, embora nenhum dos dois pudesse casar-se novamente.

Eu, apesar de bacharel em leis, precisava de um representante legal para tratar do assunto. Naquela hora crucial, veio-me à mente a figura do senhor Leterre. Confiava nele. Naqueles dias tinha percebido a inutilidade do orgulho.

Procurei-o e, recebido em seu gabinete, abri-lhe meu coração. Contei-lhe tudo como teria contado a meu pai. Ele me ouviu comovido e por fim disse:

— Lamento o que aconteceu. Eu suspeitava a verdade, porém não sabia o preço.

— O preço foi alto demais. Minha honra, minha dignidade. Estou arrependido. Reconheço que errei e preciso da sua ajuda! Falo-lhe como o faria a meu pai.

— O que deseja de mim?

— Que o senhor aceite ser meu procurador. Quero a separação de nossos bens dentro do mais estrito direito, em tudo o que for justo, e partir para uma viagem em que possa pensar que rumo darei à minha vida.

— Pensou bem no que vai fazer?

— Sim. Julien é meu filho do coração e continua sendo meu herdeiro. Jamais deverá saber a verdade. Elisa, não quero mais ver. Quero cortar todos os vínculos possíveis.

— Compreendo e aprovo. Creia-me, Jacques, que o admiro. Você toma a atitude que seu pai aprovaria. Conte comigo. Farei o possível para não desmerecer sua confiança.

Trocamos um aperto de mão e ali mesmo acertamos as primeiras providências. Elisa, a princípio, recusou-se ao entendimento. Queria ver-me, tentar a aproximação. Fui irredutível. Nesse ponto não consegui transigir. Sequer quis vê-la.

Quando tudo ficou resolvido, Elisa com situação boa, com todos os bens que herdara do pai, tive uma entrevista com Julien. Pedi-lhe que ela não viesse, e Ruth, a governanta, encarregou-se de trazê-lo. Seus olhinhos preocupados me comoveram e abracei-o com muito amor.

Disse-lhe que iria fazer uma viagem e, quando voltasse, iria vê-lo. Despedimo-nos e a custo contive as lágrimas.

Eu tinha ficado com a casa de Paris, da qual gostava muito, e tinha cedido outra vivenda de minha propriedade para Elisa. Queria viajar antes de recomeçar a trabalhar em minha carreira como juiz.

O senhor Leterre revelou-se mais do que um amigo. Colocou-se no papel de pai e, com delicada firmeza, cuidou de todos os meus negócios, apreciando minha sede de justiça, minha vontade de acertar e fazer o melhor. Vendo meu abatimento, ofereceu-me sua vila nos arredores de Viena para que eu fosse refazer as energias. Depois, quando eu voltasse, tudo seria mais fácil e, com calma, mais refeito, eu poderia retomar minha vida.

Aceitei. A perspectiva de mudar de cenário, de país, era-me sumamente benéfica naquela hora. Foi com o coração desiludido, a alma dorida, porém com uma tranquilidade que nunca tinha experimentado, que apanhei o trem que me levaria a Viena.

O inverno já se fazia sentir rigoroso e havia grande euforia nas pessoas. Só então compreendi por quê. Estávamos nos primeiros dias de dezembro e em menos de um mês estaríamos dobrando o século. Era emocionante passar para 1900.

Ali estava eu, aos trinta e três anos, livre e só, dolorido, desiludido, assistindo à chegada do novo tempo.

A vila do senhor Leterre era uma rica e agradável vivenda, em pequena e encantadora cidade a vinte quilômetros de Viena. Cercada de lindo jardim com árvores bem cuidadas, que naquela época do ano pareciam de prata, porque a neve já as transformara em brilhantes troféus.

Nas cavalariças, uma carruagem fechada e de gala, e um fiacre para ocasiões informais. Os cavalos saíam vestidos de grossas mantas de lã, permitindo-lhes suportar o frio, e com penachos coloridos oferecendo à paisagem cinzenta alegre contraste. As cavalariças eram aquecidas e limpas, e os animais, escovados e muito bem tratados com alimentação especial. Eram lindos e brilhantes.

A casa era graciosa e a decoração logo me cativou pelo bom gosto e pelos cuidados dados a cada canto de seus aposentos. Apesar de muito grande, ela conservava sua graça.

Por toda parte sentia-se a presença de mãos femininas e muito bom gosto.

Quando cheguei, *frau* Hilda recebeu-me atenciosa, enquanto um criado ocupava-se em levar minha bagagem para meus aposentos.

Frau Hilda convidou-me para tomar assento em uma sala, onde, afundado em macia poltrona ao lado da lareira, aqueci-me com prazer e foi-me servido delicioso chocolate com delicados biscoitos. Era já tarde da noite e aceitei um cálice de saboroso licor feito em casa. Senti-me bem melhor.

Adorei os aposentos para onde fui conduzido. Cansado, meti-me logo na cama aquecida e macia. Lá, finalmente adormeci profundamente, como havia muito tempo não conseguia fazer.

Acordei no dia seguinte um pouco espantado de ver-me em local estranho. Olhando o quarto gracioso, cheio de almofadas e babados, recordei-me de tudo.

Saltei do leito com alegria. Um criado atendeu-me trazendo água quente na jarra e eu me lavei na bacia toda pintada com ramalhetes coloridos, muito diferente das nossas pesadas bacias de cobre e prata.

Eu parecia um adolescente em férias. Iria começar um novo século e eu queria ser um novo homem. Apesar das minhas desilusões e dos meus erros, era ainda jovem e sentia que para mim também a vida poderia começar outra vez.

Aqueles momentos foram de encantamento e de alegria. Apesar da ferida que sangrava ainda em meu peito, aquele ambiente acolhedor, agradável e delicioso, as pessoas que conheci, a pequena vila com suas casas de chá e confeitarias, onde se podia ouvir boa música e saborear guloseimas, e principalmente a felicidade daquela gente alegre e simples que parecia conhecer o segredo de bem viver, tudo isso fez-me sentir muito melhor e com maiores esperanças.

Frau Hilda, de quem eu conquistara as simpatias, cobria-me de gentilezas que eu fazia o possível para retribuir. Todas as tardes, quando eu regressava dos meus passeios, conversávamos muito. Mulher fina e culta, vinha de muito boa linhagem. Era amiga havia muitos anos do senhor Leterre, que, vendo-a em triste situação financeira, oferecera-lhe o cargo de governanta de sua vila, onde ia duas vezes ao ano e onde, além de regiamente paga, era respeitada e tinha autonomia, zelando por tudo com delicado carinho. Amava cada canto daquela propriedade como se fosse sua. Sentia-se feliz naquela casa e falava nela com orgulho.

Uma semana de convivência e eu já tinha percebido o quanto ela era dedicada e inteligente.

Uma tarde, ao chegar, Hilda estava mais agitada do que de costume. Quando a convidei à palestra costumeira, respondeu-me com olhos brilhantes:

— Hoje não posso. Aconteceu um imprevisto. Vamos receber uma pessoa importante.

— Vai hospedar-se aqui? — perguntei um pouco aborrecido, não querendo perder a privacidade.

— Vai. Mas não se preocupe. Não o molestará. Ficará na ala direita. Aliás, quando ela vem, sempre quer ficar só. O senhor Leterre jamais ocupa aquela ala da casa. É reservada só para ela!

— Deve ser importante!

— Se é! Quando vem aqui, não deseja ser incomodada.

— Quem é essa senhora?

— Não estou autorizada a dizer. É uma dama ilustre a quem o senhor Leterre é muito dedicado.

— Gostaria de conhecê-la.

— Duvido que o receba. É muito retraída.

— É muito velha?

— Pelo contrário. É moça.

— Por que tanto mistério?

— Não há mistério. Ela é senhora de um condado na Inglaterra e pertence à família real. Tem por isso muitos compromissos políticos.

Minha curiosidade cresceu. Lembrei-me do retrato em casa do senhor Leterre. A moça do teatro da ópera. Seria ela? Iria revê-la depois de tantos anos?

— Quando chegará?

— Hoje à noite. Por isso estou muito ocupada. Tudo deverá estar impecável.

— Poderei conhecê-la?

Frau Hilda sorriu com malícia.

— A senhora é muito linda, mas muito orgulhosa. Não convém desagradá-la. O senhor Leterre ficaria muito aborrecido.

— Não pretendo aborrecê-lo. Contudo, quero conhecer essa dama. Promete que me ajudará?

— Vamos ver. Posso tentar. Quem sabe. Mas não prometo nada.

Fiquei empolgado. Aprontei-me com apuro, apanhei um livro e fiquei à espera. Não consegui ler. De onde eu estava, não via a outra ala da casa, mas tinha um bom ângulo do jardim e da estrada de pedras da entrada principal que ia do grande portão às faces de entrada da casa.

Meus olhos não saíam daquele local, à espera da ilustre dama. Era um lugar obrigatório por onde sua carruagem teria que passar.

Durante duas horas esperei inutilmente. Estava desanimando quando finalmente uma carruagem passou por ali, porém, para minha decepção, trazia as cortinas corridas. Não pude ver nada. Seria realmente ela?

Ansioso, esperei que *frau* Hilda aparecesse, mas as horas foram passando e a única notícia era a de que a governanta estava ocupada em instalar a ilustre dama com apuro.

Eu estava inquieto e emocionado. Lembrava-me da cena do teatro com detalhes, apesar de tantos anos decorridos e de nunca mais tê-la encontrado. Seria ela mesmo, ou eu estaria sendo vítima de um engano?

Tive ímpetos de ir até lá. Porém, a prudência aconselhava-me a não passar por cima do protocolo. E se não fosse ela? Meu coração batia mais forte.

O melhor seria esperar *frau* Hilda e ver a melhor forma de conseguir uma entrevista ou, quem sabe, uma apresentação. Por que não? Não era hóspede na mesma casa? No dia seguinte, me faria anunciar e iria apresentar meus cumprimentos. Então saberia a verdade. Mal podia esperar.

Esperei por *frau* Hilda até tarde, mas, apesar de nada me ter faltado e da completa assistência dos criados, ela não apareceu. Resignado, recolhi-me. O rosto da jovem do teatro não saía da minha lembrança. No dia seguinte, saberia a verdade.

Levantei-me cedo, mas foi só na hora do almoço que vi *frau* Hilda. Curioso, perguntei-lhe pela dama.

— Chegou muito cansada.

— Gostaria de apresentar-lhe meus cumprimentos.

— Lamento, mas ela se mostrou contrariada por ter hóspedes aqui e quer manter-se a distância.

Decepcionado, perguntei:

— Ela disse isso?

— Disse. Sinto muito, mas não quero aborrecê-la.

— Hum... — resmunguei contrariado. — Está bem. Se é isso que ela quer.

A governanta suspirou aliviada. Temia que eu não aceitasse a decisão.

— Melhor assim. A senhora é muito exigente. Não gostaria que ela se aborrecesse.

— Quis ser cortês. Mas, se ela não quer, estou dispensado de qualquer atenção.

— Agradeço-lhe, senhor Jacques, pela compreensão.

Compreendi que não podia esperar nenhuma cooperação de *frau* Hilda. Eu estava longe de desistir. Ao contrário, estava mais curioso do que nunca. Resolvi não despertar suspeitas.

Saí depois do almoço, fui à vila como de hábito e estive por lá algum tempo. Estava inquieto.

Resolvi voltar. Dispensei a carruagem à entrada do portão principal. Apesar do frio, o céu estava azul e eu queria andar um pouco. Bem aquecido em delicioso abrigo de peles, caminhar era para mim excelente exercício.

Assim que me vi distante da carruagem, dirigi-me à ala direita da casa. Queria ver a ilustre visitante e descobrir se de fato era a dama do teatro. Aproximei-me, mas a casa estava fechada e eu não conseguia ver nada. Espiei pelas janelas: nada. Fui dando volta à casa até que, finalmente, olhando por uma delas, eu a vi.

Estava sentada, com um livro entre as mãos, mas não parecia ler. Estremeci. Era ela sem dúvida. Estava um pouco mudada. Os cabelos penteados de modo diferente, mas o rosto, de uma impressionante beleza, era o mesmo.

Meu coração batia tanto que queria saltar pela boca. Continuei espiando. Ela estava pensativa e triste. Estendido a seus pés, um enorme cão dormia tranquilo.

Eu precisava dar um jeito. E se eu batesse na porta? Ela me atenderia? Não tive tempo, porém. O cão, pressentindo minha presença, levantou a cabeça e fixou a janela atrás da qual eu estava. Pensei em fugir, mas uma mão pesada caiu-me sobre o ombro e senti uma pancada na cabeça. Ainda vi um homem alto, forte, manietar-me e arrastar-me para dentro da casa.

Eu queria falar, mas não podia. Aos poucos fui me refazendo do susto e do golpe. O brutamontes, agarrado ao meu braço, sacudia-me diante dela, que, assustada, olhava-me sem saber o que dizer, segurando pela coleira o cão, que rosnava ameaçador.

— Surpreendi este espião, senhora. Atrás da janela.

Ela me olhava séria. Animei-me e, sacudindo o braço com violência, soltei-me e retruquei sério:

— Não sou espião e, se me permitir, apresento-me. Sou Jacques Latour, hóspede do senhor Leterre e muito seu amigo. Estou na ala esquerda da casa.

Uma das criadas estava presente e confirmou.

— É doutor Jacques, sim, senhora. É nosso hóspede.

O homem desculpou-se.

— Eu não sabia. O senhor estava espiando... eu pensei... tenho esta tarefa de defender a senhora. Cumpro meu dever...

— Pode sair, Jeoffrey. Leve Wolf.

O homem pegou o cão pela coleira e, inclinando-se, saiu. Senti-me melhor sem aqueles olhos caninos a examinarem-me. Eu estava emocionado. Ela continuava linda, e eu a olhava encantado.

— Muito bem, senhor Jacques. Agora pode explicar-me o que fazia espiando através da nossa janela?

— Queria vê-la. Recusou-se a receber-me e eu estava curioso. Queria saber se minha suspeita era verdadeira.

— Suspeita?

— Sim. Já nos conhecemos antes. Não se lembra?

Ela me fixou com olhos penetrantes.

— Sinto, mas não me recordo do senhor.

— Pois eu jamais a esqueci. Foi no teatro da Ópera de Paris. Ocupou minha frisa e fiquei furioso. Não se lembra?

Ela me olhou curiosa.

— Aquele antipático cavalheiro era o senhor?

— Era. Lamento não ter sido mais gentil.

— Sua atitude com uma dama não foi das mais amáveis.

— Peço-lhe desculpas. Se quer saber, não saí da frisa naquela noite porque sua presença me eletrizou.

Ela ficou séria.

— O senhor sequer permitiu que eu assistisse ao espetáculo até o fim.

— De maneira alguma. Fiquei ali, havia comprado a frisa e julgava-me no direito de assistir ao espetáculo.

— O dinheiro deve ser mais importante para o senhor do que o cavalheirismo.

Senti-me insultado. Aquela mulher era muito orgulhosa.

— O dinheiro tem sua importância, mas não era isso que me incomodava. Sei ser cavalheiro e, se me conhecesse, não diria isso. Sequer fui consultado. Ao comprar a frisa, adquiri o direito sobre ela e vi o meu direito cair por terra por uma arbitrariedade do senhor prefeito, que nem colocou alguém para esclarecer-me e evitar meu desagrado.

Ela me olhou curiosa. Tinha lindos olhos cor de mel.

— Não sabia que o simples desejo de ir ao teatro pudesse causar-lhe tanto transtorno.

— A princípio. Depois, sua presença encantou-me. Se tivesse ficado, por certo não guardaria tal impressão de mim.

Ela me olhou bem nos olhos.

— Não sei. Pelo que percebo, o senhor não aceita uma recusa. Parece que não sabe perder.

— Engana-se. Apesar de sempre lutar pelo que quero, estou aqui como perdedor.

Um brilho de curiosidade passou-lhe pelo olhar.

— Porque Jeoffrey o surpreendeu à janela?

— Não. Porque a vida me venceu. Refugiei-me aqui para poder esquecer.

Eu sabia que não dispunha de muito tempo. A qualquer hora ela iria pedir que eu saísse, por isso eu tinha que aproveitar a oportunidade para interessá-la.

— O senhor não parece ser um derrotado. Ao contrário. Tem ótima aparência.

Ela me olhou interessada. Fechou o livro que ainda segurava e colocou-o sobre a mesinha.

— Devo confessar-lhe que desde ontem não consegui pensar em outra coisa senão em conhecê-la — continuei.

— Por quê?

— Quando Hilda mencionou sua chegada, lembrei-me do seu retrato em casa do senhor Leterre e imediatamente senti que era a dama da ópera. Se quer saber, nunca a esqueci. Estava tão impressionado que a procurei durante muito tempo. Quando descobri o seu retrato, pensei poder encontrá-la, mas o senhor Leterre jamais me favoreceu.

Ela me olhou um tanto divertida.

— Não quer sentar-se, senhor...

— Jacques. Obrigado.

— Aceita tomar uma xícara de chá?

Exultei. Ela, apesar de cerimoniosa, não me expulsara. Decidi aproveitar a chance. Era uma dama de alta classe, gestos delicados e seguros. Uma verdadeira lady. Mostrei-me encantador e polido.

A princípio, falamos de teatro, de concertos, de autores. Depois ela se mostrou interessada pela França, seus costumes, suas particularidades, e eu pude discorrer com facilidade sobre minha terra com verdadeiro prazer e orgulho, vendo seus olhos cor de mel e seu rosto alvo fixados em mim com atenção. Quando o relógio da sala deu sete badaladas, olhamo-nos assustados.

— Já? — tornou ela, ligeiramente corada.

— O tempo passou e sequer percebemos. Estou abusando. Há muitos anos não passava momentos tão deliciosos. O prazer de uma boa palestra.

— É. Realmente não sentimos o tempo passar.

— Espero que me perdoe a forma como entrei aqui. Não suportava mais a curiosidade. Queria descobrir se a nova hóspede era mesmo a dama da ópera.

Ela me fitou séria.

— Agora já sabe.

— Sim. Desejaria apagar a impressão desagradável que teve de mim. Terei conseguido?

— Pode ser. Saiba que não costumo falar com desconhecidos.

— Mas eu não sou um desconhecido. Conhecemo-nos há muitos anos. E, depois, somos hóspedes do senhor Leterre. Refugiei-me aqui, desiludido e triste, só e cansado. Estou em uma encruzilhada da vida, onde devo recomeçar tentando esquecer o que já foi. Nosso encontro fez-me bem. Mostrou-me o que a vida ainda tem de bom para oferecer. Sou-lhe grato por ter me escutado.

— Eu também me sentia só. Parece que conseguimos esquecer o mundo lá fora.

— Aceitaria almoçar comigo amanhã?

Ela hesitou, depois disse:

— Talvez não possa.

— Gostaria de levá-la a conhecer um lugar encantador onde se come muito bem e serve-se um vinho delicioso. Aceite, por favor.

Um brilho de alegria passou pelo seu olhar.

— Gostaria, mas não posso.

— Algo a impede?

Ela suspirou, depois disse:

— O senhor não me conhece. Não sabe dos meus problemas. Mas vou dar um jeito.

— Virei buscá-la, a que horas?

— Não. Irei encontrá-lo em algum lugar. Terei que sair sozinha.

Apesar de curioso, não insisti. Estava tão feliz que mal podia esperar. Ela conhecia bem as redondezas e combinamos um encontro à uma hora na pequena cabana que havia logo na saída da vila. Despedi-me comovido e tomei sua mão com delicadeza, beijando a ponta de seus dedos com emoção.

— Amigos? — indaguei olhando-a nos olhos.

— Amigos. Por favor, não comente com ninguém sobre nosso encontro de amanhã.

— Por certo. Teremos um dia delicioso. Verá.

Ela sorriu e um brilho malicioso fluiu-lhe nos olhos. Curvei-me e saí. Apesar do frio e da escuridão da noite, meu coração cantava. Que mulher! Que olhos! Apesar da classe e do controle que ela exercia sobre as emoções, eu sentia que ela era emotiva e ardente. Quando eu quebrasse o gelo, por certo ela se revelaria. Meu coração batia descompassado. Mal podia esperar.

Entrei na casa procurando conter a emoção. Eu sabia que a discrição seria minha força principal. Ninguém podia saber do nosso encontro e esse mistério que havia em torno dela excitava-me a imaginação. *Frau* Hilda esperava-me com ar preocupado.

— Tome alguma coisa quente para não pegar um resfriado — foi dizendo logo. — Já sei o que o senhor fez. Podia ter sido morto por Wolf. Ele já estraçalhou um homem que tentou aproximar-se de sua dona.

— Desculpe, Hilda. Mas a curiosidade era demais. Eu só fui espiar da janela. Não esperava ser visto. Está tudo bem. Não molestei a senhora, que foi muito amável. Aceitou minhas desculpas e convidou-me ao chá. Agora, estou satisfeito.

Hilda suspirou:

— Ainda bem. Não gostaria de causar desgosto à senhora.

— Está tudo bem agora.

— O jantar vai ser servido — avisou ela.

Eu estava tão contente que queria cantar, falar, gritar minha alegria.

Dominei-me. O dia seguinte custaria a chegar. Como esperar?

Ao amanhecer, eu parecia um adolescente em férias. Para nossa aventura, precisávamos de um aliado. Eu combinara com Josef, velho cocheiro de quem me fizera amigo, que me levava muitas vezes à vila, apanhá-la em local combinado e levá-la à cabana onde eu estaria. Josef tinha lhe levado um bilhete logo cedo e ela aceitara a cooperação do velho cocheiro, a quem dedicava amizade e confiança, conhecendo-o havia muito tempo.

Josef tinha ficado feliz em cooperar quando eu o procurei e contei-lhe nossos planos.

— A senhora quer passear incógnita.

— Eu sei. Ela não pode fazer o que quer. Pobre senhora. Terei prazer em servi-los, serei um túmulo.

Curioso, indaguei:

— Conhece a senhora há muito tempo. Que mistério é esse que a envolve?

Ele olhou para os lados e sussurrou:

— Melhor não falar. As paredes têm ouvido. Ainda vai saber. Eu, porém, nada posso dizer.

Apesar de intrigado, não insisti. Tinha a certeza de que, com o tempo, descobriria tudo. A aventura fascinava. Eu tinha mergulhado completamente nela.

Cheguei à cabana meia hora antes e fiquei à espera, ouvidos alerta a qualquer ruído.

À uma hora em ponto a carruagem parou e Josef bateu à porta. Abri emocionado. Convidou-me a entrar na carruagem, que estava com as cortinas cerradas.

Com o coração batendo forte, entrei. Ela estava lá, recostada nas almofadas, rosto corado e expressivo. Vestia traje singelo, sem joias ou adereços, como se fosse gente do povo. Sorriu para mim com excitada alegria.

— Estamos fugindo — disse, estendendo-me a mão alva e sem anéis.

— Gostaria que fosse para sempre — respondi, levando seus dedos aos lábios trêmulos.

Há muitos anos não experimentava tal emoção.

— Aonde vamos? — indagou ela com alegria.

— Se estamos fugindo, não sei se a senhora aceitará ir ao almoço. Acredito que a senhora Gertrudes terá um local discreto para nós.

— Trouxe este chapéu, que colocarei ao descer. Seu véu me protegerá.

Eu me sentia herói de folhetim, transportando minha rainha. Ao mesmo tempo, perguntava-me que mistério era aquele que sufocava tal bela criatura a ponto de nem ao menos poder sair para um simples passeio.

— Sequer sei o seu nome — murmurei, fixando seu belo rosto.

— Anne. Pode chamar-me assim.

— Anne... Condessa, duquesa, princesa ou o quê?

— Só Anne para o senhor.

— Não me permite saber mais a seu respeito?

— Essa é uma regra do jogo. Preciso respirar um pouco. Gosto da sua companhia. Não quero me lembrar de nada mais. Quero viver cada momento, conhecer o que puder. Quero fugir da minha realidade, quero esquecer. Ontem o senhor o conseguiu. Estava entediada e só. Agora estamos aqui. Para que mais?

Senti uma onda de emoção invadir-me o coração. Sim. Estávamos ali os dois, juntos naquela aventura fascinante. Para que mais?

— Concordo, Anne. Deixe-me chamá-la assim. Também quero esquecer minha vida. Vamos aproveitar nosso tempo.

Meu coração cantava de alegria e eu percebi que começava a amar outra vez.

Os dias que se seguiram foram de alegria e encantamento. Em casa, permanecíamos como dois estranhos, cada um na sua ala, mas, assim que nos era possível e com a cumplicidade de Josef, nos encontrávamos e nos entregávamos ao nosso enlevo.

Eu sabia que dispunha de pouco tempo. Até quando ela estaria ali? Sempre que eu mencionava o assunto, ela se entristecia, fazendo-me supor que nosso tempo era contado. Eu estava loucamente apaixonado, como nunca antes estivera. Meu coração descompassava-se ao vê-la, minhas mãos tremiam ao tocá-la de leve, e minha felicidade estava presa ao seu sorriso.

Não suportei a emoção durante muito tempo. Minha admiração, meu amor extravasavam-se naturalmente de mim, e minha alegria foi imensa compreendendo que era correspondido.

Estávamos vivendo uma situação de exceção. Por isso, no terceiro encontro declarei todo o meu amor e pude senti-la trêmula em meus braços.

Ah! Como descrever em palavras esses momentos sublimes? Como relatar nossa alegria, nosso enlevo, nosso amor?

Amamo-nos loucamente. Porém, eu sentia dentro de mim que era definitivo. Aquela mulher marcava minha vida para sempre. Nossas almas se buscavam com enlevo e parecia-nos que sempre tínhamos nos amado e estado juntos.

Apesar disso, Anne recusava-se a falar de sua vida, de seus problemas. Eu, apesar do êxtase, sofria o medo de perdê-la. Estava disposto a arrostar todos os perigos, a largar tudo pelo seu amor.

Às vezes, quando eu insistia, ela chorava e pedia-me para não lembrar sua vida. Alegava que gostaria de ser uma mulher vulgar para poder fazer o que quisesse. Porém, não era dona de si. Eu a abraçava e dizia-lhe que jamais a abandonaria.

Durante um mês vivemos de felicidade e de amor. Meu mundo resumia-se a Anne e ao cenário maravilhoso em que estávamos vivendo.

Eu estava feliz. Recebera carta de Lenice, única pessoa que sabia do meu paradeiro. Ela me falava da sua felicidade com Jean. Eles tinham finalmente encontrado o amor, e eu vivia os momentos mais felizes de minha vida.

Um dia, levantei-me particularmente feliz. Tínhamos passado a noite quase inteira na cabana que Josef preparara para nós. Tínhamos ceado, conversado muito, permanecendo de mãos enlaçadas e estendidos em almofadas e peles, perto do fogo que ardia agradável na lareira.

Anne estivera particularmente carinhosa. Sua meiguice tocara-me fundo o coração. Dissera-me que me amava muito e jamais amara outro antes de mim. Fora uma noite inesquecível. Eu estremecia ao recordá-la.

Hilda convidou-me ao almoço e em seus olhos notei vestígios de lágrimas. Eu estava feliz. Não queria que ninguém sofresse. Por isso, olhei-a com carinho e perguntei solícito:

— Você está triste. O que aconteceu?

Ela me olhou preocupada, receosa de dizer.

— Fale, Hilda. O que foi?

— Foi a senhora. Partiu hoje bem cedo.

Não entendi de pronto.

— Partiu? Quem?

— A senhora Anne.

Uma bomba que estourasse em meus pés não teria me assustado tanto. Alucinado, esqueci-me das conveniências.

— Impossível! — retruquei. — Não pode ser! Ela não iria assim, sem se despedir.

Frau Hilda olhou-me penalizada. Em seus olhos brilhava uma lágrima.

— Partiu. Estava triste e abatida. Pobre senhora! O tempo que passou aqui foi o único em que pôde ter paz.

Não quis ouvir. Saí como louco, sem me importar com nada, e fui à outra ala da casa em busca de Anne. Para o meu desespero, era mesmo verdade. Ela tinha partido. As lágrimas saltavam-me dos olhos e uma dor imensa invadia-me o coração.

Eu não estava disposto a renunciar. Iria procurá-la até o fim do mundo. Por certo ela haveria de libertar-se de seus mistérios e ficar comigo.

Apanhei o livro que estava sobre a mesinha e que ela costumava ler. Peguei o marcador delicado que ela esquecera dentro do livro e beijei-o emocionado. Seu delicado perfume estava nele e o desespero tomou conta de mim. Nem sabia seu sobrenome ou onde vivia. Mas Hilda deveria saber, e eu estava disposto a procurá-la.

Voltei à nossa sala e Hilda olhou-me comovida. Percebi que ela sabia. Por certo não escaparam à sensibilidade de mulher minha euforia, a alegria de Anne, nossas ausências prolongadas.

Desabafei:

— Estou desesperado, Hilda. Ela lhe disse algo, algum recado, não deixou nada para mim?

— Sim. Deu-me esta carta. Pobre senhora, estava pálida e triste.

Apanhei o envelope rosado, com ansiedade, e retirei-me ao quarto para ler. Ela dizia:

Meu amor,

Não quero que me procure. Nosso amor é impossível. Quero que saiba que esses momentos foram os mais felizes de minha vida.

No entanto, preciso partir. O dever chama-me e é preciso sacrificar tudo a ele. Creia que o amarei pelo resto de minha vida e jamais esquecerei os dias que estivemos juntos.

Adeus. Sei que me amará para sempre e isso me dará forças para prosseguir. Não procure seguir-me. Se eu pudesse, se houvesse uma possibilidade, eu lhe diria. Amo-o muito. Deus o abençoe.

Anne

Lágrimas me vinham aos olhos. Eu não podia conformar-me. Que mistério era aquele que nos separava?

Por que nosso amor era impossível? Agora que eu tinha encontrado o amor, não queria perdê-lo.

Frau Hilda... Ela deveria saber alguma coisa mais. Procurei-a ainda com olhos vermelhos.

Ela me olhou penalizada. Crivei-a de perguntas. Negou-se a dizer-me o que sabia. Alegou nada conhecer sobre a vida de Anne. Emocionado, contei-lhe do nosso amor. Havia lágrimas em seus olhos quando respondeu:

— Pobre senhora. Nunca a vi tão feliz. Vocês foram feitos um para o outro. É impossível, porém.

— Por quê? — indaguei inconformado.

— Só sei que ela é casada.

— Casada?!

— Sim. É só o que sei. Não posso dizer-lhe mais. Gostaria de ajudá-los, mas penso que ela tem razão. O mais prudente é esquecer. Não ir procurá-la nunca mais.

— Não me conformarei nunca.

— Deve ter paciência. Todos os anos ela vem para cá. Poderá vê-la de novo então.

Não me conformei. Era muito tempo e eu não aguentaria esperar. Ela era casada! Não julgava empecilho. Eu também tinha sido casado. Podia perfeitamente separar-se do marido. Se ela me amasse o bastante, ninguém conseguiria separar-nos.

Fui ter com Josef. Interroguei-o duramente. Ele parecia saber tanto quanto Hilda.

O que fazer? Minhas férias terminaram. Não tinha mais nada a fazer ali. Decidi voltar a Paris. O senhor Leterre era minha esperança. Ele conhecia o segredo de Anne. Era meu amigo. Haveria de ganhar-lhe a simpatia para minha causa.

Ultimei os preparativos, despedi-me de Josef, abracei Hilda, que me pareceu solidária com meu sofrimento. Disse-lhe comovido:

— Tem em mim um amigo para o resto da vida.

Ela me abraçou um pouco triste.

— Sinto sua partida, Jacques. Esta casa ficará muito triste sem vocês dois.

— Um dia estaremos juntos e voltaremos aqui.

— Cuidado, Jacques. É prudente atender ao pedido dela.

— Você sabe mais do que me disse. Eu vou descobrir. Jamais desistirei.

Despedi-me e parti. Durante a viagem de volta, só tinha um objetivo: chegar a Paris e convencer o senhor Leterre a contar-me toda a verdade.

Quando cheguei a Paris, estava escurecendo e uma chuva fina castigava a paisagem. Sem me importar com nada, deixei minhas malas em casa. Preparei-me e dirigi-me à casa do senhor Leterre.

Este se surpreendeu ao ver-me e abraçou-me com cordialidade. Eu mal continha minha impaciência.

— Aconteceu alguma coisa? — indagou ele, admirado. — Julgava-o ainda em Brandemburgo.

— Cheguei hoje. Vim porque preciso muito de sua ajuda.

Ele se admirou.

— O que aconteceu?

Sentado em confortável poltrona à sua frente, num acesso de desespero, contei-lhe tudo. E terminei:

— Preciso de sua ajuda. Não me conformo com a separação. Minha vida estava destruída e eu a encontrei. Jamais senti algo igual. É o amor de minha vida. Não quero perdê-la. Não me conformo. Preciso dela como do ar que respiro.

Ele me olhou penalizado.

— Anne é admirável. Posso compreender sua paixão. Entretanto, nada posso fazer.

— Pode, sim. Preciso saber a verdade. Esse mistério que a cerca, tenho o direito de descobrir. Preciso realmente saber se não há chance. Quando duas pessoas se amam, nada as impedirá de viverem juntas.

O senhor Leterre abanou a cabeça pensativo, depois disse:

— No caso de Anne acho difícil. Ela empenhou sua palavra, sacrificou-se para a união de seu povo. Não deixará sua posição, tenho certeza.

— Como assim?

— Vou contar-lhe em poucas palavras. A família de Anne, ligada à Coroa, dirige um condado que seus ancestrais conquistaram em séculos passados. Esse poder é entregue sempre ao filho varão. As coisas não iam bem no condado e seu pai, homem rígido, porém muito orgulhoso e severo, com sua intransigência levou seus súditos ao descontentamento. Odiado e temido, era tolerado porque esperavam que, com a maioridade, seu filho, jovem estimado e culto, assumisse a direção da cidade e tudo melhorasse. Contudo, para a desgraça de todos, o jovem conde foi assassinado em uma emboscada, o que gerou a revolta entre o povo. Nesse caso, não havia outro varão, apenas Anne. Por isso, o povo exigiu a renúncia do velho conde e a revolta fazia crer que o deporiam pela força. Tramava-se por toda parte, e o conde procurou sair da crise sem perder a situação de privilegiado. Ofereceu ao povo como solução o casamento da filha Anne com um rico cavalheiro, temido por sua espada em favor dos oprimidos e muito respeitado pelo povo. Sir Anthony, convidado ao castelo do conde, aceitou a proposta de casamento, porém, embora ocupasse lugar de honra na cidade, o velho conde continuaria a governar sua possessão e somente passaria o poder ao filho varão do casal, como de praxe.

Eu tremia de emoção. Senhor Leterre evitava falar nomes, locais, para impedir-me de tentar alguma coisa.

Ele terminou:

— Anne aceitou a situação que lhe foi imposta. Casou-se com Sir Anthony. Para ela o pai sempre foi um tirano, jamais lhe permitiu liberdade. Agora ela tem dois tiranos. Pelo que sei, o marido é homem duro e demasiadamente interessado em política e poder pessoal. A pobre Anne só consegue passar alguns dias, uma vez por ano, em minha casa em Brandemburgo. E, naturalmente, cercada de guardas e espiões por todos os lados.

Suspirei fundo.

— Eu sei.

— Temos um longínquo laço de parentesco. Tive ocasião, certa vez, de prestar um serviço diplomático a seu pai e ele me distinguiu com sua amizade, embora seja comigo muito cerimonioso. Porém, percebe o quanto Anne aprecia a mim e à minha família, e permite que ela, de quando em vez, aproxime-se de nós.

— Ela se submete a tudo?

— Sim. Tem o dever em alta conta. Acredita que sua atitude tem evitado a revolta e o derramamento de sangue. E, até certo ponto, tem razão. O povo a adora. Espera que ela tenha um filho varão.

Estremeci.

— Ela não tem filhos?

— Não. É casada há alguns anos, e até agora nada.

Um pensamento sombrio entristeceu-me o rosto. O ciúme brotou em meu coração fazendo-me sofrer.

— Contei-lhe tudo para que compreenda e deixe Anne em paz. Você pode criar-lhe muitos problemas se for procurá-la.

— Mas eu não desisto. Agora que a encontrei, não posso perdê-la. Podemos fugir juntos. Viver em um lugar distante.

Leterre abanou a cabeça.

— Impossível. Você não conhece o pai de Anne e muito menos o marido. Eles vivem ainda no tempo da barbárie. Não hesitariam em matá-los. Não importa o lugar em que se escondessem, eles os achariam. São austeros e violentos. Jamais aceitariam qualquer solução que não fosse o cumprimento da sua própria vontade. O melhor para ambos é tentar esquecer. Esse amor é impossível. O castelo do conde é uma verdadeira fortaleza e sua rede de espiões é temida.

— Não posso conformar-me em perdê-la! Nós nos amamos muito.

— Ela sabe que é impossível. Foi sensata e partiu sem lhe deixar endereço.

Eu estava arrasado. Mas, por mais que a situação se complicasse, eu não pensava em desistir.

— Agradeço-lhe ter-me contado tudo. Preciso conhecer a extensão do poder dos meus inimigos. Quero que saiba que não desisti. Vou lutar.

— Espero que não a procure no castelo. É arriscado e inútil. Pode sair ferido.

— Não se preocupe. Não penso em tornar-me alvo fácil desses tiranos. Hei de encontrar um meio de vencer.

Ele me olhou admirado.

— Pela segunda vez você faz uma afirmativa que julgo impossível. Na primeira eu estava enganado, contudo, agora...

— Verá que continua a enganar-se a meu respeito.

— O que pensa fazer?

— Pode ficar sossegado que não pretendo expor Anne ou minha vida a perigos inúteis. Contudo, não desistirei. Gostaria muito que nos ajudasse.

Ele me olhou pensativo.

— Você me coloca em situação delicada.

— Prometa-me que me ajudará. Seus conselhos serão a base de minhas lutas. Pode crer que não o comprometerei.

— Farei o possível. Aprecio Anne como a uma filha. Admiro-lhe o caráter, a beleza, a finura. Veremos. Se eu puder, ajudarei.

— Obrigado. Pensarei em um jeito. Trabalharei duro se preciso for. Daqui para a frente, tenho um objetivo. Amanhã voltarei aqui, se me permitir, e já terei algo planejado. Muito obrigado, senhor Leterre.

Saí de lá exausto e febril.

Tinha que traçar planos para uma luta que sequer sabia como começar.

Apesar de muito cansado, revirei-me no leito sem poder dormir e só consegui conciliar o sono quando o dia clareou de todo. Eu já tinha em mente um plano para começar.

Meu impulso maior era ir direto ao castelo e fugir com ela, mas reconhecia a imprudência e os riscos que corríamos.

Por outro lado, a luta se me afigurava difícil, mas eu a escolhi como saída, ainda que para isso tivesse que trabalhar durante toda a minha vida.

Naquela noite, quando voltei à casa do senhor Leterre, surpreendi-o com meu plano.

— Quero ingressar na diplomacia. Tenho todos os quesitos, e afinal esse sempre foi o desejo de meu pai. Para tanto preciso do seu prestígio. Sei que pode conseguir isso para mim.

— O que pretende conseguir?

— Quero ser designado para uma missão na Inglaterra. Lá, começarei a agir.

— Cuidado!

— Pode ficar tranquilo. Quero agir dentro do direito e da lei. Tenho certeza de que haverá um jeito de resolver nosso problema.

— Como?

— Ainda não sei. Vou descobrir. Sinto que a maldade, a mentira, o orgulho e a tirania não podem vencer sempre.

Um brilho de admiração passou pelos olhos do senhor Leterre.

— Seu pai se orgulharia de você. Escolheu um difícil caminho, porém o mais decente.

— Por agora, quero conhecer bem o inimigo e avaliar seus direitos. Não acredito que Anne precise sacrificar-se para manter o poder do pai. Hoje em dia, isso já passou. Estamos iniciando o século 20. A nova era precisa ser diferente. Ajude-me, e o senhor não vai envergonhar-se de mim.

— Muito bem. Vamos trabalhar. Escreva-me, por favor, todas as suas informações, os cursos que fez, suas experiências, seus objetivos políticos. Preciso delas para conseguir-lhe um lugar.

Ali mesmo, no gabinete do senhor Leterre, escrevi minha vida profissional e pública e, satisfeito, entreguei o papel ao meu amigo. Saí mais esperançoso e aliviado.

No dia seguinte, visitei Lenice, e sua felicidade encheu-me o coração de prazer.

Soube também que Elisa estivera em sua casa, abatida e triste, arrependida e querendo obter notícias minhas, pois me escrevera inúmeras cartas sem obter resposta.

Eu as tinha achado em minha casa e sequer as abrira. Elisa negou que continuasse apaixonada por Jean.

Lenice tornou:

— Tive pena dela. Infelizmente para ela, agora é tarde. Jean nunca a amou e eu acredito nele. Sempre gostou de mim. Agora você percebe que jamais a amou.

— Não lamente Elisa. Ela não é de perder tempo. Quando tiver a certeza de que jamais voltarei e é inútil procurar-me, arranjará outra pessoa. Aliás, ela nunca me amou. Você sabe disso. Sinto-me à vontade para deixá-la. Esse casamento nunca deveria ter acontecido. A você não posso enganar. Amo outra mulher e é a primeira vez.

Na penumbra agradável da sala de Lenice, contei-lhe minha extraordinária aventura e meus projetos para o futuro. Ela me olhou com seus olhos lúcidos, tomou minhas mãos entre as suas e disse:

— Lute, Jacques. Lute pelo que quer. Mas lute pelo direito, pelo bem, com honestidade e justiça.

Senti-me emocionado. Ela prosseguiu:

— Se fizer assim, Deus estará ao seu lado, e vencerá. Não importa o tempo que leve, nem o quanto você sofra. Importa que seja para sempre e de tal forma que nem a morte conseguirá separá-los.

Olhei-a admirado e ela continuou:

— A vida é eterna e a morte não é o fim. Se o seu amor é verdadeiro, por certo nem a morte poderá destruí-lo. Mesmo que na Terra seja impossível esse amor, se houver sinceridade, honestidade, essas barreiras terrenas deixarão de existir. Lute, porém, com nobreza. Seja digno desse amor para merecê-lo.

— Acha que não conseguirei tê-la para mim desde agora?

— Não sei. A vida tem seus motivos e o passado atua no presente. Só Deus sabe o futuro.

— Hei de vencer, desde agora. Amo-a loucamente. Não pretendo passar a vida sozinho. Quero ser feliz com Anne.

— Deus o ajude, Jacques. Contudo, noto-o agitado, quase febril. Vamos fazer uma prece. Precisa acalmar-se. Essa luta exigirá paciência e discernimento.

— Ajude-me, Lenice. Não consigo dormir, e não posso esquecer, pensar em outra coisa.

Lenice levantou-se e, silenciosa, acariciou minha cabeça.

— Pense em Deus, Jacques. Peça-lhe proteção e ajuda.

Eu não estava habituado a rezar, mas, naquela hora angustiante, obedeci. Em pensamento, supliquei a Deus por mim, por Anne e por nosso futuro.

Em pé na minha frente, tendo a mão direita espalmada sobre minha testa, Lenice orava em silêncio.

Aos poucos o peso de minha cabeça foi passando e senti-me aliviado. Uma brisa suave envolveu-me, trazendo-me grande sensação de calma.

Depois de alguns minutos ela perguntou:

— Sente-se melhor?

— Muito — respondi admirado.

— A prece é excelente alimento para o nosso espírito. Não se esqueça disso. E ainda favorece a ocasião para que espíritos bons e amigos nos ajudem. Ore todos os dias e confie em Deus, fazendo o bem.

Eu realmente me sentia muito melhor. A angústia e a ansiedade, a inquietação e o desespero tinham cedido. Eu estava calmo.

— Sua prece fez-me bem — reconheci, admirado.

— Deus não tem preferências. A sua ou a minha, qualquer prece, quando sincera, é ouvida.

Prometi a Lenice não me esquecer da oração. Senti um carinho muito grande por ela, tão cheia de fé e de sinceridade. Saí de lá cheio de esperanças e tecendo sonhos para o futuro.

Durante algum tempo, aguardei ansiosamente notícias de senhor Leterre. Quinze dias se haviam passado sem que nada acontecesse.

Eu tinha procurado ver Julien, e Elisa consentira que ele passasse uma semana comigo. Sabendo do meu regresso, ela tinha tentado ver-me. Porém, era-me profundamente desagradável sua presença. Recusei--me a recebê-la e escrevi-lhe uma carta em que joguei por terra suas últimas ilusões de uma reconciliação.

Ela, em suas cartas, pedia-me perdão e dizia reconhecer seu engano. Jurava que me amava e estava muito arrependida. Jurava fidelidade, pedia nova oportunidade. Eu não dei. Nunca a tinha amado. Agora isso estava bem claro dentro de mim.

Sentia-me desobrigado de qualquer compromisso com ela. Sua traição, sua indignidade garantiam-me o direito à liberdade.

Sem remorsos nem penas, recusei a reconciliação. O único laço que ainda nos prendia era Julien. Eu o amava muito. Ele não tinha culpa de nada.

Vendo seu rostinho ansioso, sentindo seus bracinhos ao redor do meu pescoço, sua alegria ao ver-me, sentindo seu amor por mim, abracei-o com força. Para mim, ele seria sempre um filho querido. Durante a semana que passamos juntos, tivemos bons momentos. Fiz o possível para que compreendesse que o meu amor por ele não tinha nada a ver com o fato de eu não estar vivendo mais com Elisa.

Quando ele se foi, senti-me muito só. Confortava--me pensar em Anne e reviver nossos momentos de amor e de felicidade.

Quando o senhor Leterre me chamou, fiquei eufórico. O coração batia forte e o atendi imediatamente. Ele foi logo dizendo:

— Jacques, tenho boas notícias para você. Consegui um lugar no Ministério das Relações Exteriores. De início, é modesto. Como você é bacharel em leis, exercerá o cargo adjunto à comissão chefiada pelo juiz Leopold Charrier, que deverá seguir para a Inglaterra brevemente, para trabalhar em nossa chancelaria. Essa comissão julgará os casos que envolvam os interesses de nossos cidadãos naquele país. Terá que trabalhar muito e sua função será subalterna. Você está iniciando e eu o consegui graças ao nome respeitado de sua família.

Eu estava radiante.

— Está muito bem. O que quero é ir para lá. Creia que trabalharei com esforço e honestidade. Não desmerecerei sua recomendação.

— Tenho certeza. Por isso o recomendei. Deverá apresentar-se no Ministério depois de amanhã. Aqui estão todas as indicações.

Agradeci sensibilizado e saí. Foi emocionado que retornei três semanas depois para despedir-me.

— Tudo certo. Partimos amanhã. Desejo agradecer-lhe tudo quanto tem feito por mim. Todavia, preciso de um último favor.

— Já sei. Informações sobre Dolgellau, no condado de Merionethshire, onde vive Anne.

Meus olhos brilharam de prazer.

— Tome este envelope. Dentro encontrará todos os informes. Decore-os e queime-os em seguida. Confio em sua palavra que usará de cautela e bom senso.

Apanhei o envelope com mão trêmula.

— Pode estar certo de que pretendo encontrar solução pacata e honesta. Não se arrependerá de ter confiado em mim.

Abracei-o comovido e saí. No dia imediato, depois de abraçar Jean e Lenice, embarcamos para Londres.

Nossa comitiva compunha-se de cinco pessoas e o juiz que nos comandava.

Mais uma vez, minha vida modificava-se. De novo eu pretendia recomeçar. Agora, não mais em busca de dinheiro e posição, que eu já tinha conquistado, mas de algo bem maior, da realização do amor que, caudaloso e forte, inundava-me o coração.

Havia quinze dias que eu tinha chegado a Londres.

Estava bem instalado em agradável vivenda, procurando desempenhar minhas novas funções sob a orientação exigente e sóbria de senhor Charrier. Assim que dispus de tempo, procurei informações sobre Dolgellau consultando museus e livrarias, tentando encontrar dados históricos.

Encontrei alguns livros e gravuras, que comprei emocionado. Vi o castelo dos condes de Loucester em Merionethshire e acompanhei com emoção a lista de ancestrais, até encontrar no fim o nome de Mary Anne Caroline Templeton, condessa de Loucester, e seu marido Sir Anthony Joseph Templeton. A lista terminava aí.

Meu coração batia forte. Anne... finalmente sabia quem era e onde vivia. Um magnífico castelo rodeado de prados verdejantes.

Enquanto procurava uma forma de ir até lá, lia e relia aquelas linhas e já conhecia de cor toda a história de sua família.

Trabalhei duro e sem descanso. Assim que dispus de uma semana livre, resolvi ir até Merionethshire. A viagem era um tanto longa e eu estava impaciente. Não quis descansar, ordenando a muda dos cavalos. Queria chegar depressa.

Estávamos em maio e os campos estavam tão verdes que pareciam um tapete de uma gravura. Eu, coração aos pulos, não via a hora de chegar a Dolgellau.

Estava anoitecendo quando desci em uma estalagem da pequena, mas graciosa, vila. A emoção misturava-se ao cansaço e eu desejaria sair imediatamente à procura de Anne. Impossível, no entanto. Tomei aposentos na taberna. Durante a ceia procurei descobrir mais sobre a família dela.

Soube desde logo que o povo amava Lady Anne e seu marido Sir Anthony, mas apenas suportava o velho conde de Loucester, sobre quem se contavam muitas lendas de feitiçaria e de abuso do poder. Havia muito carinho por Lady Anne e a esperança de que logo ela teria o esperado filho, que seria o herdeiro daquele condado.

Senti-me quase inerme diante de tanto poderio. Contudo, não podia desanimar. Meu amor me daria forças para vencer. Estava disposto a representar o papel de um diplomata interessado na história, estudioso de costumes, pesquisando, pretendendo melhorar sua cultura para progredir profissionalmente.

A ansiedade tomava conta de mim. Queria ver Anne, matar a imensa saudade. Dispunha de menos de uma semana e tinha um grande amor no coração.

Foi no dia seguinte, cedo, que recebi da camareira a informação. Era sábado e a família do conde compareceria ao culto na igreja do condado.

Com o coração aos saltos, aprontei-me. Iria rever Anne?

Meia hora antes já me encontrava sentado na primeira fila dos bancos da igreja, erguida numa graciosa colina, rodeada de sebes floridas e perfumadas.

Às dez horas em ponto, o velho conde deu entrada na cava. Era forte, apesar de magro, e seu rosto duro refletia o orgulho e a prepotência. Olhava o povo de cima para baixo, sequer respondendo à saudação das pessoas que se curvavam à sua passagem.

De repente, meu coração parecia querer sair pela boca. Anne estava entrando e encaminhando-se para a tribuna de honra. A seu lado um homem, moço ainda, magro, bastos cabelos alourados, olhos duros, traços fortes. Era com certeza Sir Anthony. Nossos olhos se encontraram e senti um frio pela espinha. Ali estava meu inimigo.

Foi quando Anne me fixou. Apesar do seu esforço, vi que titubeou por um instante enquanto o sangue lhe fugia das faces. Que emoção! Vê-la, tê-la diante de mim sem poder abraçá-la e dizer-lhe do meu amor.

Ela se dirigiu ao lugar de honra que lhe era reservado e de onde eu podia ver seu perfil delicado. Apesar de pálida, estava mais linda do que nunca. Eu precisava ter um encontro com ela, mas como?

Foi com pesar que o culto acabou e Anne, pelo braço do marido, passou por entre o povo, que se curvava à sua passagem, procurando sorrir.

Como os demais, acompanhei o casal que acenava de quando em vez, e foi na hora de subir na carruagem que Anne desfaleceu.

Tive ímpetos de correr para ela. Contive-me. Sir Anthony amparou-a e, carregando-a, colocou-a nas almofadas da carruagem, partindo imediatamente.

Fiquei desesperado. Teria sido a emoção que a fizera desmaiar? Sentia remorso, mas ao mesmo tempo satisfação.

O comentário do dia em todas as bocas era o mal-estar de Anne. Decidi-me a procurar Sir John, primo do conde de Loucester, muito amigo do senhor Leterre, a quem eu levava uma carta de apresentação.

Fui procurá-lo na tarde do mesmo dia. Sir John recebeu-me com cortesia. Era o oposto do primo, conforme pude perceber. Homem viajado e culto, de ideias modernas, possuía conversa agradável e afável.

Sabendo-me um diplomata e na qualidade de amigo e protegido do senhor Leterre, não aceitou minha permanência na estalagem e imediatamente considerou-me seu hóspede, mandando buscar minha bagagem. As coisas iam melhor do que eu esperava.

Foi agradável percorrer sua linda vivenda, onde havia retratos de família e onde Anne aparecia em várias idades.

Simpatizei imediatamente com Sir John. As horas passaram depressa e eu, procurando revelar um interesse histórico, ia colhendo mais informações sobre a vida de Anne.

No domingo pela manhã, fui sacudido por intensa emoção. Estávamos passeando a cavalo e Sir John, orgulhosamente, mostrava-me a propriedade quando os sinos começaram a bimbalhar. Ele, admirado, disse-me:

— Alguma novidade. Vamos ver o que é.

Quando voltávamos para casa, um criado nos esperava no pátio para dar-nos a notícia.

— Hoje é dia de festa em Dolgellau. Lady Anne espera um filho!

Uma bofetada não teria me assustado tanto. Anne ia ser mãe! Senti um aperto de ciúme no coração. Mas, ao mesmo tempo, uma louca esperança, um desejo imenso tomou conta de mim. Esse filho poderia ser meu. Eu queria saber. Como descobrir a verdade? Precisava vê-la, agora mais do que nunca. Estava desesperado, tentando demonstrar indiferença, enquanto Sir John, olhos brilhantes e emocionados, dizia entre dentes:

— Eles conseguiram arredar-me por agora. Vamos ver o que nos reserva o futuro.

Percebi que Sir John não estava participando da alegria geral e compreendi. Ele ainda conservava esperanças de vir a ser um dia conde de Loucester. Teria encontrado um aliado?

Procurei incentivá-lo, comentando:

— O que acontecerá se Lady Anne der à luz uma menina?

Ele sorriu com satisfação.

— Não poderá herdar Merionethshire. Ela terá que tentar até conseguir.

— E se não conseguir?

— Então herdarei o condado. Eu e meu filho William.

Tentando aparentar indiferença, comentei:

— Pela história que eu li, o povo andava descontente. Havia pedido a renúncia do conde, mas ele se recusou e preferiu casar a filha na esperança de um herdeiro.

— Está certo. Não se pode esquecer que ninguém pode tirar-lhe esse título, cujo direito só acaba com a morte. O povo encontrava-se rebelado e quase o fez pela força. Foi preciso enérgica intervenção de vários cavalheiros, aos quais apoiei, para manter a ordem.

— O senhor não deseja ser conde? — indaguei.

Seus olhos brilharam.

— Por certo. Mas com honra e por direito. Entristece-me o sofrimento do povo. Eu poderia fazer muito por eles se herdasse o título. Contudo, Charles jamais renunciaria. Ama o poder, o domínio. E detesta-me. Sente-se ameaçado por mim, embora eu nada faça para isso. Coisas de família, senhor Jacques. Jamais nos entendemos.

— É pena — ajuntei —, porque nesse caso já existiria o herdeiro, e Lady Anne não precisaria sacrificar-se.

Ele me olhou admirado.

— Vejo que é perspicaz. O que me penaliza é ver o sacrifício de Lady Anne. Ela jamais gozou de liberdade para nada e não tem feito outra coisa senão obedecer ao velho Charles, que a tem quase como uma prisioneira. Ele sequer permite a Lady Anne que me visite. Teme que eu a incentive à revolta. Anne é uma linda e culta mulher, uma flor sufocada pela ambição de um homem e agora se encontra nas mãos de outro déspota: Sir Anthony.

— Vi-os na igreja. É um belo homem.

— Duro como uma rocha, ambicioso como Charles. Para eles, o que importa é o poder, de qualquer forma e acima de tudo. Sir Anthony conquistou a simpatia do povo por sua luta. É um espadachim como poucos, valente, e diz colocar suas armas em favor dos oprimidos.

— E tem feito isso?

— Fazia na mocidade, quando, com seus homens, lutava em defesa dos oprimidos. Mas desistiu quando lhe surgiu a chance de ser um deles. O povo esperava que ele, unido à casa de Loucester, defendesse seus interesses, porém isso não aconteceu. Ele se colocou em defesa do conde de Loucester e de seus interesses.

— Seria mais certo que o senhor herdasse esse título, já que possui o filho para dirigir o condado. Não seria mais justo?

Ele abanou a cabeça, dizendo com emoção:

— Deus sabe que não fujo ao meu dever. Mas não movo um dedo para prejudicar Charles. Se eu tiver que herdar esse título, será pela vontade de Deus.

Admirei sua dignidade e senti profundo respeito por aquele homem. Eu me sentiria muito orgulhoso de ser seu amigo. Estendi a mão com simpatia.

— Permita-me apertar-lhe a mão. É uma honra.

Olhamo-nos comovidos. Estava selada nossa amizade. Fiquei feliz, porque talvez ali estivesse a única chance de libertar Anne de seu compromisso.

Era cedo ainda para dizer, mas ter Sir John como amigo representava um poderoso trunfo.

Precisava ver Anne. Como fazer? Tinha pouco tempo. Sabia que o castelo era bem guardado e eu não teria condições de entrar. Estava amargurado e triste porque o tempo ia passando e em breve eu teria que voltar.

Agoniado, à tarde, passeava pelos jardins da vivenda quando se aproximou uma serva.

— Senhor Jacques? — indagou em voz baixa.

— Sim — respondi.

— Trago uma mensagem para o senhor. Vem de Loucester.

Meu coração bateu forte. Apanhei o papel com mão trêmula e li:

Vá hoje à noite, às onze horas, à cabana de caça. Estarei lá.

Não estava assinado e a letra era irregular, mas não tive dúvida. Era dela.

— Tem resposta, senhor?

— Diga que irei.

A serva se foi e eu segurava o bilhete com emoção.

Não sabia onde ficava a cabana, mas descobriria. À tarde consultei os livros e mapas descritivos de Loucester e não me foi difícil localizá-la.

Com o coração palpitando, quase na hora marcada, saí sorrateiramente. Minha ansiedade era tão grande que mal podia respirar. Cheguei à cabana e empurrei a porta. Estava aberta. Entrei e, à luz bruxuleante de uma vela, esperei.

Ao menor ruído, estremecia de emoção. De repente a porta abriu-se e um vulto de mulher apareceu na soleira. Trazia um manto ocultando-lhe os cabelos. Levantei-me tenso.

— Jacques! — murmurou ela.

Estendi os braços e num instante nos abraçávamos com loucura.

— Anne! Que saudade! Como esperei por este momento.

— Que loucura! Sua vida corre perigo. Se Anthony descobre, mata-o. Pelo amor de Deus, diga que nunca mais voltará aqui.

— Quero que vá comigo. Eu a amo e a quero.

Beijamo-nos com paixão. Apertei-a com força de encontro ao peito.

— É impossível! Não posso fazer isso. Eles nos encontrariam no fim do mundo e nos matariam. Não quero que nada lhe aconteça.

— Sem você não posso — disse, num arroubo de amor. — Vim para encontrar uma solução para nós. Vamos embora. Iremos para a França. O senhor Leterre nos ajudará.

Ela abanou a cabeça com tristeza.

— Não adianta. Não deixarei o meu povo, que confia em mim. Estou esperando um filho!

Meu coração bateu forte.

— Jacques, nosso filho! Ele herdará Loucester e chefiará nosso povo. Será bom, justo e amado por todos.

— Anne, venha comigo. O filho é nosso e nós o amaremos muito. Há Sir John, um homem bom e nobre. Ele pode herdar o título. Seu filho William é bom e justo.

— Você não sabe o que diz. Não quero ver tio John assassinado. Se ainda não o fizeram, foi porque aguardam a chegada de meu filho. Sei que, se amanhã eu desaparecer ou não der esse filho a Anthony, ele assumirá o poder pela força. Matará tio John e William traiçoeiramente. Por sua ambição, está disposto a tudo. Acha que poderei viver em paz tendo essa desgraça na consciência?

Apertei-a com força nos braços.

— Mas eu a amo! Não estou disposto a renunciar a você.

— Eu também o amo. Mas é a única saída. Vim pedir-lhe que se vá e nunca mais volte. Se eu puder ir a Brandemburgo, avisarei. É a única maneira. Prometa-me que partirá amanhã.

— Pede-me o impossível.

— Acha que se houvesse uma possibilidade para nós eu o deixaria ir?

— Você aceita a derrota passivamente.

Ela ergueu a cabeça com orgulho.

— Não sabe o que diz. Jamais contribuirei para um derramamento de sangue. Se algum dia as coisas mudarem e houver a menor possibilidade, eu o avisarei. Lembre-se de que você é o único homem a quem amei até hoje. Vivo recordando nossos encontros, nossos momentos felizes. Eles viverão comigo até a morte. Nosso filho herdará tudo isto e você saberá que a sua semente deu frutos de amor e de progresso a todo um povo. Quero que se orgulhe disso. Que seja digno e forte. Confio na justiça de Deus. Se ele nos exige agora o sacrifício da separação, é porque essa é a melhor solução. Nem sempre as coisas podem ser como queremos, mas o dever feito com coragem e honestidade faz a têmpera de um homem.

Apesar da dor que sentia, a dignidade orgulhosa de Anne tocou-me fundo.

A nobreza de seus sentimentos, colocando o bem dos outros diante do seu próprio, elevava-a em meu conceito, fazendo-me sentir profundo respeito por ela.

Abracei-a com força.

— Será difícil — solucei, emocionado.

Ela me apertou com carinho.

— Crê que será fácil para mim? Ajude-me, Jacques, a que eu tenha forças para levar avante minha missão. Educarei nosso filho com amor e justiça. Ele será um homem de bem. Irei ensiná-lo a amar a França e seu idioma. Em sua homenagem. Agora, diga que concorda em partir. É preciso.

— Tenho que partir — murmurei com voz trêmula. — Mas não quero que seja para sempre.

— Farei o possível para ir a Brandemburgo. Darei notícias. Prometa-me que não procurará ver-me. É perigoso. Não quero que nada lhe aconteça.

— Prometa-me que irá ver-me ou mandar notícias sempre que for possível!

— Assim farei. Agora é preciso ir.

— Já?

— Sim. Tenho medo. Aqui as paredes têm ouvidos. Espere alguns minutos para sair.

— Anne, não me deixe — solucei agoniado.

Beijei-a repetidas vezes.

— É preciso, Jacques. Deus o guarde. Adeus!

Trocamos um último beijo. Ela colocou o manto e o capuz sobre os cabelos e saiu. Eu fiquei com o coração partido e uma enorme desilusão cantando dentro de mim.

Voltei para casa arrasado. Embora sentisse alegria em saber que o filho era meu, havia a tristeza da separação sem remédio. Eu ainda não havia perdido as esperanças. Devia haver um jeito de arrancar Anne daquela triste situação. Mas como?

Sir John percebeu minha tristeza. Disse-lhe que estava viajando para esquecer um amor impossível. Sentia que ele, Sir John, era minha única esperança. Não me arriscava a contar-lhe meu segredo, porém contava de alguma forma incentivá-lo à luta pelo que tinha direito.

Ele, porém, acreditava sinceramente que Deus lhe colocaria tudo nas mãos se isso fosse verdade. Conversamos muito e eu procurava mostrar-lhe a necessidade de fazer alguma coisa para melhorar o nível de vida do povo, que sofria espoliado e miserável, explorado e contido pela força.

— Reconheço que a omissão também é um erro. Contudo, respeito a lei e não faria nada que a transgredisse.

— Defender o povo sofrido não é uma causa justa? As leis são feitas para defender os direitos de cada um. A interpretação da lei deve sempre ser feita com espírito público, visando ao bem geral.

— Concordo. Mas isso exigiria luta. Se eu me posicionasse, haveria muito derramamento de sangue. É precisamente o que quero evitar. Se depender de mim, ninguém dará sua vida para mudar a situação.

— De certa maneira, seu modo de agir facilita as coisas para o conde. Permite-lhe continuar a explorar o povo e a dominá-lo pela força.

Sir John empalideceu:

— Senhor Jacques!

— Peço-lhe desculpas. Em minhas considerações fui longe demais. Não quis ofendê-lo. Não tenho nenhum direito de externar minha opinião. É que sou um estudioso desses assuntos — justifiquei sério — e não posso deixar de ver outros aspectos da questão.

Sir John passou a mão pela testa pensativo, depois disse:

— O senhor foi rigoroso em sua análise. Não tinha ainda pensado nesse lado da questão.

— Mudemos de assunto — disse eu delicadamente. — Receio ofendê-lo.

Ele abanou a cabeça.

— Não. Sua observação foi inesperada, mas gostaria de falar mais. Sua opinião não me ofende. Continue, por favor. Por que me responsabiliza também pelo atual estado de coisas? Tenho procurado viver sem me envolver com política porque não tenho esse direito.

— Entretanto, reconhece que tudo está errado e há anos seu povo sofre as consequências de um mau governo.

— É verdade. Não depende de mim.

— O que pergunto é: as coisas continuariam assim se alguém se opusesse? Se alguém que tem direito e pode oferecer vida melhor procurasse colocar-se junto com o povo para ajudá-lo a reagir?

Sir John meneou a cabeça.

— O senhor ignora o que se passa. Uma atitude dessas provocaria uma guerra de consequências imprevisíveis. Não. Não quero fazer isso. Não quero recorrer à intriga, ao assassínio, ao golpe. Vê, senhor Jacques, que é muito difícil fazer alguma coisa. Sem falar que, se eu mover um dedo, por certo os homens de Anthony cairão sobre William ou sobre mim. Não teríamos nenhuma chance. Não sou covarde, mas não sou idiota a ponto de expor nossas vidas inutilmente. Enquanto estivermos vivos, representamos uma pedra no sapato de Charles.

Suspirei preocupado. Estava difícil encontrar solução. Senti-me desanimado.

— É triste uma situação dessas. Lamento muito.

— Sensibiliza-me vê-lo tão interessado, senhor Jacques. Mas, como vê, não é fácil tentar alguma coisa.

Senti-me triste, como se estivesse esmurrando um muro de aço sem a mais leve chance de derrubá-lo. Tinha dois dias para qualquer tentativa e percebia desesperado que não havia nada a fazer.

Eu não era homem de guerra. Jamais usara uma arma. Acreditava sempre na força do direito e da lei. Os homens de Sir Anthony mais pareciam soldados da Idade Média, para quem a vida humana nada valia. Estavam adestrados e armados até os dentes.

Eu não podia considerar-me vencido, estava desanimado. Precisava pelo menos ver Anne mais uma vez antes de partir. Mas como? Não podia confiar em ninguém e não dispunha de pessoa de confiança.

Naquela tarde, recebemos a visita do capitão dos homens de Sir Anthony. Apresentou-se a Sir John inesperadamente. Foi recebido educadamente e tomou chá conosco no salão.

Sir John apresentou-me a ele, que me fixou com olhos penetrantes, perguntando-me sério.

— Por que um diplomata francês teria curiosidade de vir a Merionethshire?

Fixando-o também com serenidade, respondi educado:

— Estou fazendo estudos sobre o País de Gales. Interessa-me muito a cultura nas diferentes regiões da Inglaterra.

— O senhor Jacques partirá amanhã de volta a Londres, onde trabalha.

— Ah! — fez ele, sério. — O senhor parte amanhã!

— Sim.

— E o que estudou aqui?

— Não deu para estudar muito, mas adquiri livros e gravuras, como tenho feito em outras localidades. Pretendo escrever um livro histórico.

— Onde por certo mencionará o conde de Loucester e sua família.

— Claro. De acordo com os livros que adquiri aqui.

O capitão despediu-se e Sir John, depois que ele se foi, olhou-me desolado.

— Como vê, sou vigiado constantemente. Sua presença aqui provocou essa "visita".

— Espero não lhe ter causado nenhum problema.

— Não causou. Nada temos a esconder.

— Ainda bem — respondi, sentindo um arrepio pelo corpo.

Comecei a entender que Anne tinha razão. Nada restava a fazer por agora senão aceitar a separação.

Com o coração partido, no dia seguinte preparei-me para deixar Dolgellau. Despedi-me de Sir John, agradecendo-lhe a hospitalidade, e voltei a Londres. Tinha perdido a primeira batalha, mas não a esperança.

Alguma coisa teria que acontecer para que pudéssemos realizar nossos sonhos de felicidade e de amor.

Entretanto, nada aconteceu. Os dias foram passando e eu, desesperançado, resolvi regressar a Paris. De nada me adiantava estar em Londres, onde não obtinha nenhuma notícia. Em Paris, o senhor Leterre sempre teria alguma informação. Depois, se Anne voltasse a Brandemburgo, eu não queria perder essa chance. Era a única saída que me restava para vê-la.

Era muito pouco. Porém, no desespero em que me encontrava, tal ideia passou a alimentar-me. Recordava os momentos deliciosos que havíamos desfrutado juntos e as saudades doíam ainda mais.

Pedi exoneração do cargo e voltei a Paris.

Fui ver Lenice e desabafei, contando-lhe todo o meu sofrimento. Em seus olhos brilhou uma lágrima quando disse:

— Nem sempre a vida nos dá o que pedimos. Deve ter as suas razões. Esquecer é difícil. Anne é um espírito nobre e forte. Contudo, você pode compreender a situação e tentar fazer o melhor.

— Como? Sem Anne a vida parece-me descolorida e sem graça. Não sei o que fazer. Não há nada que me motive.

Lenice tomou minha mão, apertando-a com força.

— O melhor será encarar com dignidade a situação, que não depende de você. E fazer o que puder para ocupar suas horas no trabalho útil e no progresso do seu espírito.

— Sem Anne, não posso.

— Pode, sim. Você não é uma criança caprichosa que se rebela diante da primeira negativa. É antes de mais nada um espírito eterno, reencarnado na Terra para desenvolver suas aptidões e harmonizar-se com a obra de Deus.

Olhei-a admirado.

Ela prosseguiu:

— Por que se rebela? Se a vida ainda não lhe concedeu o que deseja, é porque ainda não é hora. Muitas vezes precisamos aprender a esperar.

— Você acha que podemos vencer?

— Acho. Se o amor que sentem for sincero e souberem esperar, tudo dará certo.

Respirei esperançoso.

— A situação está difícil. Não vejo solução por agora.

— Esqueça o tempo. Quando falo em futuro, não menciono quando. Porém, o espírito é eterno. A vida continua além da Terra e da morte. Continuamos amando e progredindo sempre. Por agora, Anne encontra-se presa a compromissos sérios e inadiáveis. Ela sabe disso e deseja honrá-los até o fim. Quando ela conseguir resolvê-los, por certo a vida a libertará. Então, se seu amor tiver sido bastante forte, poderão ser felizes juntos.

Apesar de minha impaciência desejar já a solução dos nossos problemas, as palavras de Lenice calavam fundo em meu coração, fazendo-me enorme bem. Sua certeza, ainda que distante, dava-me alento e esperança.

— Por que não pode ser agora? — inquiri teimoso. — Por quê, se há Sir John, que seria muito melhor para governar o povo do que Sir Charles?

Lenice olhou-me séria.

— O melhor para o povo é sempre aquele que está. Duvida do poder de Deus? Acredita que alguém esteja no comando sem que a vontade de Deus consinta?

— Ele é cruel e déspota. Como aceitar que Deus o tenha colocado ali?

— Ele está ali com a permissão de Deus. Nasceu para ser o conde de Loucester. Se ainda permanece, é porque sua presença é necessária.

— Não posso crer. Ele não faz seu povo feliz.

— Não podemos julgar ninguém. O que eu sei é que não cai uma folha de uma árvore sem que Deus o permita. Sir Charles deve ter com esses homens que lidera sérios compromissos de vidas passadas, que ainda não conseguiu saldar.

— Como, se ele os domina e os reduz à miséria?

— Pode, em vidas passadas, tê-los conduzido aos excessos que agora tenta drasticamente modificar. A chefia de um grupo, a liderança, tem o seu preço. Muitas vezes esses líderes, tendo a eles unidos seus súditos, voltam à Terra várias vezes na tentativa de conduzi-los da melhor maneira. São espíritos ainda inseguros que comodamente se agarram ao chefe e o seguem indefinidamente até que aprendam a escolher o seu próprio caminho. Enquanto isso, penduram-se nele, sofrendo com isso suas experiências. Este, por sua vez, que começara pela ânsia de poder e orgulho, vai percebendo sua responsabilidade e aos poucos procura ajudar seus tutelados na senda do progresso e do bem.

— Sua teoria é inusitada. Estou admirado. Como pode Sir Charles ser um bem para o seu povo? Há miséria, opressão, sofrimento.

— É difícil dizer, mas, por certo, as leis de Deus são justas e jamais se enganam. Se ele detém o poder, é porque Deus o permite. Caso contrário, fácil seria tirá-lo do mundo dos vivos. A morte é um sopro divino que ninguém pode impedir. E com ela sempre vem a mudança.

— Não consigo aceitar.

Lenice, olhos perdidos na distância, voz emocionada, tornou:

— Suponha que, em vida passada, Sir Charles tenha sido um pirata, ou um guerreiro, que tenha com seus homens assaltado, roubado, matado, afundado na embriaguez e nas disputas vis; tenha mergulhado nos vícios e na ambição; tenha enfim empurrado seu grupo para a desordem e os desvios morais e, com isso, tenha passado por este mundo como uma peste dolorosa. Ao chegar do outro lado da vida, depois da morte, tenha percebido os erros cometidos e, diante do sofrimento de sua gente, sentindo-se responsável, tenha suplicado a chance de voltar para uma nova vida na Terra, desejoso de refazer seus caminhos e ajudar os seus. E tenha conseguido. Escolheu sua posição de comando e, com medo das passadas fraquezas, traz agora seus homens, os mesmos espíritos de antes, presos à pobreza e à carência, para que aprendam a valorizar a família, o lar, desenvolver sentimentos bons e novos valores.

Eu estava boquiaberto. Ela continuou:

— Claro que ele ainda é o mesmo de antes, apesar de mais experiente e dos propósitos novos. Poderia ser melhor para eles do que tem sido, mas quem nos garante que aquele povo não esteja aprendendo com ele sua melhor lição?

Eu não soube o que dizer. Olhei para Lenice com muito respeito.

— E Anne — indaguei sério —, por que está ali?

— As mulheres são muitas vezes inspiradoras dos atos dos homens. Por certo, se está presa a esse compromisso, é porque participou do grupo no passado.

— O que se pode fazer para ajudar?

— Trabalhar no bem de todos é o melhor remédio. Além de nos granjear progresso e experiência, coloca muitos amigos em nosso favor. Uma coisa é certa: quando o compromisso espiritual acaba, as ligações se dissolvem e a liberdade vem naturalmente.

— Acredita nisso?

— Tenho certeza.

— Mas quando?

— Só Deus sabe.

— O que fazer durante esse tempo? Como esperar? Anseio por Anne, agora que ela vai ser mãe. Um filho é tudo quanto desejo.

Lenice olhou-me séria.

— Tem Julien.

— Ele não é meu filho.

— É o filho que Deus colocou em seus braços. Ama-o muito.

— Eu também o quero como a um filho. Sabe que farei por ele o que puder.

Lenice sorriu.

— Eu sei. Encontrei Elisa — disse ela devagar.

Olhei-a interdito. Ela prosseguiu:

— Está triste e acabada. Muito diferente do que era. Perguntou por você e mostrou-se arrependida.

Tive um assomo de revolta.

— Elisa para mim acabou. Não acredito em suas mentiras. Não quero mais vê-la.

— Talvez ela precise de você. Pareceu-me doente.

— Há de arranjar-se bem sem mim — respondi convicto.

— Pelo menos você poderia visitá-la.

Olhei-a admirado.

— Depois de tudo, ainda intercede por ela? Você foi tão injuriada quanto eu. Afinal, ela amava Jean.

Lenice não se perturbou.

— Quem somos nós para julgar os sentimentos alheios? O passado está morto, e hoje Jean tem se revelado bom companheiro. Amamo-nos e vivemos felizes. Elisa tem sido infeliz e não soube conduzir-se na vida. Hoje se arrepende. Deve ter compreendido muitas coisas. Acha que não merece perdão? Você acredita que sejamos tão fortes que não possamos também cometer erros e vir a precisar de perdão tanto quanto ela? Jacques, o orgulho é mau conselheiro.

— Ela me enganou, feriu meus sentimentos. Sequer teve vergonha de impingir-me o filho de outro homem.

— Ela estava sofrendo e quis defender-se.

— Você a defende?

— Não. Mas reconheço o quanto somos fracos quando as paixões nos dominam.

— Mudemos de assunto. Não gosto de falar sobre isso.

— Você considera Anne culpada por impingir seu filho como de Sir Anthony? Como gostaria que ele a tratasse se viesse a conhecer a verdade?

Senti um baque no coração. Na verdade, eu estava fazendo a outro homem o mesmo que haviam feito a mim. Senti-me inquieto, desassossegado.

Se Sir Anthony viesse a saber, por certo a mataria. Ou não? Seria para ele o herdeiro mais importante do que a honra e o amor de Anne?

Meu coração apertou-se e não pude responder no mesmo instante. Depois de alguns minutos, tornei com voz fraca:

— Você coloca Elisa e Anne no mesmo plano. Contudo, Anne tem um causa nobre a defender. Por amor ao seu povo, leva avante essa situação.

— Quando uma pessoa envolve-se em uma situação dessas, encontra sempre justificativas para seus atos. Ambas tinham motivos, cada qual à sua maneira, mas, para elas, esses motivos foram fortes o bastante para justificar suas atitudes. Quem agiu certo ou errado, quem teve maior dose de razão, só Deus pode avaliar.

Não seremos nós, pobres pessoas falíveis e orgulhosas, que teremos condições para julgar.

Suspirei fundo. Eu não tinha ainda pensado dessa forma. Não justificava Elisa, porém começava já a compreender como podemos nos envolver em situações vexatórias e adentrarmos pela mentira e pelo engano.

Apesar de tudo, eu não estava arrependido do meu relacionamento com Anne. Minha consciência não me acusava de nada. Quando eu a amei, não o fiz para enganar seu marido ou conspurcar-lhe a honra. Dera o melhor de mim. Tinha acontecido. Ela também o fizera por amor.

Baixei a cabeça, meditando calado. E Elisa? Quando se entregara a Jean, sequer mantinha qualquer compromisso comigo. Certo que também o fizera por amor. Só que Jean não a amava. Fora apenas um capricho. Pensei no que eu sofreria se Anne também não me amasse.

Pela primeira vez pensei no sofrimento de Elisa. Considerei com voz triste:

— Elisa deve ter sofrido, reconheço.

Lenice colocou a sua mão sobre a minha, apertando-a carinhosamente.

— Também acho. Você não a amava. Seu orgulho está ferido. Porém, ainda que não seja mais possível vida em comum entre os dois, pelo menos você pode perdoar e manter com ela um relacionamento amistoso.

— Talvez — considerei mais calmo. — Você que conhece tantos mistérios da vida, ore por mim. Sinto-me muito triste e sem fé.

— Não se deixe envolver pela desilusão. O orgulho é mau conselheiro. A vida sempre sabe o que é melhor para nós. Por isso, aceite sem queixa os fatos que você não pode mudar. Procure refazer sua vida, sendo útil ao seu semelhante. Ampare Elisa, seja um bom pai para Julien, que o ama muito e não sabe a verdade. Faça todo o bem que possa e espere, porque a melhor forma de receber é dar, é plantar o bem para um dia colher a felicidade.

Lenice levantou-se e colocou a mão sobre minha cabeça.

— Vamos orar — disse.

Enquanto ela orava, senti forte emoção banhar-me o espírito. Não pude reprimir o pranto e chorei qual menino angustiado, sentindo naquele instante grande alívio no coração.

Em fins de setembro, meu filho nasceu.

Sir John, com quem eu mantinha espaçada correspondência, participou-me a notícia e, apesar de perder o direito à sucessão do conde, parecia satisfeito com o evento. Admirei seu caráter íntegro, seu amor pelo povo.

Ele apreciava Anne e confiava que ela educaria o filho de forma a tornar-se um benfeitor daquela gente. Estava esperançoso e sereno.

Meu primeiro impulso foi correr para Dolgellau, contudo, era impossível. Não podia pôr em risco a segurança daqueles a quem mais amava no mundo. Pedi a Sir John que me enviasse todas as publicações a respeito para minhas pesquisas e esperei.

Foi com o coração aos saltos que recebi, dois meses depois, uma gravura com a família reunida. Sir Charles, Sir Anthony, Anne tendo ao colo o bebê, todos em traje de gala.

Com mãos trêmulas, segurei a gravura tentando perceber os traços do menino, mas não consegui.

Meu coração batia descompassado de emoção e naquele momento agradeci a Deus o milagre da vida que traçara um elo entre mim e Anne. Um dia nosso amor nos uniria de novo. Porém, quando?

A partir desse dia, começou para mim uma vida em que eu procurava afastar a melancolia.

Mergulhei no trabalho, dedicando-me novamente à magistratura e desligando-me da diplomacia.

Apesar de desejar, não estava interessado em voltar a Dolgellau. Sabia que lá não teria nenhuma possibilidade de acercar-me de Anne e de Christopher. Esperava ansioso que fossem a Brandemburgo para ir ao encontro deles.

Era essa esperança que me dava alento para viver. Porém, naquele ano Anne não viajou, nem no ano seguinte.

Mergulhado no trabalho, meus momentos de alegria resumiam-se às visitas a Lenice. O nascimento de sua filha Mirelle encheu meu peito de emoção. Um nascimento é sempre uma luz em nossas vidas. Tomando-a nos braços, vendo-lhe o rostinho rosado e a pele macia, eu pensava em meu filho, a quem não me fora lícito abraçar.

Era lá, no amor de Lenice e Mirelle, no aconchego daquele lar, que eu encontrava as mais puras alegrias e o conforto. Até Jean, por quem antes eu não sentia afinidade, recebia-me com atenção e aos poucos desenvolveu-se entre nós sincera amizade. Apesar disso, jamais tínhamos conversado sobre Julien e eu às vezes pensava se ele sentia pelo menino algum afeto especial.

Quando o via, tratava-o com afeto e atenção de um tio, nada além disso. Eu, às vezes, vendo-os juntos, sentia-me um pouco angustiado. A semelhança física entre eles recordava-me a traição de Elisa, e eu tinha ciúmes do afeto de Julien.

Ele, porém, demonstrava nitidamente sua afeição por mim, embora fosse amigo e carinhoso para com Jean.

Foi Lenice que, uma tarde, quando estávamos sozinhos em sua sala, ventilou o assunto.

— Você sente ciúmes de Jean com Julien — disse ela.

Senti um abalo no coração.

— Um pouco — confessei. — Mas é que eles têm a mesma cor de cabelos, o mesmo sorriso, até o mesmo jeito de andar. A cada dia essa semelhança aparece mais.

— É natural — volveu ela calma. — Ele se parece fisicamente com o pai.

— O pai de Julien sou eu! — retruquei irritado.

— Eu disse fisicamente apenas. É claro que ele o ama muito mais do que a Jean. Julien o adora.

Senti-me mais calmo.

— É uma situação delicada a sua. Alegra-me perceber que Julien é seu filho de coração. Ama-o sinceramente.

— É verdade. Ele não tem culpa dos problemas dos pais. Quando vejo seus olhos ansiosos e sinto seus braços ao redor do meu pescoço, esqueço tudo o mais.

Lenice sorriu.

— Está claro que você tem com Julien forte ligação espiritual de vidas passadas. É provável que já tenham sido ligados em outra encarnação.

— Você tem mencionado isso. Mas me parece muito irreal.

— Sua ligação com Julien?

— Não. A reencarnação. Gostaria de entender, mas me parece difícil aceitar essa hipótese. Se isso fosse verdade, no fundo eu deveria lembrar-me de alguma coisa.

— Por quê? Somos pródigos em esquecer. Nem sequer nos recordamos de muitos fatos vividos na vida atual. Como, condicionados na faixa relativa da Terra, poderíamos ter essa consciência prodigiosa?

— Seria bom, para sabermos melhor agir na escolha dos nossos caminhos.

— Engano seu. A vida só nos dá o que é melhor e mais útil à nossa fase de experiência. Conhecer nossas vidas passadas significaria carregar o peso dos enganos e dos erros que cometemos pela vida afora. Um ressentimento, uma falta, uma culpa, estando muito viva dentro de nós e em nossas lembranças, impediria nossa ação no desenvolvimento das nossas virtudes. Começar de novo, passar temporariamente uma esponja nos problemas passados, aviva nosso otimismo e abre um campo enorme para novas experiências. Há momentos, durante nossa vida, que gostaríamos de poder fazer isso. Esquecer, passar uma esponja em tudo e recomeçar.

Fundo suspiro me escapou do peito.

— É verdade. Como seria bom se eu pudesse esquecer tudo e começar de novo, qual criança ingênua e inocente. Ser como Mirelle ou Christopher. Entrar pela vida nascendo de novo! Começo a compreender como isso é bom. Se eu pudesse...

— Nós já fizemos isso. O livro das nossas vidas não começou agora. Estamos em novo capítulo e, embora tenhamos à nossa frente páginas em branco para continuarmos a escrevê-lo, os capítulos anteriores estão ligados a eles. Mesmo que não nos recordemos dos detalhes, sentimos dentro de nós as emoções e os reflexos da nossa experiência.

— Começo a pensar que a vida seja mais grandiosa e bela do que nos parece à primeira vista.

Lenice pousou delicadamente sua mão sobre a minha:

— Tem razão. A sabedoria divina se expressa em todos os acontecimentos do cotidiano. E é nesse livro que estou procurando aprender a ler. A cada dia percebo deslumbrada novas facetas de beleza, de grandeza e de amor!

Apanhei a mão de Lenice e apertei-a com força.

— Eu também gostaria de aprender. Apesar da minha incredulidade e desilusão, quem sabe eu possa descobrir a causa dos meus desenganos, das minhas desilusões. Fui amado por muitas mulheres e, nessa ilusão, escolhi para esposa uma que não me amava. Quando consegui amar, fui correspondido, mas o amor é impossível. Impingiram-me um filho que não era meu, e meu filho muito amado passa por filho de outro homem. Haverá uma causa para tudo isto? Haverá mesmo um destino que comanda nossas vidas e dispõe de nossos sentimentos?

— Claro que há. Em tudo quanto lhe aconteceu, apesar de ter tido liberdade de escolha, você sente uma força que independe da sua vontade, transformando os acontecimentos, conduzindo seus passos, muitas vezes para rumos que você não esperava ou desejava. Isso o contraria. Você gostaria que os fatos fossem de outra forma. Contudo, pelo que tenho aprendido, esses fatos são sábias respostas da vida aos seus atos. Ela sempre nos dá o melhor porque tem condições de saber tudo a nosso respeito e não se atém ao momento presente, mas ao objetivo maior, que é o de desenvolver nossas virtudes e qualidades, transformando-nos em seres mais evoluídos e fortes, mais felizes e conscientes, mais participantes da obra divina.

Sacudi a cabeça admirado. Como a frustração, a desilusão, o sofrimento poderiam fazer-me feliz?

— Não vejo felicidade na vida. Ao contrário. Olhando ao redor de nós, só encontramos sofrimento, ódio, mágoa, desilusão, pobreza, morte, guerra, traição, hipocrisia. Acha que seja bom?

— Você acaba de enumerar muitas das nossas fraquezas, provocadas pelo nosso orgulho. É ele quem nos tem infelicitado muito. Esses problemas representam ainda nossa falta de visão, de conhecimento e excesso de ilusão. Nossos sofrimentos advêm das nossas condições. Porém, a vida, que é sábia e generosa, mostra-nos sempre a verdade, destrói nossos enganos, sensibiliza--nos o espírito e faz mais. Assim como nos colocou na Terra protegendo-nos com o esquecimento temporário, tira-nos dela com a morte, liberta-nos do cativeiro e permite que renovemos atitudes, percebamos os enganos e, revendo nossos atos, amadureçamos para continuar.

— O que me diz é surpreendente, tem lógica, mas é doloroso aceitar.

— Engana-se. A aceitação dessa verdade nos ajuda a compreender melhor a dor e os sofrimentos, e alivia nossa angústia, acenando-nos com um futuro maior e mais amplo, mais radioso e verdadeiro. Em vez de acabar na morte, recomeçamos numa vida maior. Em vez da pequenez dos nossos desejos humanos de alguns anos na Terra, temos uma possibilidade incalculável de progresso e felicidade.

— Sua conversa fez-me grande bem. Gostaria de aprender mais.

— Faço meus estudos todas as semanas na quinta-feira à noite, juntamente com Jean. Se você quiser vir, poderemos aprender mais.

A partir daquele dia passei a visitar Lenice todas as semanas e com prazer estudávamos o *Livro dos Espíritos*.

Momentos havia em que eu me sentia deprimido, triste, porém aos poucos comecei a perceber, através daquela filosofia, muitas coisas que antes não via. E, muitas vezes, no silêncio do meu quarto solitário, eu revia meus atos passados, meu orgulho que tinha forçado Lenice ao casamento e me cegado a ponto de não ver o drama de Elisa e acreditar em seu amor.

Compreendi que tudo quanto me acontecera fora unicamente por minha invigilância e por minha culpa. Minha animosidade contra Elisa foi desaparecendo e quando, um dia, Julien procurou-me aflito para pedir ajuda, senti brotar a piedade no coração.

Elisa estava doente. Os médicos não conseguiam melhorar-lhe a saúde. Fui vê-la. Fitando-lhe o rosto pálido e magro, o ar sofrido e cansado, os últimos resquícios de rancor desapareceram.

Seu rosto iluminou-se ao ver-me e ela tentou ser alegre. Seus olhos ansiosos procuravam os meus. Neles de quando em vez brilhavam reflexos da chama de outros tempos.

Conversamos longamente.

Vendo-a feliz com minha visita, passei a ir vê-la quase diariamente. Interessei-me pelo seu bem-estar. Julien, comovido, abraçava-me esperançoso.

Elisa estava mudada. Não era mais aquela mulher voluntariosa e exigente, nem tão interessada nas futilidades da vida social. Sua precária saúde impedia-a de sair e por isso seu gosto pela leitura crescera. Muitas vezes a encontrei lendo os livros espiritualistas de Lenice e, satisfeito, descobri que minha irmã visitava-a amiúde e entre elas havia uma amizade sincera que eu jamais ousara esperar.

Jean conservava-se arredio e não acompanhava Lenice nessas visitas. Eu podia compreender que ele se sentisse constrangido, mas ao mesmo tempo admirava Lenice pelo seu alto grau de compreensão e bondade.

Eu sabia que Elisa a tinha odiado, fora preterida e sabia que Jean se tinha casado por amor. Mas a bondade e o respeito, o afeto e a sinceridade são virtudes que sempre conseguem convencer e modificar as pessoas.

Assim, Elisa, que nunca aceitara aquele casamento, que invejava sua rival quando nos separamos, encontrou em Lenice o apoio sincero, o afeto de que precisava.

De surpreendida, passara à gratidão.

Quando adoeceu, vendo-lhe a dedicação e o carinho, o interesse pelo seu bem-estar, envergonhou-se de suas atitudes anteriores. Ela havia amado Jean, tinha um filho dele, enganara seu único irmão e tudo fizera para roubar-lhe o amor do marido. Lenice deveria odiá-la, no entanto a compreendia. Não a acusava nem exigia nada, mas com simplicidade tocante e sincera reconhecia-lhe o sofrimento e respeitava-lhe os sentimentos.

Foi com os olhos cheios de lágrimas que Elisa contou-me tudo.

Houve um dia em que, inconformada com o abandono em que eu a deixara e o malogro de suas ilusões, recebera a visita de Lenice com irritação.

— Vim ver como você está. Tenho saudade de Julien.

— Não creio. Você veio para ver o meu fracasso e gozar a minha derrota — disse Elisa.

— Engana-se mais uma vez. É o orgulho que a cega, impede-a de perceber a verdade. Por que se atormenta assim?

— Não pode ser sincera. Depois de tudo!

— Pode pensar como quiser. Contudo, eu vim apenas para dizer-lhe que nada tenho contra você. Todos nós nos enganamos muitas vezes e é assim que aprendemos as lições da vida. Você amava Jean. Eu sequer o conhecia. Não me casei com ele por amor. Você sabe bem. Assim como você quis proteger o fruto de seu amor, eu quis ajudar a família. Nós duas fomos fracas, não soubemos resistir ao assédio do orgulho e das ilusões. Nós duas erramos igualmente.

Ela olhou-a mais calma. Sua rival olhava-a com olhos brilhantes de sinceridade. Sentiu a irritação desaparecer.

— Eu estava cega — disse como para si mesma.

Lenice abanou a cabeça.

— Eu também. Com o tempo apaixonei-me por Jean. Aconteceu. Soube que ele me amava e agora estamos nos compreendendo. Poderia ter acontecido o mesmo com você e Jacques.

Fundo suspiro escapou do peito de Elisa.

— Poderia. Eu também compreendi o quanto Jacques é importante para mim. Porém, ele não me ama. Fui duas vezes rejeitada.

Lenice colocou a mão delicada sobre o braço de Elisa.

— Não diga isso. Nunca é tarde para recomeçar. Eu gostaria muito que as coisas se modificassem.

Elisa olhou-a admirada.

— Não me acusa? Apesar da minha conduta leviana, não me acusa?

Lenice deu de ombros.

— Como poderia? Não sei nada sobre a sua dor, seus sofrimentos, suas aspirações. Amo meu irmão e gosto de Julien. Acredito que você tenha tido ocasião de avaliar melhor seus sentimentos. Sei que você é uma mulher digna e acredito que, se houver um recomeço entre ambos, as bases agora serão mais verdadeiras. Tudo é possível! Quem sabe?

Por um momento, nos olhos de Elisa luziu a chama ardente de outros tempos.

Agarrou a mão de Lenice e disse comovida:

— É uma alma nobre e bondosa. Perdoe-me tê-la agredido. Você não tem culpa do que me aconteceu. Apesar do que lhe fiz, ainda encontra justificativas aos meus desatinos.

— Nada tenho a perdoar, Elisa. Gostaria que aceitasse minha amizade, deixando de lado os problemas passados.

Elisa baixou a cabeça, permanecendo alguns segundos silenciosa. Depois disse:

— É muita generosidade sua. Porém, não consigo esquecer. Acuso-me todos os dias. Fui cega, leviana, egoísta e indigna. Jacques jamais me perdoará. E o pior é que agora percebi como ele é bom, inteligente, afetuoso e o quanto poderíamos ter sido felizes se eu não estivesse tão cega! Ser abandonada quando se está no auge da paixão é muito doloroso. Eu queria a todo custo obter o amor de Jean e não percebi que ele nunca existiu. Corri atrás de uma ilusão e deixei passar a minha verdadeira felicidade. Estraguei a vida, Lenice, agora é tarde. Só a mim devo culpar em tudo isso. Feri a dignidade de Jacques e ele nunca me perdoará.

— Calma, Elisa. Aguardemos a bênção do tempo. Ele acalma os corações e ajuda a esquecer.

As duas conversaram durante horas, como nunca acontecera antes.

Daquele dia em diante, Lenice passou a visitar Elisa com regularidade, estabelecendo-se uma amizade sincera entre ambas.

Elisa a cada dia sentia crescer mais sua admiração por Lenice e sua maneira diferente de ver a vida e as coisas. Foi quando Lenice começou a falar-lhe sobre a imortalidade, as leis divinas que regem o mundo e a reencarnação.

Emprestou-lhe livros e, quando voltei a visitar Elisa, percebi o quanto ela tinha mudado. Todavia, em meu coração só havia lugar para Anne. Com o tempo e aos poucos, meu rancor por Elisa foi desaparecendo.

Ela havia se tornado mais humana, mais simples e natural. Agora eu conseguia compreender melhor seus pensamentos.

E havia Julien. Era de ver-se o brilho de seus olhos quando eu comparecia à casa de Elisa com guloseimas para o chá e lá permanecia durante horas, conversando com ambos, mas principalmente com Elisa, que, recostada em uma poltrona macia, parecia ganhar nova vida em seu rosto magro.

Eu sentia prazer nesses minutos. Estava carente de afeto. Anne não aparecia e eu estava muito só. As atividades sociais não preenchiam meu espírito.

Elisa, agora, já conseguia encarar a vida de forma mais ampla, mantendo conversação interessante e agradável.

Eu sabia que Julien esperava nossa reconciliação. Talvez Elisa também, todavia eu amava Anne e não queria iludir Elisa com a possibilidade de um amor inexistente.

Deixei tudo seguir seu rumo natural. Elisa, apesar de desejar que eu voltasse, nunca tocou no assunto. Foi Lenice quem indagou sobre meus sentimentos. Fui sincero.

— Hoje gosto de Elisa. Posso até compreender seus erros passados e esquecer. Contudo, não a amo. Não poderia iludi-la. Minha vida é Anne e meu filho.

— Vai ficar o resto da sua vida sozinho? Ainda tem esperança de que Anne possa ser sua?

— Não sei. Às vezes teimo em acreditar que um dia ela virá para mim. Ao mesmo tempo, sinto que isso jamais acontecerá. É um tormento em que eu vou da esperança à depressão, da euforia ao desânimo.

— A vida é abençoada chance de progresso e muito preciosa para que você a desgaste dessa forma.

— O que posso fazer?

— Muitas coisas. Enquanto espera por Anne, não deve anular o que pode produzir de bom. A vida tirou-lhe Anne por agora e colocou Elisa e Julien em seu caminho. Não será com eles agora sua chance maior? Não sabe as tramas que se escondem no passado, mas pode perceber com clareza que Deus tem colocado em seu caminho outras pessoas a quem, por certo, você deve amor e carinho, e o amam muito. Não perca a oportunidade que tem nas mãos. Faça o melhor que puder para dar-lhes apoio e compreensão, amizade e proteção.

— Não fui eu quem provocou essa situação.

— Não estou tão segura. A vida jamais erra. Se ela os uniu, teria boas razões. E não me recorde os enganos de Elisa, porque desconhecemos nossos próprios enganos em vidas passadas, que justificaram nossas lutas de hoje.

— Acha que mereci o que aconteceu? — indaguei um pouco agastado.

— Por certo. Por acaso duvida da justiça divina? Se aconteceu, foi porque era necessário para que todos nós aprendêssemos lições de amadurecimento. Seria injusto e cruel atirar toda a responsabilidade sobre Elisa. Aceitemos isso humildemente. Não somos infalíveis.

Baixei a cabeça pensativo. Por que teria que ser assim? Por que me apaixonara por Anne, cujo amor era impossível? As indagações surgiam-me sem resposta. Lenice teria razão?

— Tenho feito o possível para demonstrar meu afeto por Julien e Elisa. Mais do que isso não poderia fazer sem recorrer à mentira e à ilusão.

— Sei — murmurou Lenice meigamente. — Compreendo. Preocupa-me vê-lo tão só. Com eles, poderia encontrar novos interesses, novas alegrias.

Abanei a cabeça, convicto.

— Não acredito. Prefiro continuar como até aqui. Vendo-os amiúde, porém preservando minha liberdade. Nada faltará a Elisa, eu prometo. E Julien será meu filho, como sempre.

— Elisa espera algo mais.

— Eu sei. Mas o que ela deseja eu não posso dar.

Lenice olhou-me séria.

— A doença de Elisa é grave. Talvez não tenha muito tempo mais de vida. Quando ela se for, você se sentirá reconfortado por tê-la assistido com amor.

Senti um baque no coração. A morte sempre me assustava.

— Ela está assim tão mal? Parece-me mais refeita, mais disposta.

— Infelizmente, essa melhora é aparente. Tenho conversado com seu médico e sei da gravidade do seu estado.

— Irei vê-la diariamente. Procuraremos outros recursos médicos. Elisa não vai morrer! Tão moça, tão cheia de vida!

— Faça o que quiser, contudo a gravidade do seu estado preocupa. Confio em seu coração. Sei que fará tudo para ajudá-la.

Desde esse dia, passei a visitar Elisa todos os dias, demorando tanto quanto podia a seu lado, e realmente pude perceber seu precário estado de saúde.

Inconformado, busquei todos os recursos da medicina, sem obter mais do que esporádicas melhoras de pouca duração.

Vendo-lhe o rosto pálido, seus achaques, suas dores, seu sofrimento, esqueci-me de tudo o mais para tentar aliviar seus padecimentos. Elisa agarrou-se a mim como um náufrago à sua tábua de salvação.

Seus olhos brilhavam ao ver-me. Por minha causa, lutava desesperadamente para recuperar a saúde. Minha dedicação acendera-lhe no coração a certeza de que eu a amava, e seus olhos enchiam-se de lágrimas quando me falava do seu verdadeiro amor por mim. Reconhecia que sua louca paixão por Jean tinha sido uma ilusão, uma doença que lhe arruinara a vida. Jamais sentira por alguém o que sentia por mim.

Eu, comovido, ouvindo-a falar do seu amor, não tinha coragem para desfazer seu engano e, para ser sincero, creio mesmo que na minha ânsia de vê-la feliz talvez até o tenha estimulado.

Ser carinhoso com Elisa, agora que ela estava tão debilitada, era-me fácil. Descobri que a queria muito bem e desejava ardentemente que ela se recuperasse.

Porém, seu estado agravava-se dia a dia e Julien desalentava-se, necessitando do meu apoio. Foram dias difíceis, mas apesar disso nossa amizade cresceu e nos unimos muito mais.

Eu não me sentia mais só, apesar de sentir saudade de Anne e vontade de ver meu filho.

Foi em janeiro de 1904 que o estado de Elisa agravou-se e ela não mais se levantou do leito. Eu passava a seu lado todo o tempo disponível, e Lenice me secundava nessa triste tarefa.

Preocupado, pedi uma licença ao Tribunal, onde exercia meu trabalho de juiz, para poder ficar com Elisa todo o tempo.

Sabia que estava no fim. O médico me prevenira de que teria pouco tempo mais.

O que eu sentia, não saberia explicar. Sabia que não amava Elisa como esposa; no entanto, no fundo do meu ser, havia um sentimento verdadeiro por ela e uma dor muito grande pela fatalidade de sua partida.

Foi esse sentimento que me fez permanecer ao lado dela noite e dia. Mesmo quando Lenice ou Julien me obrigavam ao descanso, eu me deitava na cama que colocara no próprio quarto dela e ali dormia algumas horas.

Quando ela sofria, eu lhe segurava a mão fria e contraída, e rezava para que a dor passasse. Foi naqueles dias que laços muito profundos de amizade estabeleceram-se entre nós dois.

E foi em meio a esse estado de coisas que o senhor Leterre visitou-me para dizer-me que Anne estaria em Brandemburgo dali a dois dias, e a casa, à minha disposição.

Senti um aperto no coração. Depois de quatro anos, eu tinha a chance de rever Anne e conhecer meu filho. Senti ímpetos de correr dali, em busca dos braços de Anne e do menino.

— Irei — disse ao senhor Leterre, agradecendo a bondade.

Pensei logo em arrumar a bagagem e correr para lá. Porém, olhando o rosto encovado e sofrido de Elisa, senti esmaecer meu entusiasmo. Claro que iria, mas como dizer a Elisa? Ausentar-me durante um mês era por certo não voltar a vê-la. Era deixá-la só na hora extrema. Era abandonar Julien no momento mais triste de sua vida.

Começou para mim um tormento difícil de descrever. De um lado, Anne trazendo de volta vida, amor, felicidade, enlevo, o encanto de meu filho, com suas graças infantis. Do outro, a dor, o sofrimento, a morte, a tristeza, a desolação. E Julien, meu filho do coração, esperando meu apoio, meu afeto, minha presença.

A vida de Elisa estava por pouco e nem o médico poderia prever ao certo quando o desenlace se daria.

Apesar disso, eu queria ir. Era a oportunidade única de rever Anne, e eu a tinha esperado durante largo tempo. Como resistir? Várias vezes aproximei-me de Elisa para dizer-lhe que me ausentaria por alguns dias, mas ela se agarrava às minhas mãos com avidez, encontrava em mim tanto conforto, minha presença ajudava-a tanto, dava-lhe tanto alento, que eu não tinha coragem de afastar-me.

Havia uma semana que Anne encontrava-se em Brandemburgo, e eu ainda lutava sem conseguir sair dali e correr para minha amada.

Abri meu coração a Lenice e não me envergonho de dizer que chorei. Eu estava emocionalmente desgastado e descontrolado. Nunca assistira um doente grave nem convivera com a morte. Apesar de crer na sobrevivência da alma, não conseguia fugir ao terror de pensar que Elisa, moça e tão bela, transformaria em rígido cadáver, candidato à decomposição.

Lenice acariciou-me os cabelos, dizendo-me com carinho:

— Só você pode decidir. Acalme seu coração. Deus cuida de todos nós e nos conduz ao melhor. Confiemos.

— Eu quero ver Anne! Quero ver meu filho! Mas não posso deixar Elisa agora. Se ela morrer e eu não estiver aqui, jamais me perdoarei. Não posso abandoná-la agora.

— Acalme-se. Você tem se dedicado muito a Elisa. Tem feito o melhor. Não se deixe envolver pelo desespero. Pense, reflita com calma. Encontrará a melhor solução, tenho certeza.

— Lenice, o que devo fazer?

— A decisão é sua. Confio que fará o melhor. Entretanto, se decidir-se a ir, eu me comprometo a ficar com Elisa, aconteça o que acontecer.

Beijei-lhe o rosto emotivo com carinho.

— Você é um anjo. Obrigado. Vou pensar.

Faltava-me coragem para deixar Elisa. Vendo-lhe o rosto sofrido e angustiado, a figura desesperada de

Julien, cuja mão procurava a minha nas horas de crise, eu não conseguia falar.

Houve um dia em que eu decidi. Iria apenas para ver Anne e voltar em seguida. Demoraria dois ou três dias. Pretextei chamado profissional inadiável e, com o coração apertado, optei pela viagem. Lenice encarregou-se de velar por eles e eu finalmente parti.

Era uma noite fria, mas eu sequer sentia. Meu coração estava cheio de contraditórios sentimentos. Cheguei a Brandemburgo no dia seguinte cedo e, com emoção, abracei *frau* Hilda, que, delicada, explicou:

— Temos esperado pelo senhor todos os dias.

— Não pude vir antes. Caso de doença na família.

— Sinto muito. Aqui há de sentir-se melhor.

— Pena que não possa ficar muito. Obrigado por tudo.

Instalei-me no quarto onde sonhara voltar e meu coração bateu forte. Anne estava tão perto! Como vê-la sem despertar suspeitas?

Lembrei-me da janela, mas me decidi por uma visita formal. Mandei um cartão de cumprimentos e esperei. Uma serva trouxe-me a resposta. Anne esperava-me ao entardecer. Que esperasse na porta de ligação com a outra ala da casa.

Almocei as deliciosas iguarias que Hilda mandara servir e resolvi descansar um pouco. Mas, estirado no leito, não consegui dormir. Mal podia esperar.

A claridade ainda banhava a paisagem e eu me sentei na sala tendo nas mãos um livro que não lia, olhando a porta insistentemente. Até que, por fim, ela se abriu. Levantei-me de um salto, atravessei-a. Anne estava diante de mim. Seus olhos brilhavam de emoção e eu me esqueci de tudo o mais. Abracei-a com paixão, beijando-lhe os lábios delicados com amor.

— Há dias eu o espero. Por que demorou tanto?

— Deus sabe quanto tenho desejado estar consigo. Não pude vir, depois explico por quê.

Eu não queria falar-lhe sobre Elisa naquele momento. Temia que não me compreendesse. Passados os primeiros arroubos, Anne tomou-me a mão e disse com orgulho:

— Christopher dorme. Venha vê-lo.

Meu coração batia descompassado quando entrei no quarto onde nosso filho dormia. Lágrimas vieram-me aos olhos vendo seu rostinho redondo tranquilamente adormecido. Era um lindo menino. Estava com pouco mais de três anos.

— Melhor que ele não o veja — disse ela séria. — Gostaria que fosse diferente. Mas ele é muito vivo e mencionaria sua presença, o que não seria desejável.

Senti-me triste. Nem ao menos podia brincar com meu filho. Vendo que eu ia responder, Anne fez-me sinal de silêncio e arrastou-me para o seu quarto, onde fechou a porta à chave.

— Aqui estaremos protegidos.

— Não é justo, Anne — balbuciei triste.

— Não vamos voltar a essa discussão. Sabe o que eu penso. Amo-o muito, mas só podemos nos ver assim. Pensei que viesse logo. Por que veio depois de tantos dias? Sabe que não posso ficar nem mais um dia além do que foi marcado.

— Tive problemas de doença na família. Não poderei ficar até o fim de suas férias.

— E diz que me ama!

— Não falemos disso agora. Você sabe que a quero muito.

Abracei-a com calor. Naqueles momentos me esqueci de tudo e de todos.

Anne estava em meus braços e eu sentia um misto de alegria e dor, de realização e de perda, querendo esquecer que logo teríamos que nos separar de novo.

Eu tinha planejado voltar no dia seguinte, porém fui adiando. Passava com Anne todos os momentos em que ela se livrava dos criados e recolhia-se ao quarto, abrindo a porta de ligação das duas alas da casa.

Eu queria despedir-me dela, dizer-lhe que precisava regressar, porém estava quase fascinado com sua presença. Tinha visto meu filho passeando com a ama e, emocionado, encontrara no seu rostinho corado traços da fisionomia querida de papai.

Eu estava dividido.

Às vezes sonhava com Julien me chamando, a dizer-me que Elisa morria, e acordava angustiado dizendo a mim mesmo que iria embora no dia seguinte. Mas não ia. Preocupado, telefonei para a casa de Lenice. Falei com Jean. Lenice estava com Elisa. Ela estava muito mal. Talvez fosse o fim.

Fundo remorso me acometeu. Estava sendo egoísta. Encontrei coragem para falar com Anne, a quem contei toda a verdade. Ela me ouviu triste e disse com seriedade:

— Compreendo. É por isso que eu o amo. Você é um homem digno e forte. É nobre de sua parte esse procedimento. Ficarei aqui mais uma semana. Talvez ela não aguente esperar tanto tempo. Se quiser ir, compreenderei.

Abracei-a com lágrimas nos olhos.

— Às vezes me revolto — disse emocionado. — Esperei tanto tempo por esses momentos com você! Por que teria que ser assim? Se eu ficar e ela morrer, não me perdoarei.

— Há deveres dolorosos, eu sei bem, mas cumpri--los dignifica nosso espírito. Seja esta noite nossa despedida. Quando eu puder, voltarei, então haveremos de estar juntos mais tempo.

— Por que tem que ser assim? Por que não largamos tudo e saímos pelo mundo com nosso filho e nosso amor?

Ela pôs delicadamente a mão sobre meus lábios.

— Sabe que não teríamos paz. Nós nos amamos, mas temos caminhos diferentes. Contentemo-nos com aquilo que a vida pode nos dar. Estou disposta a cumprir meu dever até o fim. Sei que me compreende.

Beijei-lhe os cabelos com ardor. Era nossa última noite juntos. No dia seguinte eu partiria para ver Elisa e, por certo, lá esperavam-me momentos de tristeza e de desolação.

— Vamos esquecer tudo esta noite — murmurei ao seu ouvido. — Seremos felizes pelo menos agora.

Ela assentiu. Não falamos mais no assunto. Tínhamos pouco tempo, precisávamos aproveitar. Aquelas horas que passamos juntos foram realmente belos momentos de minha vida que jamais hei de esquecer.

O amanhã chegou depressa e nos conscientizamos da despedida. Foi com o coração partido que deixei Brandemburgo de volta à França.

Em meus braços sentia ainda o calor do corpo de Anne e, nos lábios, o gosto doce de seus beijos.

Teria feito bem em voltar? Não teria sido melhor esperar aquela semana que faltava e usufruir da companhia de Anne? Elisa podia não estar tão mal assim.

Contudo, quando, horas mais tarde, adentrei o quarto de Elisa, percebi que ela não podia esperar. Seu aspecto era mais triste e seu estado tinha se agravado muito. Ouvindo-me a voz, ela abriu lentamente os olhos e sorriu levemente:

— Eu sabia que viria — disse baixinho. — Eu não poderia ir sem me despedir de você...

Tomei-lhe a mão fria e magra.

— Não diga isso. Vamos reagir. Você ficará boa. Verá. Estou aqui para cuidar de você.

— Cuide de Julien. Ele o ama muito. Peço que me perdoe. Eu estava cega.

Coloquei os dedos levemente sobre seus lábios.

— Não fale mais nisso. Eu a quero muito. Lembre-se disso sempre.

— Eu o amo — disse ela com voz fraca. — Agora sei o quanto o amo. Pena. Gostaria de viver, de reconquistar seu amor. Acho que conseguiria.

— Claro! Nunca resisti aos seus encantos — disse comovido.

— Gostaria tanto de viver para estar com você!

— Viverá — menti com lágrimas nos olhos. — Juntos voltaremos a viver!

— Verdade? — fez ela com voz fraca.

— Sim — disse com voz que procurei tornar firme.

Ela fechou os olhos e adormeceu um sono tranquilo, sua mão na minha. Lenice olhou-me com olhos enevoados. Sem dizer palavra, beijou-me a testa com carinho. Seu beijo disse mais do que qualquer palavra.

Apesar de sua vontade de viver, Elisa morreu suavemente dois dias depois. Com emoção beijei sua testa sofrida e abracei Julien, que, assustado, não sabia o que fazer. Era seu primeiro contato com a morte. Acalmei-o. Falei-lhe da sobrevivência da alma, da vida eterna, da reencarnação, das verdades que Lenice tinha me ensinado a perceber.

Jean apareceu. Abraçou-me com seriedade dizendo-me:

— Sinto muito. Arrependi-me de certos momentos de meu passado. Porém, agora só posso dizer-lhe que gostaria muito que tudo tivesse sido diferente.

— Eu sei — respondi convicto. — Todos nós nos enganamos. O passado está morto. E o presente fez de seu casamento com Lenice um lar feliz. Por isso eu o aprecio e respeito. Ela o ama muito. Sejam felizes. Vivam esse amor com toda sua força. Lenice merece ser muito feliz.

— Somos felizes. Amo-a muito. O amor de Lenice é um prêmio que sequer mereço. Espero que você refaça sua vida, agora que Elisa se foi. É moço e está livre. Pode encontrar alguém que abra as portas do seu coração.

Fundo suspiro escapou do meu peito oprimido.

— Jamais poderei ser feliz, mas agradeço seus votos. Sei que são sinceros.

Lenice aproximou-se, tomou minha mão e segurou-a com força. Enquanto Jean afastava-se, disse-me amorosamente:

— Você está livre do seu compromisso na Terra. Venceu sua batalha. Deu a Elisa o melhor de si mesmo.

— De que adianta? — inquiri com amargura. — Anne está perdida para mim.

Lenice alisou-me os cabelos com suavidade.

— Não se rebele. A vida se move constantemente e, a cada dia, mais se aproxima da realização dos seus sonhos.

— Por que diz isso? Sabe que nosso amor é impossível.

— Por agora. Você cumpriu seu dever com Elisa e acredito que o cumprirá com Julien. Anne está consciente e determinada. Fará sua parte até o fim.

— Isso eu sei. É justamente o que nos separa.

— Engana-se. É justamente o que os unirá. Cumprindo os compromissos morais, aceitando as exigências da vida, fazendo o melhor e entregando a Deus nossos atos é que nos libertamos para a felicidade e a realização dos nossos elevados desejos. Seu amor por Anne é sincero e correspondido. Um dia, vencidas as etapas terrenas, estarão unidos para sempre.

— Quando você fala assim, sinto renascer a esperança.

— Ela o ama. Isso é o que importa. Diante desse fato e do seu amor, todas as coisas passarão. Pode ter esperança. Quando for oportuno, a vida lhe dará esse prêmio. O que são alguns anos de espera na Terra diante disso?

Beijei Lenice na testa, agradecido. Respirei forte, sentindo-me confortado.

— Tem razão. Esperarei por Anne o tempo que for.

— Com alegria, fazendo sua parte. Julien precisa do seu convívio e da sua experiência. Ficou só no mundo.

— Irá morar comigo. É meu filho e vou educá-lo, torná-lo um homem de bem.

— Vai prepará-lo para enfrentar o mundo e suas lutas, não se esqueça disso. Faça dele um espírito forte, que saiba resolver seus próprios problemas e encarar suas dificuldades. A vida não o poupará, assim como não nos tem poupado. O melhor que pode fazer por ele é ajudá-lo a perceber sua própria força e desenvolvê-la conscientemente.

— Sei o que quer dizer. Tem razão. Eu vivi esse drama na carne. Quando papai morreu, eu era um jovem imaturo, ambicioso e egoísta. Fiz muitas asneiras, sofri muito. Ajudarei Julien a ver as coisas. Mas as decisões, ele as tomará. Escolherá seu próprio caminho.

— Muito bem, Jacques.

No enterro de Elisa, não me envergonho de dizer que chorei. Era parte de minha vida que enterrava com ela. Minha mocidade, grande parte das minhas ilusões e muitas lembranças.

Confortamo-nos, eu e Julien. Levei-o para minha casa no mesmo dia. Olhando seu rosto magro e emocionado, vi em seus olhos um brilho novo e percebi que ele também tinha amadurecido, crescido, e sua infância tinha também sido enterrada com Elisa.

— Juntos, viveremos em paz — disse-lhe, conduzindo-o ao seu novo quarto. — De hoje em diante sou para você o apoio maior. Conte sempre comigo. Tenho certeza de que Elisa nos ajudará e velará por nós.

Havia determinação e firmeza em minha voz, e Julien abraçou-me sério.

— Estou feliz por ser seu filho. Vou sentir saudades dela, mas ainda tenho você, e isso me conforta e enche meu coração de gratidão.

Beijei-lhe a testa desejando-lhe uma boa-noite. Apesar das lutas e dos sofrimentos pelos quais passara, pela perda de Elisa, pelo amor impossível de Anne, senti um profundo sentimento de paz encher-me o coração.

Tinha feito o melhor, pensei, satisfeito. Pela primeira vez em minha vida, senti-me digno, humano, sereno. E, nesse sentimento brando, adormeci.

Sentado em agradável poltrona, olhando o fogo que crepitava na lareira, eu pensava em Anne. Fazia três anos que tínhamos nos separado em Brandemburgo e, desde então, ela não voltara lá. Por quê?

A princípio, eu tinha esperado com ansiedade e sentira funda decepção com sua ausência.

Porém, Anne não fora a Brandemburgo nos anos seguintes, e o senhor Leterre apenas informava-me que os motivos eram alheios à vontade dela.

Acreditei nos primeiros tempos, mas confesso que houve momentos em que me senti esquecido e relegado a segundo plano.

Sofri, pensando que talvez estivesse sendo substituído no coração dela. Por diversas vezes, senti vontade de voltar a Dolgellau. Sir John escrevia-me de quando em vez, enviando-me notícias da família e gravuras históricas em que Christopher aparecia. Era um homem admirável, que se sentia feliz em colocar toda a esperança do bem-estar de seu povo nas mãos daquela criança. Com apenas sete anos, Christopher já se revelava sensível e digno. Eu, orgulhosamente, relia o trecho de sua última carta:

"Ele tem a postura de um grande líder, mas suas atitudes refletem principalmente dignidade e entranhado amor ao seu povo e à sua terra. Tenho a certeza de que será um grande chefe. Sei reconhecer um espírito nobre, mesmo sendo ainda criança".

Lágrimas vieram-me aos olhos. Christopher era meu filho! Anne por certo o estaria educando adequadamente. Ah, se eu pudesse! Se eu pudesse ir até lá para vê-lo, falar com ele! Mas era impossível. Eu não tinha o direito de perturbá-lo em sua missão. Eu era carta fora do baralho, não podia optar.

Senti-me esquecido e rejeitado. Anne! Por que não tinha mais voltado a Brandemburgo? Notando minha tristeza, Lenice preocupava-se.

— Jacques! Você ama Anne, porém nada pode fazer por agora. Não depende de você. Esqueça esse amor que tanto o faz sofrer. É um homem moço, a solidão não é agradável.

Eu abanava a cabeça, desalentado.

— Amo Anne. Nenhuma outra mulher me interessa.

— Há outras mulheres que poderiam ajudá-lo a esquecer. Uma boa esposa que enchesse sua casa de alegria e de amor.

— É impossível. Jamais me unirei a outra mulher. Não a faria feliz.

Contudo, olhando as labaredas que lambiam o ar, estalando na lareira, sentia-me muito só. Funda amargura abatia-se sobre mim. Meu antigo entusiasmo de viver tinha desaparecido.

Senti a mão de Julien sobre a minha.

— Pai — disse carinhosamente —, você está triste esta noite.

Suspirei fundo.

— Sim. Estou. Minha tristeza não tem remédio.

— Se não tem remédio, o melhor é esquecê-la — respondeu ele, tentando sorrir.

Olhei-o sério. Preocupado com meu drama íntimo, esquecera-me dele. Estava com dezesseis anos e na idade dos entretenimentos. Eu tinha me transformado em um homem amargo e triste. Não era boa companhia para ele. Fiquei um pouco picado pelo remorso.

— Não tenho sido bom companheiro, não é?

Ele sorriu.

— Tudo está bem comigo. O que me aborrece é sua tristeza. Gostaria de vê-lo feliz. Minha presença não consegue alegrá-lo.

Senti-me envergonhado. Estava sendo egoísta.

— Sinto-me feliz quando você está por perto. Amanhã, vamos sair para passear. Haveremos de divertir-nos bastante. Iremos ao Louvre e depois almoçaremos em um restaurante. Faremos o que nos der vontade. É domingo, tiraremos o dia só para nós.

Julien sorriu de novo e seus olhos brilharam de felicidade.

Saímos cedo, antegozando o prazer do passeio. Julien sentia-se feliz em minha companhia, e eu procurava alegrá-lo, conversando animadamente. Adentramos o Louvre com prazer. Estávamos admirando uma pintura, quando Julien tornou alegre:

— Madame Javert! Venha, papai, vamos cumprimentá-la!

Arrastou-me pela mão e vi-me diante de uma mulher jovem e agradável. Olhando seu rosto expressivo, não lhe reconhecia traços de uma beleza clássica. Porém seus olhos negros e veludosos emprestavam-lhe à fisionomia um magnetismo invulgar. Alta, porte elegante, vestia-se com simplicidade, e seus cabelos castanhos, presos em birote na nuca, eram brilhantes e sedosos, embora seu gracioso chapéu, com um veuzinho delicado, o cobrisse quase totalmente.

— Que prazer, madame Javert! Permita-me apresentar meu pai.

Ela levantou os olhos para mim. Curvei-me atencioso.

— Jacques Latour.

— Pai, madame Javert é minha professora de arte.

— Encantado, madame.

— Alegro-me de vê-lo aqui. As belezas da arte desenvolvem e sensibilizam o espírito.

"Quantos anos teria?", pensei, curioso. Era jovem e sua voz grave, muito agradável. Julien estava alegre e interessado. Aquele encontro tinha sido muito a seu gosto. Ele tinha se mostrado muito dedicado à arte nos últimos meses. Teria a professora algo a ver com aquilo?

— Agrada-me saber que Julien se interessa pela pintura.

— Claro. É um jovem sensível e inteligente.

— Madame Javert, poderia vir conosco? Gostaria muito de ouvir sua opinião sobre os quadros — pediu Julien.

Ela me olhou interdita.

— Será um prazer, senhora.

— Disponho de uma hora. Poderemos aproveitar o tempo. Venha, Julien.

Com alegria ele a seguiu e eu os acompanhei curioso. Levou-nos diante de uma tela de Rembrandt e começou a falar-nos sobre ela, mostrando-nos aspectos e nuances que eu nunca tinha visto.

Circulara em museus, considerava-me apreciador razoável das obras de arte, porém madame Javert fez-me ver aspectos de luz, cor, arte e beleza inimaginados. Sua voz grave e diferente, a emotividade de seu rosto expressivo fizeram-nos esquecer de tudo e mergulhar em um mundo cheio de encantamento e beleza.

A certa altura, ela disse:

— Meu Deus! Como é tarde! Falei demais.

— Absolutamente — disse eu, encantado.

— Meu tempo se foi. Preciso ir.

— Madame Javert, aceitaria almoçar conosco? Iria nos dar muito prazer.

— Obrigada, senhor. Não disponho de mais tempo.

— É pena — tornei eu com sinceridade.

— Espero não tê-los cansado.

— Eu adorei — disse Julien satisfeito.

— Aprendi muito esta manhã... Pena que precise ir-se.

Ela sorriu.

— São muito amáveis. Minha filha precisa de mim.

— Quem sabe um outro dia... — ajuntei.

— Por certo. Adeus, Julien. Passe bem, senhor Jacques.

Estendeu-me a mão, que eu delicadamente beijei. Afastou-se. Fiquei curioso.

— Muito boa esta professora de arte.

— Adoro-a — disse Julien convicto. — Suas aulas são sempre muito agradáveis e ela me ensinou a ver e a olhar para as coisas belas.

— Pena que não pudesse ficar para o almoço. A família por certo a espera.

— Ela vive com a mãe, tem uma filha de três anos.

— E o marido?

— Não sei. Acho que morreu.

A notícia agradou-me. Madame Javert era encantadora.

A partir daquele dia interessei-me pelas aulas de arte de Julien e procurei encontrar-me com madame Javert. Ela me recebia com prazer, tendo aceitado tomar chá conosco, para a alegria de Julien. Com esses encontros minha vida melhorou.

Embora guardasse ainda momentos de infinita tristeza e meu coração chamasse por Anne com desespero, os momentos em companhia de Eliane Javert, como a chamava agora, eram agradáveis e sinceros. Graças a eles, eu tinha voltado a interessar-me pela vida no dia a dia e tornara-me otimista.

Madame Sorell, a mãe de Eliane, mulher fina e delicada, recebera-nos com distinção e amizade, e a pequena Milena era encantadora. Dentro daquele lar harmonioso, tanto eu quanto Julien nos sentíamos aconchegados e felizes. Estar ali era preencher o vazio de nossas vidas e esquecer a solidão. Aos poucos fomos nos aproximando em agradável convivência. Julien sentia-se feliz, e eu me habituara àquele convívio, estreitando os laços da nossa amizade.

A suavidade, a inteligência, a delicadeza, a doçura, a alegria de viver de Eliane faziam-me muito bem. Voltei a interessar-me pelas coisas, pela vida, e aos poucos comecei a ter esperança de encontrar a felicidade de novo.

Não compreendia o que se passava comigo. Quando estava com Eliane, esquecia-me de tudo, da minha paixão por Anne, do meu filho distante, do amor impossível. Porém, quando voltava para casa, sentia-me solitário e os fantasmas do passado reapareciam, povoando minha saudade.

Várias vezes tinha voltado à casa de minha mãe, procurando reviver momentos de alegria familiar, mas, embora ela conservasse tudo como dantes, estava solitária e triste, não era mais a mesma, eu não era o mesmo e a situação modificara-se. E eu voltava a Paris mais triste e mais amargurado.

No lar de Eliane, eu havia reencontrado a alegria de viver. Meu relacionamento com ela era de amizade. Contudo, ela era jovem e bela. Possuía um magnetismo impressionante. A seu lado, todos os meus fantasmas desapareciam. Sua alegria espontânea, seus olhos brilhantes e emotivos, seu riso franco e sincero foram conquistando minha admiração e, aos poucos, um lugar especial em meu coração.

Eu lutava com as emoções, porquanto meu amor por Anne ainda continuava vivo dentro de mim. No entanto, esse amor era impossível. Eu deveria permanecer sozinho pelo resto da vida? Eliane representava esquecimento, renovação, amizade, esperança. Julien a queria com carinho e respeito. Por que lutar contra aquele sentimento? Por que permanecer carregando o peso de um amor impossível?

Aos poucos minha resistência foi desaparecendo e com naturalidade tomei sua mão, beijei-lhe os lábios e retribuí o afeto que descobri em seus olhos negros e brilhantes.

O mundo se coloriu de novo de beleza e alegria. Eu voltara a viver e talvez houvesse reencontrado a alegria de amar. Às vezes, recordava o rosto mimoso de Anne e sentia um aperto no coração. Mas ela estava perdida para mim.

Em uma bela manhã de primavera, casamo-nos em cerimônia simples, na sala de estar de madame Sorell, com a presença de Lenice, Jean e Mirelle. Julien estava feliz. Eu também. Encontrara uma mulher inteligente, bela, que me amava e com quem eu seria feliz. Daquele dia em diante, lutaria para esquecer Anne e Christopher, e me dedicaria inteiramente ao meu novo lar.

Olhando o brilho emocionado nos olhos de Eliane, seu rosto expressivo, e apertando seu corpo jovem de encontro ao meu, tinha a certeza de que conseguiria.

Assim começou para mim uma vida nova.

Sentado comodamente em agradável poltrona diante da lareira, eu me deixara ficar preguiçosamente, gozando o momento de repouso e de paz. Era domingo, a tarde ia avançada. Apesar do frio que fazia lá fora, Julien saíra com amigos e Eliane fora acompanhar Milena ao quarto para o descanso da tarde.

Olhando as chamas que caprichosamente lambiam o ar, senti-me tranquilo e feliz. Havia quase dois anos que tinha me casado. Minha vida com Eliane decorria agradável e serena. Ela era encantadora. Atenciosa, inteligente e culta, porém simples e prática de atitudes, prudente e segura, sempre encontrava soluções boas para os problemas naturais do dia a dia.

Seu magnetismo pessoal era envolvente e eu me admirava de como tanto Julien quanto Milena lhe obedeciam prontamente. Julien estava em uma fase da juventude um tanto controvertida, e às vezes eu não conseguia fazê-lo compreender e aceitar certas coisas. Eliane, porém, intervinha e ele a acatava com prazer.

Éramos felizes. Morávamos em minha bela casa em Paris. Meus negócios iam muito bem. Momentos havia em que me recordava de Anne, mas estava conformado com a separação e ela não me doía como antes.

Espreguicei-me gostosamente e, num gesto rápido, apanhei o jornal na mesinha ao lado. Comecei a lê-lo. Entretido, virei suas páginas e de repente o sangue fugiu-me do rosto assustado. "Rebelião e revolta no País de Gales." "Sangue em Dolgellau." "O povo invadiu o castelo de Loucester e seus membros encontram-se desaparecidos. O príncipe de Gales mandou tropas para restabelecer a ordem."

Senti um baque no coração. O que teria acontecido? A notícia era lacônica e não me satisfazia. Senti-me inquieto, ansioso. Precisava descobrir a verdade. Como? Era domingo e o consulado estava fechado.

Peguei o telefone e liguei para o senhor Leterre. Talvez soubesse alguma coisa.

— Estou apreensivo, Jacques — disse-me ele. — As últimas notícias não eram boas. Ainda não sei bem como aconteceu. Sei apenas o que diz o jornal. Porém, tenho um informante que está investigando. Dentro em breve terei pormenores.

— Acha que aconteceu o pior?

— Não sei... Penso que estão vivos. Se tivessem morrido, nós saberíamos.

Suspirei conformado.

— Gostaria de ter notícias logo que souber de alguma coisa.

— Compreendo. Assim que obtiver informes, avisarei.

— Obrigado, senhor Leterre.

Naquela tarde, nem o carinho atencioso de Eliane nem a tagarelice de Milena conseguiram desviar o fio das preocupações.

Não contei nada a Eliane, que não sabia a que atribuir minha súbita mudança, meu ar sério e minha introspecção.

Somente dois dias depois foi que o senhor Leterre telefonou-me, pedindo-me para ir vê-lo. Com o coração descompassado, fui ao seu encontro.

Sentados em seu gabinete, esperei que ele falasse.

— Tive notícias — disse sério. — Eles estão bem. Sir Anthony foi ferido, mas todos estão a salvo no interior da Inglaterra, procurando deixar o país.

— Naturalmente, o senhor vai ajudá-los.

— Claro. Estou fazendo o possível para isso. Anne e Christopher estão bem.

Suspirei aliviado.

— Como aconteceu? Ultimamente tenho procurado esquecer.

O senhor Leterre abanou a cabeça concordando.

— É justo. Tudo começou com a morte de Sir Charles. O povo estava sofrido, com fome e revoltado com o governo dele. Sua morte representava mudança, oportunidade de melhores dias. Anne era amada por eles e Christopher representava novas esperanças. Com a morte de Sir Charles, eles sabiam que Christopher, herdeiro natural do condado, ainda uma criança, não tinha condições de dirigir tudo. Desejavam que Sir John, homem estimado e de nobres sentimentos, assumisse o cargo, ajudando Christopher, educando-o para oportunamente ocupar o lugar do avô. Contudo, Sir Anthony não concordou. Ignorou a vontade do povo e tomou posse de tudo, revelando-se mais cruel, ambicioso e duro que Sir Charles. Inconformados, os súditos foram revoltando-se e uma parcela da força de defesa de Dolgellau sublevou-se, juntando-se ao povo. Então, foi o que se viu. Anthony teve a ideia infeliz de mandar matar Sir John e aí o clamor e a revolta eclodiram. Anos de sofrimento e repressão, mágoas e desespero transformaram aqueles homens pacatos em soldados cruéis. Vendo sua guarda desmantelada, Anthony conseguiu fugir com Anne e Christopher e, agora, disfarçados de camponeses, procuram deixar a Bretanha. O príncipe de Gales condenou a atitude de Anthony e restabeleceu a ordem colocando o filho de Sir John como mandatário do condado.

— Quer dizer que Anne perdeu tudo?

— Por agora, sim. O povo amava Sir John. Era um homem sério e ponderado.

— Eu o conheci. Apreciava-o muito. Lamento que ele tenha morrido.

O senhor Leterre suspirou desalentado.

— Eu também. O pior é que Sir Anthony é violento, ambicioso e traiçoeiro. Não creio que se conforme em salvar a pele.

Meu coração bateu mais forte.

— Acha que pode acontecer algo com Anne e Christopher?

— Vou tentar tirá-los de lá.

— Se eu puder fazer algo para ajudar...

— Por ora, não pode.

— Gostaria de estar informado.

— Por certo.

— Se precisar de dinheiro, estou às ordens.

— Obrigado, Jacques.

Despedi-me dele preocupado com Anne e com meu filho. O que seria deles agora?

Angustiado, procurei Lenice para desabafar. Suas palavras sensatas e confiantes acalmaram-me o coração.

— Entregue a Deus — disse ela com seriedade. — Ore e acalme-se. Não cai uma folha da árvore sem a permissão de Deus. Só vai acontecer o que for bom para todos.

— Como pode ser bom passar pelo que ela está passando?

— Do ponto de vista mundano, talvez não, mas do educativo espiritual, o que sabemos nós? Deus é pai bom e justo. Se permitiu o que aconteceu, é porque a experiência será valiosa para todos.

— Não concordo — respondi. — Revolta, sangue, morte. Sir John era um homem bom e honesto. Não merecia o fim triste que teve.

— Como pode saber o que ele merecia ou não? Que condições tem para avaliar e julgar? O que sabe de suas necessidades íntimas ou de suas existências passadas?

— Não me conformo que Deus permita a um homem mau e vingativo como Sir Anthony matar um homem honesto e bom como Sir John.

— Tudo quanto Deus faz está certo. Ele jamais erra. Ele é perfeito. Se a maldade de Anthony atingiu Sir

John, foi porque desse acontecimento doloroso que ele não provocou pode tirar benefícios novos que ajudarão a todos.

— De que forma?

Lenice sorriu calma e respondeu:

— Sir John amava aquele povo e era um homem bom. Quem nos garante que ele não tenha concordado em dar a vida em benefício de sua gente?

— Como pode ser isso?

— Como espírito, fora do corpo, ele pode ter se oferecido para isso. Afinal, foi sua morte dolorosa que deu forças a que o povo reagisse. Como espírito, ele sabe que é eterno. O que significa um corpo perecível diante dos valores sagrados da vida?

— Essa atitude seria digna dele — avaliei admirado.

— Por outro lado, conhecemos Sir John como é agora. Não sabemos o que teria sido em encarnações anteriores, quando pode ter sido mais violento, mais agressivo, passível de sofrer a violência de agora.

— É difícil saber.

— Então, não vamos julgar.

— E Sir Anthony, será punido pela maldade?

— Não se sabe até que ponto ele é doente.

— Ele não é um doente.

— Ambição desmedida, crueldade, agressividade e morte do semelhante não são doenças graves para você? Que sofrimentos e lutas terá ele que enfrentar para curar-se desses males? Já pensou nisso?

— Mas Anne e Christopher estão inocentes. Como deixá-los à mercê desse malvado?

— Não fomos nós que os reunimos, foi Deus. Por mais que você tenha lutado, não conseguiu evitar isso.

Devemos confiar, que Deus sabe o que faz. A hora que for possível e se isso for o melhor, Ele os separará. O que está faltando ao seu coração é confiança em Deus. A angústia, o receio, a insegurança revelam sempre nossa falta de fé na Providência Divina. Acalme-se. Ore. Confie. Ninguém está só ou é injustiçado. Deus tudo sabe e prevê. Tenha fé. Tenha esperança.

Senti-me mais aliviado. Lenice tinha sempre o poder de acalmar-me. Apesar disso, aqueles dias foram de sobressaltos e preocupações. Eliane procurava envolver-me com o seu carinho, mas eu continuava apreensivo e triste.

Ela ignorava a causa de minhas preocupações. Meu amor por Anne era um segredo que eu guardava no coração.

Somente quinze dias depois o senhor Leterre mandou-me chamar. Atendi imediatamente.

— Jacques, finalmente — disse-me ele com emoção —, estão salvos. Consegui localizá-los e dispor tudo para alcançarem Brandemburgo dentro de dois ou três dias.

— Estão todos bem? — indaguei com euforia.

— Sim. Arrasados, cansados, abatidos, porém ilesos.

— Ainda bem — suspirei aliviado. — Ficarão em Brandemburgo?

— Por agora. Pretendo ir até lá para inteirar-me de tudo e saber o que pretendem fazer. Preciso avaliar a situação.

— Gostaria de ir com o senhor...

— Não acho prudente.

— Não vou suportar esperar. Eu poderia ver meu filho.

— Não acho prudente, repito.

— Desejo apenas ajudar.

— Talvez eu vá precisar de pessoa de confiança para ajudar-me. No momento, porém, quero ir só. Tranquilize-se. Darei notícias assim que puder. Sir Anthony relutou em ir para Brandemburgo. Conserva ideias de revolta e não está conformado com a derrota. Está desconfiado de tudo e de todos. Se perceber ou suspeitar da verdade, não terá escrúpulos em atingir Anne e até Christopher. É prepotente e cruel.

— É penoso não poder estar com eles nessa hora difícil.

— Compreendo — fez o senhor Leterre com voz grave. — Porém, você está casado e com vida regular. Desfruta de tranquilidade. Sua esposa é uma mulher encantadora e por certo desconhece essa passagem de sua vida.

— É verdade — concordei.

— Por outro lado, além da desconfiança e da revolta de Sir Anthony, temo que o reencontro com Anne possa reacender a velha chama. Acha isso prudente?

Deixei-me cair na poltrona com a cabeça entre as mãos. Estava desesperado, ansioso, mas tive que reconhecer que ele dizia a verdade.

— Tem razão. Agora que consegui retomar minha vida, rever Anne pode trazer à tona todo o nosso velho sentimento.

— Aconselho-o a esperar. Prometo colocá-lo a par de tudo. Direi a Anne da sua preocupação.

— Ela não sabe que reconstruí minha vida...

— Deverá saber.

— Gostaria de contar-lhe pessoalmente.

— Não seria possível nem prudente.

— Não gostaria que ela soubesse por terceiros. Pensei em escrever-lhe, mas achei comprometedor.

— Seria loucura! Uma carta pode criar problemas maiores. Eu posso conversar com ela, explicar tudo detalhadamente. Ela compreenderá. É o mais acertado. Poderei levar seu recado verbal, claro, e tudo estará bem. É só o que se pode fazer por agora.

Saí da casa do senhor Leterre arrasado. Sentia ímpetos de correr para Anne e abraçá-la, rever Christopher e estar com eles. Apesar disso, eu tinha aumentado a barreira que nos separava. Havia Eliane, que ignorava tudo e se transformara em uma peça importante em minha vida. Era uma mulher admirável e dedicava-se em trazer felicidade a mim e à nossa família.

Como envolvê-la em minhas preocupações? Minha cabeça doía e eu estava em pane. Caminhei pelas ruas, ruminando meus problemas. E quanto mais pensava, mais reconhecia que o senhor Leterre estava certo. Afinal, a situação em si não tinha mudado. Anne ainda era casada e vivia com o marido. Mesmo que eu estivesse livre, de nada valeria. Este pensamento confortou-me e voltei para casa.

O aconchego da sala aquecida, o beijo carinhoso de Eliane, os bracinhos de Milena ao redor do meu pescoço, sua vozinha a relatar-me as diabruras do seu cãozinho Joqueur, o chá servido em linda e caprichada bandeja e, por fim, a mão de Eliane segurando a minha deram-me finalmente abençoada sensação de paz.

Olhei Eliane agradecido. Ela percebeu que eu estava em crise, porém nada perguntou. Ofereceu-me seu carinho, seu afeto, e naquele momento senti-me protegido e forte. Eliane era realmente muito importante para mim.

Não saberia explicar meus sentimentos. Meu amor por Anne era intenso e sincero, mas Eliane era como a brisa leve que tinha o dom de serenar minha alma atormentada. E, ao mesmo tempo, eu a amava também, mergulhando em seus braços e esquecendo temporariamente todas as mágoas.

Às vezes julgava-me um tanto cínico. Amar duas mulheres ao mesmo tempo feria meu senso de honestidade, porém não podia fugir à realidade do que sentia. Não procurava Anne nos braços de Eliane. Isso nunca me ocorrera. Ambas eram tão diferentes uma da outra que isso jamais acontecera. Várias vezes senti-me egoísta e fútil.

Uma tarde, vendo-me a sós com Lenice, abri meu coração.

— Estou dividido — considerei. — Como posso amar duas mulheres? Considero-me infiel e cínico, incapaz de sentimentos nobres.

— Por quê?

— Meu amor por Anne é grande e verdadeiro. Por outro lado, Eliane também me é cara. Confesso que a amo muito, como espírito e como mulher. Não estarei sendo leviano, hipócrita?

Lenice olhou-me nos olhos como a querer penetrar-me a alma. Depois disse:

— O amor nunca será um mal, mesmo quando nós o reduzimos às emoções humanas ou terrenas. O que avilta ou prejudica são as nossas ações quando ferem os sentimentos alheios em vez de dignificá-los. Você pode impedir seu coração de sentir amor por Anne?

— Não. Penso nela e me enterneço. Lembro-me de seus beijos e emociono-me. Entretanto, quando estou ao lado de Eliane, sinto-me bem. Amo-a muito. Embora ela me enterneça de maneira diferente, vibro com seus beijos, e seus carinhos conseguem despertar muito amor. Lenice, por acaso serei hipócrita? Serei leviano? Deveria contar a Eliane o que me vai na alma?

Lenice suspirou quando disse:

— O coração humano tem seus segredos. Amar duas pessoas talvez não seja um mal quando sentimos que todos nós precisamos aprender a amar toda a humanidade. O amor é lei da vida. Apesar de você guardar esse sentimento por Anne, sabe que esse amor é impossível. Seu relacionamento com ela cessou depois que encontrou Eliane. Agora, por que preocupá-la com suas lembranças dolorosas? Por que dividir com ela o peso de sua frustração passada? Ela, que lhe deu afeto, compreensão, carinho e nunca cobrou nada quanto ao passado?

— Estou atormentado. Às vezes penso, se Anne ficar livre, se seu marido morrer, o que farei? Correrei para ela, deixarei Eliane, terei coragem?

— Está sofrendo por algo que não aconteceu e talvez não aconteça. Acalme-se. Você e Anne amam-se, porém agora esse amor é impossível. A vida os separou. Você tinha o direito de refazer sua vida de outra forma. Guarde seu amor por Anne, já que ele brota espontâneo em seu coração. Porém a vida deu-lhe o afeto de Eliane, a quem você corresponde e ama. Aceite a situação que lhe é oferecida e busque fazer o melhor. Seja para Eliane o companheiro, o melhor amigo e o mais carinhoso, fiel e generoso. Viva com serenidade. E, se o amor que sente por Anne e ela por você for mesmo verdadeiro, um dia tudo se resolverá naturalmente. Sem empecilhos ou violências. Aprenda a esperar, fazendo o melhor.

Permaneci pensativo por alguns instantes. Depois disse:

— E se Anne me chamar? E se precisar de mim? Às vezes tenho ímpetos de correr para ela, de largar tudo.

— Lute contra isso. O dever sempre mostra o caminho mais acertado. Se agir assim, criará problemas maiores para o futuro.

— Há momentos em que temo não resistir.

— Resistirá. As tentações representam sempre velhos problemas não solucionados que carregamos. Quando aprendermos a resistir a eles, perderão sua força. Acabarão. Não é fácil resistir a esse arrastamento, mas, apesar disso, quando lutamos e reagimos, é porque, tendo cedido outras vezes, percebemos que isso nos agrava a situação, vamos nos tornando mais firmes na resistência e a cada dia mais aptos a vencer.

— Ajude-me, Lenice. Sei que está com a razão. Ademais, Anne continua casada e com o marido. Não tenho o direito de criar-lhe mais problemas.

— Essa é a sua luta. Continue firme, resista a essa tentação. Deus o ajudará. Ao mesmo tempo, procure dar todo o afeto a Julien e Eliane, que o amam e merecem a felicidade. Guarde seu segredo com dignidade. Não é crime amar. O egoísmo ilude-nos para que tentemos dividir o peso das nossas angústias com os que nos amam. Às vezes fazemos isso em nome da sinceridade. Puro engano. Guardemos os espinhos que carregamos na alma e procuremos envolvê-los com o algodão da fé e da serenidade. Procuremos dar aos que nos amam apenas o bem, a alegria, a paz e o amor que conseguimos construir, colocando o bem-estar e a felicidade deles acima da nossa. Essa é a verdadeira maneira de viver.

Vieram-me lágrimas aos olhos. Sem poder conter-me, levantei-me e abracei-a comovido. Ficamos abraçados alguns momentos em silêncio.

Depois, segurando suas mãos com força, murmurei comovido:

— Agradeço a Deus por ter colocado você em meu caminho. Eu, que fui covarde, forcei seu casamento por ambição. Quando penso nisso, o remorso incomoda-me.

Ela me olhou séria.

— Sou muito feliz. Amo Jean, e ele me ama. Não vamos falar disso de novo.

Suspirei resignado.

— Está bem. Como sempre, tem razão. Por certo Deus cuidou do seu futuro melhor do que eu, suavizando meu erro.

— Cada um só passa o que Deus permite. Agora, falemos de coisas mais amenas. Quer uma xícara de chá?

Aceitei com prazer. Estava mais calmo e relaxado. Lenice tinha razão. Eu sabia o rumo a seguir e faria todo o esforço para não me desviar dele.

Os dias que se seguiram foram calmos e de rotina. Eu estava mais equilibrado. Procurava afastar os pensamentos sobre o futuro porque me atormentavam inutilmente.

O senhor Leterre, no entanto, não escondia sua preocupação. Sir Anthony não se conformava com a derrota. Embora negasse, o senhor Leterre estava desconfiado de que ele tramava contra o filho de Sir John, pensando em reconquistar o poder. Dizia que Christopher era o único dono de Loucester e que tinham sido embrulhados. Anne procurava acalmá-lo, dizendo-lhe que, no momento, de nada lhes valia reagir, representando essa atitude verdadeiro perigo para a segurança de todos.

— Não devia aceitar essa derrota com essa calma — dizia ele. — Não é justo. Haveremos de retornar a Dolgellau como vencedores. Verá.

O senhor Leterre mantivera com Anne longas conversas e a informara sobre o que sabia a respeito do que se passava em Dolgellau.

O filho de Sir John fora apoiado por unanimidade pelo povo. Tratava-se de um moço honesto e digno.

Aceitara o cargo com responsabilidade e a calma voltara a reinar no condado. Sua bondade e senso de justiça já começavam a ser comentados entre o povo.

Anne, ao saber disso, sentira-se mais calma.

— Perdemos tudo, e meu filho foi prejudicado. Reconheço, porém, que Anthony não era o homem indicado para conduzir os destinos do nosso povo até Christopher poder assumir.

— O que pretende fazer? — indagara o senhor Leterre respeitosamente.

— Por agora, nada. Se o povo está melhor, sinto-me feliz. Para isso sacrifiquei toda minha vida. Mais tarde, veremos.

— Anne é uma mulher corajosa e digna — dissera-me o senhor Leterre. — Sua camareira contou-me que Sir Anthony tomou-lhe todas as joias em que deitou os olhos. E se não a deixou sem nada, foi porque a mesma camareira conseguiu esconder um saco delas sem que ele percebesse, entregando-as depois à sua senhora.

— Esse homem é um selvagem — respondi enraivecido.

— Concordo. Contudo, nada podemos fazer quanto a isso.

— Ela não pensa em deixá-lo?

— Anne não lhe tem amor. Porém teme sua reação. Ela representa para ele a única possibilidade de voltar a reinar em Dolgellau. Não creio que a deixe partir.

Baixei a cabeça pensativo. Se fosse livre, talvez pudéssemos tentar uma fuga para longe de tudo. Porém havia Eliane, e eu não tinha o direito de arrastá-la ao sofrimento. O senhor Leterre colocou a mão sobre o meu braço.

— Não se torture, Jacques. Nada podemos fazer por agora.

— Contou a ela que me casei? — indaguei preocupado.

— Sim. A princípio, olhou-me assustada. Depois seus olhos encheram-se de lágrimas.

Senti um aperto no coração.

— O que disse ela?

— Que você merece ser muito feliz. Perguntou como era ela e se era bonita.

Corei como um adolescente. Anne preocupava-se em saber se fora esquecida.

— Disse-lhe tudo, conforme pedi?

— Sim. Expliquei sua solidão, a bondade e o carinho de Eliane. Disse-lhe que você continua a amá-la apesar de tudo.

— E ela?

— Suspirou fundo, guardou silêncio por alguns minutos, depois disse: "Foi melhor assim. Eu não poderia fazê-lo feliz. Espero que ela o faça". E mudou de assunto.

Eu me sentia um pouco decepcionado. Anne tinha aceitado meu casamento com calma e eu não pude deixar de dizer com tristeza:

— Parece que Anne não se importou muito com isso.

O senhor Leterre olhou-me sério.

— Se quer saber se ela sofreu com a notícia, eu arriscaria dizer que sim: seus olhos brilharam emotivos e magoados, mas é uma mulher digna e controlada, habituada desde a infância a dominar seus sentimentos. Nela o dever sempre vem primeiro e a justiça é um traço forte do seu caráter. Sabe que não tinha o direito de exigir que você continuasse sozinho pelo resto da vida. Aceita a situação, mas não quer dizer que não o ame. Nas circunstâncias atuais, não sei se faço bem em dizer-lhe isso. Melhor seria que você tentasse esquecer.

— Não é possível! — protestei veemente.

— Muito bem. Então, saibamos compreender.

— Gostaria de fazer alguma coisa em favor de meu filho.

— Não pode, Jacques. Porém, se um dia eu precisar do seu auxílio, chamo-o.

Apesar de tudo, saí dali com certa mágoa. Talvez Anne não me amasse tanto quanto eu pensava. Eu não tinha nenhum direito de exigir o seu amor, mas doía-me pensar que eu pudesse ter sido esquecido.

Sentia-me insatisfeito e perturbado. Por que me tinha casado, por quê? Em casa sentia-me triste e retraído. Eliane fazia o possível para deixar-me mais calmo, mas eu estava inquieto e angustiado.

Às vezes lutava para vencer esse estado de espírito. Eliane não tinha nenhuma culpa do que se passava comigo. Não era justo que sofresse. Contudo, a angústia voltava e eu não sabia como sair dela.

Mergulhei no trabalho para fugir aos meus pensamentos atribulados. Saber que Anne e Christopher estavam em Brandemburgo aumentava minha vontade de revê-los. Continha-me. Entretanto, a insatisfação e a angústia aumentavam.

Quando me sentia muito aflito, procurava o senhor Leterre para saber notícias. Foi no dia em que ele me contou que Sir Anthony viajara que tive a ideia de rever Anne. Ele estava preocupado porque Sir Anthony juntara-se a outros expatriados, em sua maioria aventureiros da pior espécie, para tentar estabelecer um plano que certamente colocaria a vida do filho de Sir John em perigo.

Eu, porém, em meu egoísmo, pensava que Anne estava só e eu poderia vê-la e a meu filho.

Não disse nada ao senhor Leterre. Sabia que ele não aprovaria minha ida a Brandemburgo.

Pretextando uma viagem de negócios, parti naquela mesma tarde, coração aos saltos, peito oprimido.

A situação não tinha mudado, porém eu queria ver Anne, confortá-la, dizer que, apesar de tudo, eu continuava a amá-la. Meu filho! Emocionava-me ao pensar nele. Vê-lo, ainda que ele não me pudesse abraçar, causava-me grande emoção.

Cheguei a Brandemburgo já de noite e procurei um hotel para hospedar-me. Depois saí, dirigindo-me à casa que me era tão querida.

As luzes estavam acesas e eu não sabia como falar com Anne sem que os outros soubessem. Fiquei ali, esperando durante algum tempo, com grande ansiedade. Anne com certeza estaria ocupando os mesmos aposentos de antes.

Entrei no jardim e espiei por uma das janelas. Meu coração deu um salto. Anne estava lá, sentada em uma cadeira, segurando um livro que não lia, pensativa. Sem poder conter-me, bati na janela. Ela se assustou e aproximou-se cautelosa.

— Quem está aí? — indagou preocupada.

— Jacques.

Ela correu o ferrolho e abriu uma parte da janela.

— Jacques? Que loucura! O que está fazendo aqui?

Corri para ela e segurei sua mão com ardor.

— Precisava vê-la. Não suportava mais. Sei que Sir Anthony viajou.

— Vou abrir a porta. Venha.

Em alguns segundos eu a estava abraçando comovido. Ela estava mais magra e em seu rosto havia um ar mais amadurecido.

— Anne, que saudade! — murmurei com arrebatamento.

Ela me apertou com força.

— Eu também. Pensava em você e recordava.

Beijei-a nos lábios com paixão.

— Anne, por que precisamos viver separados? Por quê?

Ela reagiu e delicadamente afastou-se de mim.

— Agora não sou só eu que tenho compromissos, você também.

Eu não queria pensar em Eliane naquela hora.

— Quero dizer-lhe que sempre a amei. Meu casamento aconteceu, gosto de Eliane. É boa esposa, porém meu amor por você continua em meu coração. Não consigo esquecer.

— Nem eu. Cada momento que vivemos juntos permanece em minha lembrança e tem me dado coragem para suportar minha desgraça.

— Anne — disse eu, segurando suas mãos com força —, vamos fugir, nós três. Iremos para bem longe, onde nada nem ninguém possa nos encontrar. Viveremos felizes.

Anne abanou a cabeça pensativa, depois disse:

— Anthony nos perseguirá até o inferno. Está obcecado. Só pensa em voltar a Dolgellau, e Christopher representa para ele a arma maior. Depois, você tem família, o que quer fazer não é certo. O dever nos indica um caminho diferente.

Apertei-a nos braços com força, beijando-lhe os cabelos com amor.

— Eu a quero. Não é justo.

— Por favor, Jacques. Estar com você é tudo que eu mais quero neste mundo, porém não posso. Não quero prejudicá-lo. Se Anthony descobrir, sua vida correrá perigo.

— E o nosso filho?

— Christopher está bem. Pensa que Anthony é seu pai.

— Não posso vê-los sofrer. Gostaria de dar-lhes tudo. Sei que sua situação financeira é difícil.

Ela corou, porém disse com voz firme:

— Temos o suficiente. Não se preocupe.

— Se precisar de ajuda, prometa que me procurará. Afinal, eu posso e quero fazer algo por vocês.

Ela assentiu com a cabeça. Comovido, indaguei:

— Como está ele?

— Dorme. Está bem. Para a criança tudo é alegria. Não tem ainda condições de avaliar o que perdeu.

— Posso vê-lo?

— Venha comigo. Procure não fazer ruído.

Com o coração palpitando, acompanhei-a. Christopher dormia tranquilo. Funda emoção me acometeu ao fitar-lhe o rostinho calmo. Havia nele alguns traços familiares, a curva do queixo lembrava papai e a testa larga era um traço em nossa família.

Curvei-me e beijei levemente seus cabelos louros. Meu filho! Como eu gostaria de estreitá-lo em meus braços. Mas era impossível!

Foi quando ouvimos ruídos na porta principal. Anne empalideceu.

— Meu Deus! É Anthony.

— Já?

— Só pode ser ele. Venha rápido. Terá que sair pela janela.

Conduziu-me ao cômodo contíguo e recomendou:

— Espere um pouco. Vou ver se é ele. Tentarei distraí-lo. Fuja por essa janela. Que Deus o proteja! Não volte mais aqui, por favor.

Ela saiu fechando a porta e eu, sobressaltado, abri a janela cuidadosamente e olhei ao redor. Tudo calmo. Saltei para o jardim. Pude perceber dentro da casa ruído de vozes. Procurei afastar-me. Estava quase ganhando a rua quando senti cair sobre mim uma mão forte, enquanto uma voz irritada gritou:

— Aonde pensa que vai? O que estava fazendo aqui? Estava espionando?

Passado o susto, eu disse com seriedade, tentando soltar-me daquela mão de ferro:

— Estou simplesmente a passeio. Não sei do que está falando.

— O que fazia no jardim?

— Conheço esta casa. É de meu amigo. Já estive hospedado nela. Estava passeando.

— Vai ter que explicar isso ao meu patrão.

— Deixe-me ir. Não quero incomodar.

O homem deu uma risada irônica.

— Vamos incomodar, sim. Vamos lá.

Empurrou-me com firmeza e eu pude ver em sua outra mão o brilho de uma lâmina. Não tive remédio senão obedecer. Com a pulsação acelerada foi que, em frente à porta principal, esperei enquanto ele batia.

— Sir Anthony — chamou —, peguei um espião. Abra.

Imediatamente a porta abriu-se e Sir Anthony apareceu na soleira, olhando-me admirado. Anne, pálida, estava atrás dele.

— Entre — disse ele, olhando-me como se quisesse devassar-me a alma.

— Peguei-o no jardim quando pretendia ganhar a rua.

— Há de convir que precisa ter uma boa explicação para invadir uma casa a estas horas, sem nossa permissão.

— Lamento o que aconteceu, mas posso explicar.

— Pode largá-lo — ordenou Sir Anthony. — Espero que sua explicação seja satisfatória.

— Conheço esta casa. Sou amigo do senhor Leterre desde a infância. Meu pai vinha aqui com frequência. Vim a Brandemburgo, quis rever esta casa, porém não desejava incomodar seus moradores, que não conheço. Aqui chegando, fui tentado a dar uma volta pelo jardim. Foi uma visita sentimental, peço perdão se os assustei.

— Não sei se devo acreditar nessa história tão simplória — disse Sir Anthony. — Vê-se que é um cavalheiro francês. Estariam os franceses interessados em política?

— Por que diz isso? Por acaso eu deveria estar?

— Talvez. Nunca se sabe. Mas se não é política, que interesse poderia ter?

— Já disse que vim apenas rever a casa na qual costumava passar férias em minha infância.

Eu estava em situação embaraçosa, e aquele homem parecia astuto e cruel. Anne, pálida, nada dizia.

Foi quando apareceu Hilda, que se aproximou e, vendo-me, abraçou-me com carinho.

— Jacques! Que prazer! Por que não avisou que estava em Brandemburgo?

— A casa estava com hóspedes, não quis incomodar.

— Sabe que sempre é bem-vindo aqui.

— Conhece este homem? — indagou Sir Anthony com voz rude.

— Claro. Seu pai era muito amigo do senhor Leterre. Passavam temporadas aqui. Como vai sua mãe?

Eu queria beijar *frau* Hilda por tanta presença de espírito.

— Regular, enfrentando alguns problemas de saúde. Eu não queria incomodar e acabei por assustar seus hóspedes. Lamento muito. Queria somente olhar a casa. Quando cheguei aqui, não resisti e entrei no jardim, pretendia sair em seguida, quando fui surpreendido.

— Entre, Jacques. Não fique à porta. Agora que está aqui, vamos tomar uma xícara de chá. Sir Anthony e Lady Anne, aceitam uma xícara de chá?

Sir Anthony observava-me sério e respondeu:

— Um chá. Está bem.

Eu preferia que ele não aceitasse, porém ele estava muito curioso para recusar. Foi Anne quem disse:

— Obrigada, Hilda, mas está na hora de me recolher.

Sir Anthony tomou a mão da esposa e disse com certa ironia:

— Recusa-se a tomar um chá comigo? Não é muito gentil de sua parte, sendo que acabo de chegar.

Anne retirou a mão com delicadeza e respondeu:

— Está bem. Aceito.

Sentado na sala de estar de Hilda, eu me sentia observado e arrependia-me de ter ido a Brandemburgo. Não queria causar nenhum problema a Anne. Percebia-se que seu relacionamento com o marido era difícil e eu não queria nem pensar no que poderia acontecer se ele descobrisse a verdade. Comecei a pensar que Lenice tinha razão. Porém, agora, eu tinha que salvar Anne do embaraço.

Frau Hilda, muito à vontade, serviu o chá com biscoitos e perguntou-me com naturalidade:

— Como vai a sua esposa? O senhor Leterre disse-me que ela é encantadora.

— O senhor Leterre é um bom amigo. Eliane está bem, tem uma filha encantadora que muito nos alegra. Julien a estima muito. Mas não quero cansar seus hóspedes.

— É bom que os conheça. Estamos honrados com sua presença nesta casa. Ele é Sir Anthony Joseph Templeton e Lady Anne, sua esposa. Têm um filho lindo, Christopher.

Foi aí que Sir Anthony deu um salto da cadeira.

— Já vi o seu rosto! Conheço-o de algum lugar! Já esteve em Dolgellau!

Apanhado de surpresa, fiquei sem saber o que dizer.

— Sim. Conheço Dolgellau. Conheço todo o País de Gales. Aliás, sou advogado e já fui comissionado em Londres, há alguns anos.

— Por que foi a Dolgellau? — inquiriu ele sério.

— Estive lá apenas dois ou três dias, a passeio. Faz tempo, nem me recordo bem.

— Esteve em casa de Sir John, lembro-me disso.

— Esse cavalheiro convidou-me. Foi muito gentil.

— Muita coincidência... — retrucou intencionalmente.

— Não sei por que diz isso. Afinal, faz tanto tempo e eu agora não me dedico mais à diplomacia. Exerço a magistratura e cuido dos negócios da minha família.

— Pois, se preza mesmo sua família, senhor Jacques, é bom que não se envolva com outros assuntos. Pode se dar mal.

Anne interveio com voz calma.

— Desculpe, senhor Jacques, Sir Anthony está muito preocupado com política. Vê espiões por todos os lados.

— Espiões e traidores — volveu ele com rancor. — Mas eles que tremam, porque hei de agarrá-los a todos.

Levantei-me.

— Preciso ir. Já causei muitos aborrecimentos. Peço desculpas mais uma vez.

— Pretende demorar-se, Jacques? — indagou *frau* Hilda.

— Não. Vim resolver um negócio. Infelizmente não posso demorar-me. Parto amanhã mesmo.

Despedi-me, curvando-me diante de Anne e de Sir Anthony. Ao abraçar *frau* Hilda na porta, ao sair, disse-lhe baixinho ao ouvido:

— Deus a abençoe pelo que fez.

Ela sorriu, murmurando:

— Tenha cuidado. Não venha mais por aqui — em voz alta: — Boa viagem, Jacques. Recomendações à sua mãe e a Eliane.

Saí dali respirando aliviado. Por pouco eu não tinha posto tudo a perder. O olhar de Sir Anthony continuava desconfiado e eu não sabia se ele tinha acreditado no que eu dissera. Porém eu iria embora no dia seguinte e ele não teria motivos para duvidar das minhas palavras. Confiava que, dentro em breve, ele tivesse esquecido.

Cheguei ao hotel, preparei a bagagem para partir. Deitado no leito, remexia-me sem conseguir adormecer. Sentia ainda o perfume de Anne e na boca o gosto doce de seus lábios delicados. Um sentimento de revolta me acometeu. Por que não podíamos ficar juntos?

Passei a noite amargurado, insone. Tendo adormecido algumas vezes, tive pesadelos em que o rosto de Sir Anthony, de Christopher e de Anne se sucediam, angustiados e sofridos, fazendo-me acordar mais inquieto, mais amargurado e mais entristecido.

No dia seguinte, levantei-me bem cedo e, assim que foi possível, voltei a Paris.

Capítulo 10

Sentado em minha poltrona favorita, tendo às mãos um jornal que eu folheava distraído, meu pensamento emocionado não podia desligar-se dos últimos acontecimentos.

Fazia mais de um ano que eu tinha estado em Brandemburgo e a saudade doía no meu coração. Visitara o senhor Leterre em busca de notícias e procurava de todas as formas ajudar Anne na difícil situação em que se encontrava.

Sir Anthony não desistia de seus propósitos e, apesar da precariedade de recursos financeiros, arranjava sempre meios para conspirar. Conseguia dinheiro que, em suas mãos, servia apenas para manter alguns espiões e tramar contra a vida de Sir William. Para isso não titubeava em deixar a família sem recursos.

O senhor Leterre ajudava-os como podia, e eu mesmo várias vezes passara-lhe às mãos dinheiro para mantê-los. Porém Anne sofria muito, chocada com a situação. Recusava-se a aceitar dinheiro do senhor Leterre e nós sabíamos que uma a uma suas joias iam sendo vendidas às escondidas de Sir Anthony, que ignorava que ela ainda as tivesse.

Anne preocupava-se com o futuro e achava que estava abusando da hospitalidade e da bondade do senhor Leterre. Queria dar um rumo à sua vida. Não acreditava que pudessem voltar a Dolgellau, reavendo a posição perdida.

Sir Anthony, porém, não cedia. Não conseguia aceitar o desterro e sonhava com a volta triunfante ao condado. Debalde procurava, através da embaixada inglesa, conseguir uma audiência com o rei. Ele fora banido e reconhecido como responsável pela morte de Sir John. Sua volta poderia levá-lo à prisão ou à forca.

Apesar disso, ele não se conformava. Recusava-se a dar uma definição, um rumo à sua vida que não aquele ao qual se julgava com direito. Anne sofria. Eu não podia aceitar que ela e Christopher passassem dificuldades. Ele era meu filho e eu tinha o direito de ajudá-los. Ela não deveria ter escrúpulos em aceitar a ajuda que eu podia e desejava dar-lhe. Ela era orgulhosa e digna, corajosa e decidida. Queria enfrentar a nova vida libertando-se da tutela do senhor Leterre. Não pretendia abusar de sua bondade nem de sua bolsa.

Foi quando eu procurei o senhor Leterre com uma ideia nova: trazê-los para Paris.

A princípio, ele não concordou:

— Não acho prudente — disse. — Com eles por perto, você não conseguirá conter-se.

— Se eles vierem para cá, eu juro que não irei procurá-los, a não ser que Anne me chame ou venha a precisar de mim.

— Acha que conseguiria?

— Sim. Não pretendo causar-lhe problemas maiores. Comprarei uma vila em um lugar sossegado, darei a Christopher boa soma em dinheiro que, aplicada, dará o suficiente para viver.

O senhor Leterre ficou pensativo.

— Você tem o direito de ajudá-los. Trata-se de seu filho! Como fazer isso sem despertar suspeitas? Como explicar a Sir Anthony?

— Sei fazer as coisas. Meu nome não aparecerá. O senhor terá em mãos papéis necessários para que eles acreditem que um inglês simpatizante com sua causa deixou para Christopher, ao morrer, a vila e a pensão. Escreverei uma carta na qual ele explicará sua atitude. Ninguém, a não ser nós dois, deverá saber a verdade. Nem Anne. Assim, tudo ficará bem e eles estarão amparados.

O senhor Leterre apertou-me a mão comovido.

— É um homem de bem, Jacques. Meu receio é que, tendo-os por perto, não consiga dominar-se.

Fechei os olhos e fundo suspiro escapou-me do peito.

— Pode estar tranquilo — disse com serenidade. — Sei que Sir Anthony é um homem perigoso. Não desejo que ele atormente Anne. Não irei perturbá-los.

Foi com carinho e ansiedade que procurei a casa para eles. Não queria dar-lhes uma das minhas propriedades para não despertar suspeitas. Foi com amor que cuidei de todos os detalhes do mobiliário, das obras de arte, colocando ali conforto e beleza que pudessem agradar ao espírito requintado de Anne e favorecessem a Christopher viver em um ambiente bom e belo.

Consegui fazer a transação em nome de outra pessoa e escrevi uma carta, disfarçando a letra, explicando politicamente aquela doação, como se fosse um admirador da família pretendendo remediar a injustiça de que eles tinham sido vítimas. Para evitar que Sir Anthony prejudicasse a família, colocara a casa e o dinheiro em nome de Christopher, alegando que, com isso, pretendia ajudá-lo para que um dia, quando fosse adulto, pudesse retomar seus direitos, voltando a Dolgellau.

O senhor Leterre exultou e aceitou tudo com entusiasmo. Preocupava-o a situação de Anne, e essa era a única solução capaz de oferecer-lhe paz, segurança e meios para recomeçar a reorganizar sua vida, criando o filho com decência e conforto.

Eu soube que Anne, ao receber a notícia, chorou comovida. Sir Anthony sentiu-se orgulhoso e valorizado.

— Eu sabia! O povo nos quer de volta. Sempre fui defensor de seus direitos! Um dia voltaremos com pompa e honrarias. Vocês vão ver!

— Senhor Leterre, tem sido nosso amigo de todas as horas. Esses recursos vieram mesmo desse nobre inglês?

— Sim — disse ele sério. — Tenho aqui a carta que ele deixou, com o legado em que explica seus motivos.

Anne passou os olhos pela carta e entregou-a ao marido, que leu exultante.

— É bom saber que ainda há quem acredite em nós. Viajaremos o mais breve possível. A propriedade é boa?

— Muito boa. Estive lá para conhecê-la. Sei que ficarão confortáveis.

Anne olhou-os com ar preocupado.

— Acha que devemos aceitar?

— Não temos escolha — retrucou Anthony. — Se não nos agradar, poderemos vendê-la.

— Isso não será possível. A propriedade foi doada a Christopher e só ele, quando atingir a maioridade, poderá fazê-lo. O dinheiro também está aplicado, garante boa renda, mas não poderá ser retirado, a não ser por ele, nas mesmas condições.

Anne olhou para o senhor Leterre e seus olhos pareciam querer indagar alguma coisa. Porém, manteve-se calada. Sir Anthony, um tanto agastado, comentou:

— Que homem excêntrico! Por que agiu assim? Christopher é uma criança, não sabe o que é melhor.

— Entendo esse gesto — disse Anne com calma. — Ele confia em Christopher e reconhece que ele é o herdeiro de Loucester. Ele quer dizer que, legando a ele esses bens, quer protegê-lo até a maioridade. Compreendo e sou-lhe muito grata.

Através do senhor Leterre, eu tinha acompanhado todos os passos deles daí para a frente. A alegria de Anne percorrendo a bela casa que eu tão carinhosamente preparara para eles, a alegria de Christopher descobrindo alguns brinquedos, livros de gravuras, de selos que eu colocara ali como que ao acaso e o encantaram.

Anne desconfiou da verdade. Assim que ficou a sós com o senhor Leterre, disse comovida:

— Esta casa foi preparada com amor. Só quem ama tem atenções e delicadezas como as que encontrei aqui. Senhor Leterre, eu sei quem preparou tudo isso. Sei e estou muito comovida.

— Não estou autorizado a dizer-lhe nada.

— Não precisa. Percebi assim que entrei.

Senti-me feliz. Sabendo-os protegidos e acomodados, sentia-me mais calmo. O fato de saber que eles estavam na mesma cidade dava-me tranquilidade, apesar da imensa vontade de vê-los e abraçá-los. Entretanto, mantinha minha palavra.

Se Sir Anthony me visse novamente, poderia desconfiar da verdade e desencadear uma tragédia, amargurando a vida de Anne. A experiência em Brandemburgo tinha sido muito desagradável. Aquele homem era cruel e perverso, e eu temia por eles. Eu não tinha o direito de perturbá-los.

Procurava ser para Eliane, Julien e Milena o melhor possível, dedicando-me a eles com carinho e sinceridade. Às vezes, a preocupação, a saudade de Anne e Christopher, meu amor impossível, a recordação dos poucos momentos de felicidade que desfrutáramos toldavam-me o espírito e Eliane percebia meu alheamento. A princípio, tentara saber os motivos. Depois, deixara de perguntar, oferecendo-me carinho, amizade, respeitando meu silêncio, segurando minha mão com força ou procurando assuntos amenos e agradáveis para conversar, se fosse oportuno.

Eliane tinha o dom de ser sempre oportuna, de saber o que era mais adequado em cada momento. Por isso eu a amava muito. Era a alegria de minha vida tão cheia de frustrações, o apoio natural e seguro nos momentos de crise, a amiga certa de todas as horas. Era carinhosa, sabia ser mulher e amante, fazendo-me esquecer os problemas e as dificuldades do dia a dia.

Eu a queria muito e isso me deixava mais insatisfeito. Por que eu não conseguia esquecer Anne? Por que seu amor me atormentava, fazendo-me sofrer, se eu tinha Eliane, tão boa, tão mulher, que me dava tudo quanto um homem podia desejar na vida?

Era com Lenice que eu desabafava, e ela me ouvia pacientemente. Estava a par de tudo e aconselhava-me prudência, compreensão e o cumprimento do dever. O nascimento de André completara a felicidade de Lenice. Eu, vendo-os tão bem, sentia-me feliz.

A pedido de Lenice, eu frequentava sua casa uma vez por semana para estudar o Espiritismo. Eliane e Julien aos poucos interessaram-se pelo assunto e passaram a acompanhar-me nessas reuniões, nas quais Lenice sempre explicava o que não conseguíamos entender.

Nossa amizade estreitou-se e Jean também participava, atencioso e sério. Foram momentos de harmonia e paz em que aprendemos a olhar a vida sob um ângulo diferente daquele a que estávamos habituados.

Sentado, pensativo, jornal entre os dedos, eu não lia. Quando eu organizara a biblioteca na casa que comprara para Anne, colocara entre os livros vários volumes sobre Espiritismo. Allan Kardec, Arthur Conan Doyle, Ernesto Bozzano, Flamarion, Sir William Crookes e outros. Esperava que Anne os lesse e pudesse encontrar o mesmo conforto, a mesma compreensão que eu tinha encontrado. Mas como saber? A esse pensamento a angústia me acometia. Procurava dominar-me e pensar que eu nada podia fazer para mudar as coisas. E, se pudesse, o que eu faria? Esse pensamento era-me muito penoso e eu lutava para sair dele. De que valia alimentá-lo? Começava a aprender que a angústia, o pessimismo, a queixa jamais resolvem nossos problemas. Têm o poder de nos desequilibrar, de abater nossas energias, destruir nossas forças, toldar a alegria e nada mais. Apesar disso, era difícil lutar contra tudo isso e muitas vezes eu ainda resvalara para a inquietação e para a tristeza.

Eliane aproximou-se colocando sua mão sobre a minha.

— Está uma linda tarde — disse com um sorriso.

— É?

— Vamos sair um pouco, dar uma volta, gozar a beleza e a paz deste dia.

Olhei-a e um sentimento de remorso me acometeu. Fechado em minhas emoções, eu estava sendo egoísta.

— Vamos — concordei.

Saímos a pé, Eliane com Milena pela mão, braço encaixado no meu. Aspirei gostosamente o ar. Estávamos na primavera. Eliane chamava-me a atenção ora para uma bela vivenda, ora para um jardim bem tratado, e eu me deixava conduzir preguiçosamente, indo aos poucos me interessando pelas coisas agradáveis e belas da vida. A certa altura, ela parou, olhou-me nos olhos e disse:

— Jacques, vamos ter um filho.

Senti um baque no coração. Durante os anos do nosso casamento, tínhamos esperado por esse acontecimento. Como não vinha, eu tinha me conformado. Estava destinado a não ter a alegria de um filho legítimo, que eu pudesse ver crescer e amar.

A princípio, isso me aborreceu um pouco. Depois, refleti que tinha Julien, Christopher, Milena. Se não podia estar sempre com Christopher, os outros dois amavam-me e para eles eu era o pai verdadeiro e amigo.

Agora, tinha acontecido. Passei o braço pela cintura de Eliane e apertei-a de encontro ao peito.

— Eliane! Tem certeza?

— Sim — afirmou ela com alegria. — Teremos mais um filho.

Olhou-me séria e compreendi o que queria dizer. Era por isso que eu a admirava.

Respondi alegre:

— Sim. Mais um filho para nos trazer alegria e a quem daremos muito amor!

Naquele momento esqueci meus problemas e me senti muito feliz.

Em uma tarde fria de outono nossa filha nasceu. Tomando-a nos braços, tão pequenina e delicada, meu coração sensibilizou-se. Senti despertar dentro de mim um amor imenso e profundo.

Eliane, rodeada por Milena e Julien, tendo a pequenina nos braços, sentia-se muito feliz. Lisete, desde o primeiro instante, encheu nossa vida de luz. Tendo-a nos braços, sentia um enternecimento muito grande. Olhando seu rostinho mimoso, uma onda de calor inundava-me a alma.

Capítulo 11

E o tempo passou por nós rapidamente, em meio ao desabrochar encantador de Lisete, as graças de Milena e a juventude inquieta de Julien.

Apesar do amor da família, do profundo sentimento que Lisete fizera nascer em mim, durante seu primeiro ano de existência, eu me lembrava muitas vezes de Anne, obtendo sempre notícias com o senhor Leterre.

Mesmo residindo na mesma cidade, não nos vimos durante esse tempo. Anne levava vida discreta e não frequentava os lugares da moda. Quando eu comparecia ao Teatro da Ópera, buscava sempre encontrá-la entre os assistentes, recordando seu amor pela música e o nosso primeiro encontro.

Porém, nunca a encontrei. Eu sabia que ela era grande apreciadora da arte e a renda que ela "herdara" do suposto súdito que eu lhe fizera chegar às mãos era mais do que suficiente para que pudesse decentemente ir à ópera e desfrutar do meio social a que estava habituada. Eu não compreendia por que ela, jovem e bela, permanecia afastada dos prazeres naturais da vida, preferindo ficar sempre entre as paredes de sua casa.

Algumas vezes mencionei esse fato ao senhor Leterre. Apesar de não poder estar com ela, ter o seu amor, eu ansiava vê-la, ainda que de longe, e acompanhar um pouco sua vida com Christopher.

— Compreendo Anne — disse-me um dia. — É uma mulher de muita vida interior. Lê muito e não está indiferente ao progresso nem às descobertas do mundo moderno. Não vive reclusa como você pensa. Ao contrário, é muito bem informada. Porém não gosta de frequentar as rodas sociais. Foge disso sempre.

— Por quê? — indaguei contrariado. — Tem receio de ver-me?

O senhor Leterre sacudiu a cabeça pensativo.

— Não sei. O que ela mesma me disse é que não gosta das pessoas que os têm procurado por causa da nobreza de sua linhagem. Alguns visando à projeção social, outros tentando explorar a possibilidade de uma tentativa de reivindicação dos direitos de Christopher ao condado de Loucester.

— Ainda há quem pense nisso?

— Certamente. Nobres ingleses banidos, pessoas interesseiras, pretendendo usufruir futuros benefícios... Eles rodeiam Anthony, cujos anseios alimentam e estão sempre conspirando, procurando uma forma de tentar uma volta a Dolgellau.

— Eu não sabia... E Anne?

— Anne não os aceita. Tem acompanhado com interesse as notícias sobre Dolgellau e disse-me estar satisfeita com as melhorias e os benefícios que Sir William tem feito ao seu povo. Informou-me textualmente:

"— Se Sir William não tivesse sendo bom para o condado, eu me levantaria para reivindicar os direitos de Christopher. Desde que cumpre com seus deveres e desempenha satisfatoriamente suas tarefas, não há motivo para que alguém tente modificar as coisas.

— Mas Christopher é o legítimo herdeiro de tudo aquilo.

— É, porém a vida tirou-lhe dos ombros esse encargo e nós não sabemos se ele suportaria bem esse peso. Comandar um povo não é tarefa simples e é preciso ser forte o bastante para isso.

— Quer dizer que não vai fazer nada?

— Enquanto Sir William estiver sendo bom e justo, capaz e eficiente, nada farei. Anthony é ambicioso e anseia o poder. Seria muito cruel para o nosso povo tê-lo de volta. Seria ruim para Christopher, a quem por certo tentaria envolver com suas ideias perigosas. Deus sabe o que faz. Meu filho tem bons sentimentos e nobreza de alma. Não desejo envolvê-lo com as intrigas políticas. Se ele tiver que comandar Loucester algum dia, Deus o colocará lá da mesma forma que o tirou. Está tudo bem como está."

— Que mulher! — suspirei admirado.

— Tem razão. Lady Anne é uma verdadeira dama.

— Sendo assim, o que ela faz, então? Como preenche o tempo?

O senhor Leterre sorriu:

— Você ainda se interessa por ela.

— Sempre. Amo Anne, sempre a amarei. Estamos separados, mas o amor permanece.

— Cuidado. Não se deixe levar pela fantasia. Um amor impossível parece sempre maior do que realmente é.

— Não pretendo perturbar a vida de Anne nem a de Christopher. Se puder compreender, eu amo minha família. Eliane é esposa dedicada e muito querida. Mas Anne desperta em meu coração um amor diferente, profundo, pleno. É difícil definir.

O senhor Leterre suspirou, dizendo, sério:

— Os mistérios do coração humano são impenetráveis. Anne é mulher ativa, se quer saber. Dirige a casa deliberando com eficiência sobre tudo, orienta ela própria a educação de Christopher e até agora dispensou professores. Lê, pinta. Tenho encontrado em sua sala algumas moças às quais ela dá aulas.

— Aulas? Por acaso estará precisando de dinheiro? — indaguei contrariado.

— Não se trata disso. São estudantes que não têm meios para pagar e desejam ilustrar-se. Anne não cobra nada.

— Por que faria isso? — indaguei admirado.

— Porque gosta. Essa mulher admirável acha que a cultura abre as portas do espírito e o saber transforma as criaturas. Diz que o mundo só vai melhorar quando os homens se tornarem melhores, e é dever dos que sabem mais ensinar os que sabem menos, se eles querem aprender.

— E dedica o seu tempo a isso?

— Sim. Vive rodeada de jovens que a admiram e respeitam, sendo que muitos nada fazem sem lhe pedir opinião.

— É singular — considerei, sentindo dentro de mim uma ponta de ciúme. Eles podiam estar com ela, eu não.

— Anne não é uma mulher comum, é uma alma nobre, uma verdadeira dama.

Daquela hora em diante, comecei a pensar na futilidade da minha vida, ainda às voltas com as rodas sociais, cheias de ilusões e de hipocrisia.

Foi com Lenice, irmã e confidente, que comentei o fato, manifestando estranheza. Para mim, as mulheres eram como flores de estufa: para serem cultivadas, amadas, encherem nossa vida de beleza, alegria e nada mais.

Lenice respondeu com energia:

— Do que se admira? Anne é um espírito lúcido que compreende sua posição diante da vida. Gostaria de conhecê-la para abraçá-la. Admiro-a e respeito.

— Mas ela não precisa fazer isso. Dar aulas e ocupar-se dessas funções.

— Ela gosta de ser útil, quer distribuir os talentos que Deus lhe deu. É um dever que compete a todos. O mundo seria muito melhor se os que sabem mais ensinassem os que sabem menos, se os que têm mais ajudassem os que têm menos para que conquistem a capacidade de conseguir mais, se os fortes ensinassem aos fracos como desenvolverem suas forças, e assim por diante. É a lei da vida. Feliz daquele que percebe isso e se integra nesse caminho. Fatalmente vencerá.

— Você diz isso com tanta firmeza e eu fico pensando na futilidade com que tenho gastado meu tempo de lazer entre os divertimentos sociais, que nem sempre me dão alegria.

Ela sorriu.

— Não vamos exagerar. Você tem sua vida, seus negócios, sua família, gosta de distrair-se na ópera, de receber os amigos, de conviver socialmente. Não há nada de mal nisso.

— Mas às vezes sinto um vazio dentro de mim. Parece que falta algo, que não estou fazendo tudo quanto poderia e essa sensação de incapacidade deixa-me deprimido, triste, insatisfeito.

Lenice alisou minha cabeça com carinho.

— Seu espírito está despertando para outras necessidades, é preciso perceber quais são.

— De que forma?

— Aos poucos você conseguirá defini-las.

— Não pode dizer-me?

— Não. Minha visão é diferente da sua. Não sei o que seria melhor para você. Confio que você mesmo possa sentir e procurar seu próprio caminho. Calma. Tudo virá a seu tempo.

Baixei a cabeça pensativo. Anne para mim continuava inatingível.

— Sinto-me insatisfeito. Tenho a impressão de que Anne se distancia de mim cada vez mais.

— O que não o impede de amá-la como sempre. O amor verdadeiro contenta-se em dar. Rejubila-se com o progresso do ser amado e jamais tenta impedi-lo de progredir. Anne é um espírito que sabe discernir. Você não conseguirá detê-la.

— Nunca consegui. Isso me torna inseguro. Se ela me amasse, teria deixado tudo por mim.

— Não seja criança. Anne conhece seus deveres diante da vida, sabe perfeitamente o que deve fazer e procura fazê-lo bem. Deve deixar de lado esse ciúme descabido e perceber que ela luta corajosamente. Deve ajudá-la, compreendendo-lhe o esforço. Se ela não o amasse, jamais teria correspondido ao seu afeto. Não me parece mulher capaz de uma aventura.

— Tem razão. Às vezes, perco a noção da realidade.

— Se o amor de vocês for verdadeiro, um dia ele os reunirá definitivamente, seja onde for.

Respirei fundo. Algum dia...

Em minha impaciência, considerava isso tão distante, quase impossível. Mas não tinha outra opção senão deixar o tempo correr e esperar.

A notícia caiu sobre mim como uma bomba. Abri o jornal como de hábito e lá estava ela:

"Nobre inglês assassinado misteriosamente. Sir Anthony Joseph Templeton foi assassinado barbaramente e seu corpo encontrado em uma pequena casa abandonada em bairro afastado. A polícia ainda não tem nenhuma pista, mas suspeita de que Sir Anthony tenha se envolvido em conspiração e espionagem com membros de seu país".

Deixei cair o jornal, sentindo as pernas trêmulas e o coração batendo forte. Anne estava livre! Tive ímpetos de correr para ela, ajudá-la a suportar os momentos de dificuldade que por certo estaria enfrentando.

Passei a mão pelos cabelos sem saber o que fazer. Saí em busca do senhor Leterre. Não estava em casa. O velho amigo estava com Anne, certamente amparando-a naquela hora. Não pude suportar a angústia e fui até lá.

A casa estava cercada por policiais e fui obrigado a identificar-me como amigo do senhor Leterre, dizendo estar à sua procura. Não declinei minha amizade com Anne.

— O senhor Leterre não está — disse o policial, olhando-me fixamente.

— Fui informado de que ele teria vindo para cá — expliquei decepcionado.

— Veio de fato, mas saiu. Foi cuidar de alguns papéis. Exigências da lei. Não sei quando voltará.

Eu sentia um desejo enorme de entrar, de abraçar Anne, de dizer-lhe que estava ali. Porém, não achei prudente. Havia repórteres, curiosos, a polícia investigando, e eu não pretendia comprometer Anne naquela hora. Tirei um cartão do bolso e disse com voz que procurei tornar indiferente e formal:

— Apresento condolências à viúva. Queira, por favor, transmitir-lhe meus sentimentos.

Afastei-me procurando conter a ansiedade. Precisava ter notícias. Decidi voltar à casa do senhor Leterre. O velho amigo ainda não tinha voltado e resolvi esperar. Ele era o meu único contato, o ponto de ligação para saber como estavam as coisas.

Foi no meio da tarde que ele finalmente chegou. Fisionomia cansada, abraçou-me com a delicadeza de sempre.

— Imaginei que você estivesse querendo notícias, porém não houve tempo para muita coisa.

— Está cansado, mas tenha paciência e conte-me como aconteceu. Li a notícia nos jornais.

— Não há muito mais a dizer. Sir Anthony saiu para uma viagem de fim de semana. Não disse aonde ia. Os dias foram passando e ele não voltava. Ontem a polícia procurou Anne. Tinham encontrado o corpo e, embora não houvesse documentos, havia o anel brasonado e puderam identificá-lo. Anne, chocada, acompanhou os policiais e reconheceu o corpo. Pediu para que eu fosse avisado e desde ontem estou fazendo o possível para tratar de tudo. Ele era estrangeiro, há formalidades, papéis...

— A polícia suspeita de alguém, tem pistas?

— Quase nada. Ele foi morto a facadas. Tanto pode ser um crime passional quanto político. A hipótese de roubo está afastada. Sir Anthony perdeu apenas os documentos. Embora ele fosse belicoso, atrabiliário, e por isso tenha granjeado muitas inimizades, a polícia acha menos provável que tenha sido um crime passional. Sua ambição, seu desejo de voltar a Dolgellau, ter o antigo poder, era conhecida de todos. Anne acredita que ele nunca tenha deixado de conspirar. É possível que tenha se envolvido com pessoas inescrupulosas, pretendendo alcançar seus fins. É apenas uma suspeita. Não há provas concretas de que tenha sido assim.

— É o mais provável — concordei pensativo. — Estive na casa de Anne, mas procurei o senhor. Não quis comprometê-la.

— Fez muito bem. A polícia procura suspeitos em toda parte. Investiga todos os que têm ou tiveram qualquer ligação com a família. Se descobrisse a ligação passada de vocês, seria desastroso. Além do escândalo, não sei a que extremos poderiam chegar. Seria desagradável. Deve afastar-se o mais possível dela neste instante. Nada há que possa fazer. Tomei todas as providências legais e temos agora que esperar a liberação do corpo para sepultá-lo. Vou descansar um pouco, refazer as energias e voltar à casa de Anne. Ela também se recolheu para descansar. Passamos a noite em claro.

— Compreendo. Vou embora. Só lhe peço que me dê notícias. Avalio o sofrimento de Anne. Não amava o marido, mas por certo estará chocada com o crime.

— Muito. Ficou abalada. Christopher também está muito assustado.

— Gostaria de estar ao lado deles e dar-lhes forças, amparo, nesta hora.

— Eu sei. Mas é impossível. Pode ficar tranquilo, farei tudo que puder. Gosto de Anne como de uma filha. Admiro-a. Darei notícias de tudo assim que houver alguma novidade.

— Mesmo que não haja, quero saber se estão bem.

— Está certo. Farei isso.

Saí da casa do senhor Leterre emocionado. Desejei caminhar um pouco. Fui andando, pensativo, indiferente ao movimento das ruas, imerso em meu mundo interior. Apesar da brutalidade do crime, que eu não desejara, do choque que Anne estava experimentando, do desagradável envolvimento com a polícia, jornais, havia um ponto positivo: Anne estava livre. Quando tudo passasse e o crime fosse resolvido ou esquecido, eu poderia vê-la livremente, abraçar Christopher. Nada poderia me impedir.

Andei bastante e só quando me senti muito cansado fui para casa. Pelo olhar admirado de Eliane, percebi que meu aspecto não era dos melhores.

— O que aconteceu? — indagou ela, procurando meus olhos com carinho.

Tentei recompor a fisionomia.

— Nada. Estava indisposto e fui andar um pouco. Estou melhor. Já passou.

Fui para o quarto, tentando recompor a aparência. Não queria que ninguém soubesse o ocorrido. Embora lutasse para ser o mesmo de sempre, sentia em mim uma diferença. Havia algo no ar, modificando tudo. Eu tinha receio de perceber o que era.

Tentei dar atenção às brincadeiras de Milena, aos gracejos de Julien e às graças de Lisete, mas no fundo, no fundo, dentro de mim, eu sentia que tudo, dali por diante, poderia mudar.

Passei por momentos de grande expectativa. Sentimentos os mais contraditórios banhavam-me o coração. O senhor Leterre dava-me notícias e os jornais diziam que a polícia não tinha nenhuma pista segura do crime. Dez dias depois do sepultamento de Sir Anthony, Anne e Christopher partiram para Brandemburgo. Tinha chance de vê-la, conversar com ela, abraçá-la. O senhor Leterre tentou dissuadir-me.

— Não faça isso! A polícia tem agentes encarregados de vigiá-la. Receiam que o crime tenha sido político e temem que atentem contra a vida de Christopher.

Estremeci de horror.

— Acha que ele corre perigo?

— Não sabemos. Esses fanáticos são capazes de tudo. Em todo caso, há agentes atentos. A polícia acha que assim poderá encontrar alguma pista. Por isso, não é aconselhável sua presença. Não convém envolver-se.

Fiquei contrariado. Ele tinha razão.

— Anne está livre agora. Pensei que nada pudesse impedir-me de vê-la.

— É preciso paciência.

— Desejo vê-la. Confortá-la.

— Posso compreender. Todavia, melhor será esperar. Apesar de tudo, entre vocês as coisas não mudaram muito. Anne é livre, você não. É preciso ser prudente e não precipitar os acontecimentos.

As palavras do senhor Leterre abalaram-me profundamente. Ele tinha razão. Anne estava livre, eu não. Senti-me inquieto. Procurei afastar esse pensamento.

— Eu só queria vê-los. Saber se estão bem. Nada mais.

O senhor Leterre fixou-me e percebi o brilho emotivo em seus olhos quando disse:

— Por certo, Jacques. Melhor assim.

Apesar de saber que não deveria procurar Anne, eu sentia enorme desejo de largar tudo e correr para Brandemburgo, onde tudo nos falava de amor.

Por certo, Anne andaria pela casa, olharia aquelas paisagens e se lembraria comovida dos momentos de intensa emoção que tínhamos desfrutado. Seus olhos percorreriam os lugares vazios onde tínhamos estado juntos e eu temia que ela, sentindo-me ausente, sabendo-me casado com outra, duvidasse do meu amor, sofresse ou procurasse esquecer-me.

Esses pensamentos inquietavam-me, faziam-me perder o sono, enchendo meu coração de angústia. Eu queria correr para ela, dizer-lhe que ainda a amava e que nunca a esquecera.

Então, lembrava-me de Eliane e Lisete. Elas também ocupavam um lugar em meu coração. Apesar disso, arrependia-me de ter casado. Por que não soubera esperar? Por que não permanecera fiel ao amor de Anne, sem comprometer-me com Eliane? Se não tivesse me casado, não haveria Lisete. Lisete! Seu rostinho alegre, suas mãozinhas carinhosas, seus braços estendidos para mim, sua voz delicada dizendo as primeiras frases, sua figura adorada enchia meu coração de amor. Ela era parte de mim e eu bendizia a hora em que ela viera ao mundo.

Atormentado, eu não conseguia trabalhar com isenção. E os processos avolumavam-se em minha mesa para serem estudados. Eu gostava de exercer a magistratura. A Justiça sempre me fascinara e a faculdade de decidir, de ajudar, de poder conceder ou cobrar o que era de direito era para mim como um sacerdócio. Um privilégio que eu levava muito a sério.

Apesar de a interpretação da lei ser uma arte magistral e absorvente, eu me sentia mais influenciado pelos problemas humanos, e Lenice exercia grande influência sobre mim quando eu discutia com ela os casos e os processos que passavam pelas minhas mãos. Por ter resolvido certos casos com prudência e encontrado soluções adequadas, sentenciando e penalizando com certa sabedoria, eu tinha conseguido sucesso em minha carreira. Apesar de ser mais moço do que a maioria dos magistrados, era muito considerado e designado para julgar os casos mais complexos.

Claro que recorria a Lenice, com quem trocava ideias, e nessas conversas eu quase sempre conseguia perceber novos aspectos do caso e descobrir, por isso, soluções mais justas.

Foi com o meu trabalho que eu desenvolvi melhor meu senso de justiça. Embora em minha vida particular eu por vezes transigisse, acreditava que comigo eu podia facilitar. Quando se tratava dos outros, das pessoas que esperavam minha decisão como juiz, tudo se modificava. Eu vestia a toga de corpo e alma. Naquela hora me tornava puro e transparente como o vidro. Era como se em mim se manifestasse algo sobrenatural, uma espécie de deus que deveria justiçar os homens, premiando o bem e castigando o mal. No estado de perturbação em que me encontrava, não conseguia equilíbrio para trabalhar, estudar os processos.

Nas sessões espíritas que fazíamos na casa de Lenice uma vez por semana, após os momentos de estudos, discutíamos a filosofia dos espíritos e seus ensinamentos, o Evangelho de Jesus e suas consequências na vida prática. Lenice sempre recebia a visita de um espírito amigo que nos esclarecia sobre os pontos estudados e a quem podíamos expor nossas dúvidas e necessidades.

Eliane também comparecia a essas reuniões. Por isso, mesmo querendo perguntar a respeito de Anne e do crime, eu não me atrevia.

Foram eles que espontaneamente mencionaram o assunto, de maneira discreta e esclarecedora. Falaram dos crimes políticos, das ambições, dos choques de poder, explicando que a violência gera violência e, cedo ou tarde, volta sobre quem a praticou.

Compreendi. Anthony fora muito violento, cometera crimes pela ânsia do poder, agora tombara, por sua vez, pela agressão. E Anne, como estaria? E Christopher? Como conseguiriam viver afastados dessa luta política?

Novamente o mentor espiritual, através de Lenice, esclareceu:

— Os que vivem na justiça e não ferem ninguém serão protegidos pelo Senhor.

Suspirei aliviado. Anne não era ambiciosa nem violenta. Era nobre e justa, honesta e de paz. Por certo seria preservada. Era difícil para mim suportar a separação agora. Sentia ímpetos de correr para Anne, saber como ela estava, dizer-lhe o quanto ainda a amava. Isso não era possível e eu procurava acalmar-me e ter paciência para esperar. Esperar o quê? Eu não sabia. Essa incerteza era meu tormento.

Bondosamente Lenice me havia aconselhado.

— Procure no trabalho sua proteção.

— Não posso trabalhar. Minha cabeça está confusa. Como decidir sobre os destinos das pessoas sem a clareza de raciocínio para perceber os fatos? Como julgar sem base?

Lenice olhou-me séria:

— Não se coloque em lugar de um fraco, o que você não é. Você é um homem digno, que compreende os problemas alheios. Não é Deus. Fatalmente cometerá erros, como todas as pessoas. Enquanto se tortura por algo que no momento não tem solução, por um problema que não pode modificar, há pessoas esperando pela sua palavra para decidirem suas vidas, aguardando a dignidade de verem seus direitos respeitados, suas questões e pendências solucionadas.

Fiquei um pouco irritado. Lenice nunca me falara daquela forma. Objetei:

— Está sendo dura comigo. Estou em crise. Não tenho condições de trabalhar. Vivo perturbado, aflito, inseguro, insatisfeito.

— O que deseja realmente?

— Não sei. Tenho ímpetos de correr para Anne, porém sei que ela não me aceitará por causa de Eliane. Depois, há Lisete...

Lenice passou a mão pelos meus cabelos com carinho, porém sua voz era firme quando disse:

— Jacques, não destrua sua vida por uma ilusão.

— Ilusão?! Eu amo Anne!

— Pode ser. Mas você nunca se casou com ela. Não a conhece na intimidade, nos problemas do cotidiano. Na convivência é que percebemos se realmente amamos ou não.

— Anne é maravilhosa, eu a adoro. Sei que me faria feliz.

— Acredito. Pensa em deixar sua família e ir viver com ela?

Fiquei assustado.

— Não. Não posso. Anseio por Anne, mas ao mesmo tempo Eliane é generosa, boa companheira. Há crianças, não posso deixar Lisete.

— Nesse caso, você já decidiu.

— Já?

— Claro. Não deixar a sua família.

— Não posso abandoná-los.

— Então precisa esquecer Anne. Está se atormentando inutilmente. Ou pretende tê-la como amante?

Não tive coragem para dizer isso em voz alta. No fundo era o que eu queria. Não desejava perder nada, escolher, optar. Eu queria tudo. Calei. Lenice prosseguiu firme:

— Acha que Anne aceitaria? Concordaria em ser a outra, em ter você de vez em quando, às escondidas? E Christopher, quando descobrisse, o que pensaria?

— Não faça esse juízo de Anne. Ela é orgulhosa e digna. Jamais aceitaria uma situação dessas.

— Então, por que se atormenta? A situação já está definida. Se você não larga a família, e ela não aceita ser sua amante, por que se tortura?

— Porque eu a amo e não posso esquecer.

— Você se colocou nessa situação voluntariamente. Não tem sido feliz com Eliane? É uma bela e inteligente mulher. Boa mãe e esposa. Ama-o muito. Não acha que está sendo caprichoso?

— Não — respondi com sinceridade. — A vida é que tem sido caprichosa comigo. Desposei Elisa pressionado e enganado. Quando encontrei o amor, ele era impossível. Tentei refazer minha vida de outra forma. Agora que Anne ficou livre, eu é que estou comprometido. Tenho motivos de sobra para lamentar-me.

Lenice fixou-me os olhos com doçura e respondeu com voz firme:

— Não transfira sua responsabilidade diante dos fatos, querendo aparecer como vítima. Não é verdade. Você sempre fez o que quis. Depois, se você não quer separar-se de sua família, o melhor será esquecer Anne. Dedicar-se ao bem-estar dos seus filhos, da sua mulher, usufruir da felicidade que já possui.

— Não estou feliz. Ao contrário. Vivo atormentado. A recordação de Anne e Christopher não me deixa.

— Você quer tudo. Entretanto, a vida, que é disciplinada, nos força a optar. Uma coisa de cada vez. Jacques, é preciso aceitar suas condições, seus limites. Deus sempre determina o melhor. Você não vai poder ter Eliane e Anne. São duas situações diferentes. Você diz que já escolheu, porém não o fez. Sua consciência aponta-lhe o dever, a dignidade e até seus sentimentos reforçam a hipótese de ficar junto à sua família. Mas a vaidade, a fantasia e o orgulho o convidam a buscar Anne e não abrir mão do seu amor.

Senti-me ofendido.

— Amo Anne profundamente. Não é por vaidade que a quero. Você está sendo rude.

— Quero que perceba a verdade. Você ama sua família, todavia, atormenta-se inutilmente por uma aventura. Será mesmo amor o que sente por Anne?

— Claro que é amor! — protestei, ofendido.

— Nunca se perguntou se as dificuldades, o mistério, a posição de Anne, sua beleza, sua inteligência não estimularam sua vaidade? Não colocou nesse relacionamento muitas fantasias?

Senti-me magoado.

— Pensei que me compreendesse — disse triste. — Amo Anne.

— Não duvido da sua sinceridade. Entretanto, pense no que eu disse. Acautele-se. Analise seus sentimentos profundamente para não tomar nenhuma decisão da qual possa vir a arrepender-se. O orgulho nos prega muitas peças. Todo cuidado é pouco.

— Não tenho nenhuma dúvida quanto ao meu amor por Anne. Anseio por vê-la, estar com ela, sentir seu perfume, ver seu sorriso, respirar o seu ar.

Lenice olhou-me triste.

— Não mergulhe na fantasia cultivando um sentimento que agora só lhe trará problemas. Mesmo que seu amor seja verdadeiro, no momento ainda não é possível sua realização. Você quer viver com a sua família. Por que então não se aproveitar dessa oportunidade para ser feliz com eles tanto quanto já lhe é possível? Por que se atormentar com um sonho irrealizável por ora e atirar fora a felicidade verdadeira e real que já detém nas mãos? Não estará agravando seu problema?

Eu sentia que Lenice tinha razão. Era-me difícil aceitar que Anne deveria ser esquecida, ainda que temporariamente. Sem argumentos, respondi:

— Tem razão. Vou tentar esquecer Anne.

— Será melhor. Você tem uma família maravilhosa que o ama muito. Coloque seu amor por eles para fora. Dedique-se, aproveite essa alegria. Tenho certeza de que será muito feliz.

Saí da casa de Lenice pensativo. Sentia que amava a minha família e que dar-lhes amor não me seria difícil. Por outro lado, Anne era a aventura, o inesperado. Como esquecer?

Capítulo 12

A notícia me perturbou. Anne estava de volta! Durante aqueles dois meses em que ela estivera em Brandemburgo, eu tinha conseguido dominar a impaciência.

O conselho de Lenice fizera-me muito bem. Voltara ao trabalho com coragem e dedicara-me à família com sinceridade. Interessava-me pelas experiências amorosas de Julien, o talento de Milena para o desenho, a graça de Lisete recitando poesias, mergulhara nos braços de Eliane com redobrado carinho.

Ocupara todos os momentos e, embora sentisse dentro de mim as saudades de Anne, usufruía de horas felizes em que a alegria cobrira minha alma de paz. Estava vencendo meu conflito.

Todavia, quando o senhor Leterre informou-me da volta de Anne, a tentação reapareceu.

Anne estava tão perto! Agora, não havia mais a presença de Sir Anthony. Poderíamos conversar livremente. Ninguém nos estaria espiando, nenhuma ameaça pesava sobre nossas cabeças. Eu precisava vê-la. Mesmo que nosso amor fosse impossível, havia muitas coisas a dizer. Queria confortá-la. Tinha passado por momentos difíceis e eu nada pudera fazer.

Naquele dia foi-me difícil trabalhar. Lia e relia os autos que tinha em mãos, sem compreender os fatos, sentindo o coração oprimido e as lembranças do passado com Anne povoando-me a mente.

Saí. Inútil insistir.

Andei um pouco pelas ruas da cidade, sem disposição para regressar à minha casa.

A tarde tinha acabado e a noite já começava a descer quando toquei a sineta da casa de Anne. Uma criada introduziu-me à sala de estar, indicando-me uma cadeira com delicadeza. Não me sentei. Estava ansioso, transtornado. Quando Anne surgiu, muito alva em seu vestido negro, corri para ela tomando-lhe a mão e beijando-a demoradamente:

— Anne! — murmurei. — Esperei muito por este momento!

Puxei-a para mim e abracei-a procurando seus lábios. Aquele beijo reacendeu a chama daquele amor que eu tinha lutado para apagar.

Esquecido de tudo, de todos, eu a apertava nos braços beijando-a com enlevo repetidas vezes.

Foi ela quem me afastou com delicadeza.

— Que saudade!

Ela não disse nada. Olhava-me emocionada e seus olhos refletiam os sentimentos que lhe invadiam o coração. Exultei! Anne ainda me amava. Apesar de tudo, não tinha conseguido esquecer. Estava abatida dentro do luto fechado que usava. Um pouco mais magra talvez. Mas os mesmos belos olhos que eu não tirava da mente, o mesmo rosto delicado, a mesma boca que eu sempre queria beijar.

— Precisamos nos acalmar — disse ela com voz que procurava tornar firme.

Lutei para dominar a euforia. Sentamo-nos lado a lado no belíssimo sofá adamascado. Olhei-a, tentando dominar a avalancha de emoções que brotava dentro de mim. Viera pensando em confortá-la, entretanto, naquele instante, vendo-a ali, toda a minha angústia reapareceu e dei largas ao que me ia na alma.

— Tenho sofrido muito — reclamei. — Queria estar a seu lado, mas foi impossível. Sua casa estava sendo vigiada pela polícia, não quis prejudicá-la.

— Eu sei. Recebi seu cartão. O senhor Leterre contou-me tudo.

Tomei-lhe as mãos, dizendo emocionado:

— Anne! Amo-a tanto!

Ela olhou-me com amor e não me contive, tomei-a nos braços, beijando-a novamente, sentindo crescer a emoção. Foi ela de novo quem conseguiu desvencilhar-se dos meus braços.

— Precisamos nos conter. Por favor! Christopher pode entrar, as criadas. Não quero ser surpreendida.

Esforcei-me para dominar meus sentimentos. Anne tinha razão. Sentei-me em frente a ela olhando-a nos olhos. A custo continha a impaciência e o desejo de apertá-la de novo nos braços.

— Gostaria de ter ficado a seu lado quando tudo aconteceu.

Fundo suspiro escapou do peito de Anne.

— As coisas não são como nós gostaríamos. O senhor Leterre, mais uma vez, deu-me todo o apoio. Tem sido como um pai, bondoso, prestativo.

— Infelizmente não pude fazer nada. Só teria complicado a situação.

Anne assentiu com a cabeça:

— Compreendo. Agora tudo já está mais calmo. Nem a polícia nem os jornais têm me incomodado. O tempo passa e eles já começam a esquecer.

— Para você não é tão fácil.

— Tem razão. A princípio, o choque, o inesperado, o terror. Você sabe, nunca amei meu marido. Nosso casamento foi imposto por meu pai. Apesar do engano que ele cometeu, não o censuro. Acreditava sinceramente ter encontrado o homem ideal para comandar Dolgellau quando ele morresse. Queria o herdeiro. Anthony era um homem forte fisicamente, saudável, soube conquistar-lhe a simpatia. Identificava-se com ele em muitos aspectos. Meu pai também não foi um chefe preocupado com o bem-estar de seus súditos. Apesar de tudo, fiquei muito chocada com a morte de Anthony. Não lhe desejava tão triste fim.

— Ele nunca se conformou com o exílio.

— É verdade. Nunca deixou de conspirar. Meteu-se com aventureiros interessados em explorar-lhe os sentimentos em proveito próprio. Procurei demovê-lo. Por isso, ele passou a fazer tudo secretamente. Nunca me contou nada, porém eu desconfiava que estivesse tramando.

— Esse crime só pode ter sido político.

— Foi a conclusão a que a polícia chegou.

— Eles têm alguma pista?

Anne balançou a cabeça.

— Não. Mas os fatos, as circunstâncias fazem crer que assim tenha sido.

— Espero que deixem Christopher em paz. Ele ainda é o herdeiro de Loucester.

— É. Para evitar isso é que sempre tenho afirmado não pretender nada para ele. Tudo está bem como está. William tem sido bom e justo com nosso povo. O poder é um peso que não desejo para meu filho. Traz mais problemas, mais lutas do que satisfação e alegria. Governar Dolgellau seria uma responsabilidade que nós só assumiríamos caso o bem-estar dos nossos estivesse em jogo.

Não pude deixar de admirá-la. Anne sempre demonstrara muita lucidez e dignidade.

— O que pensa fazer?

Ela me olhou séria enquanto dizia:

— Ocupar-me com coisas úteis. Talvez forme uma classe de aulas para jovens. Ainda não decidi.

— Mas você não precisa fazer isso! — protestei contrariado.

— É verdade. Você foi muito generoso conosco. Financeiramente nada nos falta. Porém a ociosidade me oprime e entedia. A solidão é má companheira e não a desejo.

— Poderia frequentar a sociedade, conviver com os de sua classe.

— Não aprecio as reuniões frívolas e sem proveito. A vida é muito preciosa para que venhamos a desperdiçá-la. Eu quero viver bem. Aproveitar todos os minutos. Produzir o bem. Aprender o que puder e ensinar o que já sei. Estou consciente dessa minha necessidade.

— É uma maneira singular de pensar.

— Pode ser, mas é a única que me satisfaz. Quero que Christopher aprenda a conviver com as pessoas, saiba compreendê-las e perceba que viver é uma oportunidade de aprender sempre, de enriquecer o espírito, de fazer o que é bom.

Não pude deixar de sorrir.

— Você está muito parecida com Lenice.

— Lenice?

— Minha irmã. É uma pessoa a quem amo muito.

Anne sorriu.

— Nunca me falou sobre sua família.

— Minha mãe vive só na casa onde nasci. Lenice é minha única irmã, é casada e mora aqui em Paris.

— Gostaria de ter uma irmã. Ser sozinha não é muito agradável. Christopher ainda é criança para compreender certas coisas.

Senti uma onda de emoção.

— A vida não tem sido fácil para você. Lenice tem sido minha amiga e confidente. Nos momentos de crise, sempre vou ter com ela. Sua compreensão, sua lucidez têm me ajudado muito.

Anne balançou a cabeça.

— Não me queixo da vida. Tenho o que Deus permitiu, mas gostaria muito de ter uma irmã como ela.

— Lenice não é uma pessoa comum. É sensitiva. Percebe coisas que a maioria das pessoas não vê. Acredita na sobrevivência do espírito depois da morte, na reencarnação. Isto é, que nós já tenhamos tido outras vidas na Terra, antes desta. Que nossos problemas de hoje refletem os nossos atos daqueles tempos.

— Que interessante! Sempre tive a sensação de já ter vivido na Terra antes de agora. De vez em quando, tenho a impressão de conhecer certos lugares que visito pela primeira vez. Paris, para mim, sempre foi muito familiar. Quando aqui vim pela primeira vez, conhecia certos lugares, sem haver estado neles anteriormente. Pode compreender?

— Posso — respondi convicto. — Você poderia ter vivido em Paris numa outra existência.

— Nunca encontrei explicação para isso.

— Lenice estuda esses assuntos. É seguidora do Espiritismo.

— Espiritismo?

— É uma ciência, uma filosofia que nos faz compreender o porquê da vida e responde a muitas das nossas indagações.

— Gostaria de conhecê-la.

— Vou trazer-lhe os livros. Trata-se de uma obra extraordinária codificada de forma *sui generis* pelo seu autor, o professor Rivail, que adotou o nome de Allan Kardec porque descobriu que o usara em uma de suas existências anteriores.

— Como descobriu isso?

— Conversando com os espíritos de pessoas que já viveram neste mundo e agora estão em outra dimensão da vida.

— De que forma?

— Através de diferentes sensitivos, a quem deu o nome de médiuns, fazendo perguntas e comparando as respostas.

— Você leu esses livros?

— Li. Através deles compreendi muitas coisas. Naquele tempo, eu estava desesperado. Não me conformava em separar-me de você e de Christopher.

Aquele assunto tinha dado um tempo para que eu conseguisse dominar a emoção do reencontro. Ao pensar em nós, essa emoção reapareceu.

Anne permaneceu pensativa durante alguns segundos. Depois disse:

— Os nossos destinos estão separados. Gostaria de descobrir por quê.

Tomei sua mão, procurando dominar a emoção.

— Porque não tive calma para esperar. Porque a solidão doía e eu tinha perdido a esperança de poder me casar com você! A culpa da nossa separação é só minha. Se eu fosse livre, agora poderíamos ficar juntos para sempre!

— Não o culpo por isso. Prefiro pensar que foi o destino. Ninguém poderia prever o que aconteceu. O que eu queria saber é por que era este o nosso destino. Qual a razão de não podermos estar juntos para sempre?

— Reconheço que tenho a culpa.

— Refiro-me à causa maior, à força das coisas que nos separou. Sinto que, se a vida quisesse nos reunir, tudo teria sido diferente. Ela é que nos tem separado. Por quê?

Não encontrei palavras para responder. A nobreza de Anne preferia isentar-me da culpa.

— Nós podemos mudar isso. Você é livre. Se quiser, iremos embora para qualquer lugar, viveremos felizes pelo resto da vida. Ninguém há de nos separar.

Anne olhou-me e, apesar das lágrimas que brilhavam em seus olhos, havia muita firmeza em sua voz quando disse:

— Não pretendo desviá-lo de seus deveres com sua família. Você os assumiu livremente. Deve honrá-los agora. Você não pode ser livre enquanto houver pessoas que dependam de você, filhos para serem orientados, uma esposa que o ama e a quem você prometeu amar e proteger. Eles o amam e iriam sofrer. Nenhuma felicidade pode ser construída sobre os sofrimentos dos outros. Você não suportaria, eu perderia a dignidade, logo seríamos infelizes.

— Eu a amo!

— Eu também o amo. Infelizmente estamos separados, por agora. É preferível sofrermos nós dois do que, a pretexto de uma ilusão, arrastarmos nossos filhos ao sofrimento.

— Meu amor não é ilusão — teimei inconformado.

— Não é. O meu também não. Ilusão é pensar que seríamos felizes abandonando nossos compromissos, causando sofrimentos aos que amamos. Não, Jacques. Deus sabe como eu o amo. Mas, pelo nosso bem, tudo deverá ficar como está.

Olhei-a emocionado.

— Eu quero ficar com você!

Ela abanou a cabeça, dizendo com voz firme:

— Você sabe que não é possível. Ainda não podemos. Por favor, ajude-me! Não torne mais difícil este momento!

Tomei-lhe as mãos apertando-as com força.

— Anne! Não me expulse de sua vida! Eu a amo!

Ela estava pálida, mas sua voz continuava firme.

— Não repita o que eu sei, nem me obrigue a repetir o que eu já disse. Eu o amo. Por agora não é possível. Porém, se algum dia você estiver livre, então ficaremos juntos para sempre.

Não pude evitar as lágrimas.

— Anne, pelo menos deixe-me vê-la de vez em quando, beijar seus lábios, mostrar-lhe a força do meu amor! Poderemos estar juntos, viver momentos felizes! Podemos nos amar apesar de tudo. Manterei meus deveres de família, guardaremos segredo do nosso amor.

Ninguém será prejudicado e nós poderemos viver! Diga que concorda...

Exaltado, tomei-a nos braços beijando-lhe os lábios com ardor, dando vazão às emoções tanto tempo reprimidas. Quando a vi trêmula e vencida em meus braços, ébrio de felicidade, levei-a para o quarto, fechei a porta com chave. Tendo-a tão perto, tudo o mais desapareceu do meu pensamento. Dando largas à emoção que nos envolvia o coração, todas as barreiras ruíram, nos entregamos um ao outro apaixonadamente.

Quando as emoções serenaram, tendo-a ainda nos braços, eu não queria falar, quebrar o encanto daquele momento mágico. Não queria enfrentar de novo a realidade da nossa separação. Foi ela quem conseguiu reagir primeiro.

— Jacques!

Coloquei o dedo sobre seus lábios.

— Psiu! Não diga nada. Este é o nosso momento!

Fundo suspiro escapou-lhe do peito.

— Queria que o tempo parasse!

— Esqueça as coisas tristes. Estamos juntos!

Beijei-a novamente e nova onda de emoção nos envolveu o coração. O mundo desapareceu para nós naquele instante. Só o amor vibrava, tangendo as cordas de nossas vidas, enquanto, abraçados, nós não queríamos voltar a pensar.

Quando saí da casa de Anne duas horas depois, a alegria cantava em meu coração.

A euforia tomava conta de mim. Finalmente, eu tinha conseguido o amor de Anne. Embora não tivéssemos tocado no assunto, o envolvimento de Anne fora tão forte que eu não tinha dúvidas: ela não iria resistir.

Quando eu quisesse, poderia ter com ela, dar vazão ao amor que me inundava o coração. Nós nos amávamos, eu pensava. Que mal havia em nos entregarmos a esse sentimento? Eu não ia abandonar a família. Procuraria ser ainda melhor para eles. Ninguém seria prejudicado. Finalmente eu tinha encontrado a fórmula adequada.

Anne era o amor, a emoção, a magia. Eliane, a companheira, a amiga. Não me sentia impossibilitado de amá-la também, embora de forma um pouco diversa, menos ardente, mais serena.

Cheguei a minha casa alegre, bem-humorado. Apesar do adiantado da hora, Eliane ainda me esperava para o jantar. As duas meninas dormiam e Julien saíra a passeio. Beijei-a com carinho. Sentamo-nos à mesa e eu estava com muito apetite.

— Está muito bem esta noite — disse ela. — Aconteceu alguma coisa?

Levei um ligeiro susto:

— Nada, por quê?

Ela sorriu.

— Ultimamente, você andava triste, preocupado, distraído. Fiquei apreensiva. Cheguei a falar com Lenice sobre o assunto. Hoje você me parece muito bem, como antigamente.

Sorri procurando responder com naturalidade:

— Sinto-me melhor. Quero mudar. Quero ser para você e para nossos filhos um pai alegre e compreensivo.

Eliane admirou-se.

— Por que diz isso? Você sempre foi um bom pai e muito compreensivo. Você está diferente. Alguma coisa aconteceu, não quer me contar?

Sorri respondendo em tom de brincadeira:

— Pensei, refleti, resolvi mudar. Nada de mau humor, preocupações, temores. De hoje em diante, tudo será melhor para nós.

Ela me olhou admirada. Procurei desviar sua atenção falando sobre outros assuntos.

Quando nos recolhemos, beijei-a na face e, sentindo que ela me fixava de forma diferente, disse:

— Você não ficou alegre vendo-me bem-disposto e de bom humor.

Eliane respondeu sem desviar os olhos:

— Claro que eu gosto de vê-lo bem, Jacques. Contudo, você me parece muito distante de mim esta noite. Sinto que a sua alegria me exclui.

Tentei dissimular:

— Por que diz isso?

— Jacques, sinto que você nunca foi inteiramente meu. Nunca se entregou ao meu amor de forma total. Não da mesma forma que eu.

— Impressão sua. A que vem isso agora?

— Deixe-me falar. Sempre desejei dizer-lhe isso. Sinto que me entreguei ao seu amor de corpo e alma. Não há em mim nenhuma reserva. Foi uma entrega total, absoluta. Entretanto, sinto que com você não aconteceu assim. Você guarda aspectos, partes de seu ser nas quais não me permite entrar. Percebo que você guarda segredos e emoções das quais eu não participo.

— Bobagens, Eliane. De onde tirou essa ideia?

Tentei dar à voz uma entonação natural. Estava surpreendido com a perspicácia dela. Não queria causar-lhe sofrimento. Ela nunca deveria saber a verdade.

Ela prosseguia:

— Nunca tive certeza de que você me ama da mesma forma que eu o amo. Há momentos em que você se isola, permanece tão distante que eu me sinto uma intrusa em sua vida.

Tomei-lhe a mão, beijando-a com carinho.

— Não diga isso. Tente compreender. Eu sou assim mesmo. Gosto de abstrair-me, pensar. Às vezes exagero, mas eu a quero muito. Você tem sido a amiga, a companheira, tem trazido encanto à minha vida.

Ela sorriu.

— Não sei por quê, esta noite essa impressão aumentou.

— Porque resolvi ser alegre?

— Porque, de repente, tive a sensação de que você estava diferente. Não vi nenhum motivo especial para essa mudança. Senti que você se distanciava de mim, que o seu outro lado, o lado que não conheço, me excluía, não dividia comigo suas emoções. Fiquei insegura.

Sorri tentando encobrir a preocupação. As mulheres às vezes têm um sexto sentido.

— Não há nenhum motivo para preocupar-se. Vamos dormir.

Beijei-a novamente na face e ela se calou. Estirado no leito, eu me analisava, tentando perceber de onde Eliane tirava suas conclusões. Comecei a pensar que a culpa fora minha. Eu não estava habituado a dissimular. Depois, minha alegria era tão grande que não pudera ocultá-la.

Não me sentia envergonhado por mentir. Eliane era inocente, e eu não queria fazê-la sofrer. Tudo faria para ocultar-lhe a verdade. Ela não seria prejudicada. Eu cumpriria todos os meus deveres até o fim. Não me sentia culpado por isso, ao contrário. Meu amor por Anne era imenso. Vendo-a de vez em quando, sem assumir definitivamente uma vida em comum com ela, eu entendia estar me sacrificando em favor da família, para não prejudicá-la.

Ao lembrar-me de Anne, sentia grande emoção. Não me julgava capaz de resistir a esse amor. Ela também não conseguira. Foi recordando seu rosto emotivo e belo que adormeci. Tinha encontrado no amor novo encanto de viver.

Capítulo 13

A tarde ia em meio quando resolvi passar pela casa de Anne. Depois daquela noite, eu vinha frequentando regularmente sua casa, porém sempre à noite, depois de Christopher ter se recolhido.

Anne tentara reagir, recusando meu amor, porém eu lhe vencia a resistência, alegando que não estávamos prejudicando ninguém, uma vez que eu continuava dando à minha família tudo quanto lhe era devido.

O amor não era um mal, alegava eu com veemência, e, vendo-nos de vez em quando, estávamos tornando suportável uma separação que de outra forma seria insustentável. Melhor nos encontrarmos de vez em quando do que eu abandonar meus deveres e vivermos juntos para sempre. Eu estava convencido do que afirmava. Todavia, não tivera coragem de contar tudo a Lenice, como era meu costume. Temia que ela discordasse, e incomodava-me muito essa hipótese.

Por isso, pretextando trabalho, espaçara minhas visitas e não comparecia mais às reuniões espíritas das quais tanto gostava. Eliane continuava a frequentá-las e, entusiasmada, descobrira possuir sensibilidade. Era médium. Aquelas luzes coloridas, os rostos e até as cenas que via de vez em quando, de forma inesperada, não eram comuns a todas as pessoas, como sempre tinha pensado. Eram visões percebidas do mundo espiritual.

Insistia para que eu fosse a cada reunião, relatava visões que tivera, despertava verdadeiramente para as coisas do espírito e eu cheguei a pensar que ela estivesse exagerando. Lenice por certo saberia esclarecê-la. Era prudente, criteriosa.

Pensei em Anne com alegria. A saudade batia forte em meu peito. Por certo encontraria Christopher. Pretendia apenas uma visita formal. Vê-la, conversar, estar a seu lado, usufruir da sua presença, rever seu sorriso.

Ao chegar, porém, tive uma surpresa: a casa aberta e, ao ser conduzido pela criada ao salão, um burburinho festivo enchia o ar. Anne estava ao piano, rodeada por alguns jovens que marcavam o compasso com os pés. Outros cantavam à meia-voz. Dois casais dançavam. Não quis ser anunciado. Não deixei a criada dizer o meu nome. Estava irritado. Aqueles intrusos na casa de Anne, usufruindo de sua companhia! Olhei Anne ao piano de costas para mim. Um belo jovem, forte e elegante, a seu lado, olhava atentamente a pauta da música e virava as páginas no momento preciso. Uma onda de ciúme me acometeu. Era assim que Anne gastava o seu dia? Eram esses os amigos que ela dizia ter, aos quais dava aulas sobre vários temas?

Fiquei em pé, parado, irritado, querendo expulsá-los dali. Quando a música parou, Anne levantou-se sob o aplauso geral e disse:

— Agora, passemos ao nosso chá.

Designou a mesa que, a um canto do salão, já estava lindamente preparada. Foi aí que percebeu minha presença. Aproximou-se e estendeu-me a mão.

— Doutor Jacques, como vai?

Beijei a mão que ela me estendera.

— Bem, obrigado. Precisava falar-lhe. Não esperava encontrá-la ocupada.

Ela percebeu minha contrariedade, mas respondeu calma:

— Hoje encerramos uma etapa em nosso curso de história e geografia. Sempre comemoramos o progresso alcançado. Aceita tomar chá conosco?

Aceitei. Não queria sair dali deixando-a no meio de tantos jovens bonitos que a olhavam com carinho. Tive vontade de gritar que Anne me pertencia, que eles todos se fossem. Sofreando meus impulsos, tomei o chá, mastiguei um biscoitinho que me pareceu amargo demais. Meu olhar abrandou-se diante de Christopher, alegre, conversando com as pessoas. Senti-me orgulhoso dele. Era belo e muito bem-educado. Parecia um principezinho. Vendo-o, uma onda de revolta apareceu-me em meu coração.

Por que eu precisava estar ali como um estranho? Por que eu não podia assumir meu lugar, mostrando a todos os presentes que Anne me pertencia e eu era o pai de Christopher? Fiquei amargurado.

Anne estava encantadora. Muito solicitada, atendia a todos com classe e delicadeza. Quando se aproximou de mim, não me contive:

— Estou decepcionado — disse. — Não suportava as saudades, vim vê-la. Não esperava encontrá-la tão acompanhada.

Ela sorriu, porém pelos seus olhos passou um lampejo de contrariedade. Disse com voz natural:

— É verdade. Estou em muito boa companhia. Eles enchem minha vida de calor humano, alegria e amor. Adoro-os.

Senti crescer meu ciúme. Decidi ir-me embora. Não suportava mais dividir Anne com aquela gente. Despedi-me e saí. Estava insatisfeito e só.

Até quando suportaria aquela situação? Pensamentos depressivos começaram a incomodar-me. Anne era uma mulher livre. E se ela se apaixonasse por um daqueles moços? E se mantivesse um romance com um deles?

Senti aumentar minha angústia. Minha exaltação era tamanha que cheguei a "ver" a cena do moço que atentamente virava as páginas da partitura com Anne nos braços.

Andei pelas ruas sem ânimo de ir para casa. Pensei em Lenice. Deu-me vontade de ir vê-la, abrir para ela meu coração, procurar a paz. Não tive coragem. Temia sua reprovação, não queria envolvê-la em minhas preocupações.

A noite já tinha descido completamente quando fui para casa. Eliane esperava-me com a solicitude de sempre. Isso me irritou ainda mais. Por causa dela não podia casar-me com Anne. Ela era o empecilho para a realização dos meus sonhos de amor.

Estava mal-humorado e Eliane, após reiteradas tentativas para melhorar minha disposição sem obter resultado, afastou-se indo para o quarto com Milena e, a pretexto de acomodá-la para dormir, deixou-me só. Dei largas à insatisfação. Eu, que fora bastante forte para vencer todos os obstáculos, os reveses da fortuna, que soubera lutar para alcançar meus objetivos, mostrava-me incapaz para conquistar a felicidade. Deixara-me envolver por escrúpulos e, por essa razão, estava nessa situação falsa, quando a qualquer momento poderia perder Anne.

Ludibriado no primeiro casamento, empurrado pela solidão, entrara no segundo, sem amor. Por que cometera essa loucura? Eu tinha direito à felicidade. No amor, ser correspondido é um prêmio. Eu ganhara esse prêmio e o atirara fora pelas convenções do mundo.

Envolvido por esses pensamentos, sentindo-me vítima, inconformado e insatisfeito, não pude dormir. Remexia-me no leito, entre as cenas que imaginava da traição de Anne e a convicção cada vez mais forte da minha infelicidade. Só consegui adormecer quando o dia começou a clarear.

Na noite seguinte, fui ter com Anne. Tinha permanecido amargurado durante todo o dia. Estava disposto a ter uma conversa séria com ela. Tomar uma resolução. Eu estava abatido e preocupado. Vendo-me, Anne perguntou:

— O que aconteceu? Você está bem?

Sacudi a cabeça negativamente.

— Não. Desde ontem que eu sofro. Precisamos conversar, tomar uma resolução.

Ela me olhou séria. Tomei-lhe as mãos, apertando-as com força:

— Anne! Não suporto mais esta situação. Estar aqui como um ladrão na calada da noite! Eu a amo, quero gritar aos quatro ventos que você é minha, que Christopher é meu, que nos amamos!

Anne retirou as mãos, continuando a olhar-me calada.

Eu prossegui:

— Não suporto vê-la rodeada por todos aqueles homens que veem em você uma mulher livre, que podem desejar e possuir. Não aguento mais isso. Quero deixar minha família e ficar com você.

— Terminou? — perguntou ela com voz fria.

— Sim — respondi —, vamos resolver agora nossas vidas. Estou decidido. Nada é mais importante do que a nossa felicidade. A vida é uma guerra na qual cada um precisa conquistar o que deseja. Estou cansado de pensar nos outros. Cada um que cuide de si. Eu quero ser feliz, tenho esse direito. E minha felicidade é você!

Anne fixou-me nos olhos com seriedade.

— Até ontem você parecia muito interessado em cumprir seus deveres de família. O que mudou? O que o fez querer agora abandonar tudo, mudar as coisas?

— Meu amor por você. Tenho medo de perdê-la, de que se apaixone por um daqueles moços que estavam aqui. Aquele do piano a olhava com adoração. Não suporto vê-la entre eles. Você me ama, é minha!

— Amo-o, é verdade, mas não pertenço a você nem a ninguém. Sou livre. Amo em você a dignidade, o carinho com que fala de seus filhos, o respeito que demonstra por sua mulher, a preocupação em não lhes causar nenhuma mágoa. Esse é o Jacques que eu amo. Que confia em minhas virtudes, mesmo depois que, por amor, eu coloquei de lado as convenções sociais e entreguei-me a ele. Quanto àquele que pretende desertar dos seus deveres, que me julga capaz de um procedimento leviano, que se coloca como vítima, sequer conheço e não pretendo conhecer.

Não gostei de ser contrariado. Reagi:

— Pensei que fosse exultar, que desejasse tanto quanto eu nossa união definitiva. Que me amasse tanto quanto eu a amo!

— Você sabe que eu o amo! Sabe que por esse amor passei por cima de muitas coisas. É por ele que tenho correspondido aos seus desejos, recebendo-o aqui, numa situação irregular que contraria todos os meus princípios.

— É justamente isso que eu quero evitar. Quero ficar aqui para sempre. Ser seu marido, o pai de meu filho. Acabar com essa situação falsa e desgastante.

— Isso não é possível. Você não pode ser meu marido porque já é casado.

— Quero ficar com você!

— Infelizmente não é possível. Christopher já está quase com treze anos. Como contar-lhe que Anthony não era seu pai? Como dizer-lhe que eu tive um amante ainda quando vivia com meu marido? Tenho dado a ele uma educação rígida quanto aos princípios, de acordo com sua verdadeira posição. Não posso esquecer que continua sendo o legítimo herdeiro de Loucester e é meu dever educá-lo como se ele fosse assumir esse posto.

— Esse pensamento é falso. Você sabe que ele nunca assumirá esse cargo. Sir William jamais abandonará o poder. É moço, por certo se casará, terá filhos que serão seus herdeiros. Christopher não precisa carregar esse peso. Foi você mesma quem disse isso.

Anne abanou a cabeça.

— Deus sabe que eu prefiro vê-lo distante desse encargo. Mas é meu dever prepará-lo, porque, se um dia Deus determinar que ele assuma, não só deverá aceitar, como saber desempenhar sua missão.

— Isso nunca acontecerá — concluí, procurando controlar meu desgosto.

Anne colocou a mão em meu braço, olhando-me firme nos olhos quando disse:

— Jacques, ninguém pode saber o que acontecerá amanhã. Mas, mesmo que tudo continue como está, não pretendo desviar-me do dever. Se como mulher me permito assumir meu amor por você, vivendo um romance que satisfaz meus sentimentos, como mãe preciso manter a dignidade, não confundindo a cabeça de Christopher com problemas que são meus e ele ainda não teria capacidade de compreender. Depois de ensinar-lhe o caminho do dever, da honestidade, da justiça, como passar por cima das leis e do direito para satisfazer meus próprios interesses?

— Esconder nosso amor é uma situação falsa, e a hipocrisia não educa ninguém.

— Não confunda as coisas. Você tem família, esposa e filhos, que sofreriam por causa disso. Eles não têm culpa de nada.

— Eu sou culpado por ter me casado de novo.

— Ninguém tem culpa de nada. Você casou porque precisava de companhia. Sua esposa é uma boa mulher. Aliás, você mesmo disse que a aprecia.

— Mas é você que eu amo. Quero ficar para sempre a seu lado.

— Não pode. Quando você veio aqui a primeira vez e nos entregamos um ao outro, pensei muito sobre o assunto e concluí que o sentimento que nos une é muito forte. Meu senso de dever fazia-me desejar fugir e acabar com nossos encontros, que, eu sabia, iriam repetir-se. Mas a ideia de que você não pretendia prejudicar os seus e manter seus deveres de família confortou-me. Nosso amor é um sentimento tão profundo e verdadeiro, tão espontâneo, que nos inunda a alma de alegria. Entregar-nos a ele é como respirar, viver, é natural. É uma coisa só nossa, que independe do resto.

— É isso mesmo. Por essa razão é que eu quero assumir outra posição.

Anne abanou a cabeça.

— Não daria certo. Não podemos estabelecer a nossa felicidade ocasionando a infelicidade alheia. Como sua mulher receberia essa notícia? Como seus filhos reagiriam? Como Christopher se sentiria?

— Anne, você não pode colocar o dever acima do amor e dos sentimentos.

— Posso. O dever está acima porque trabalha com a dignidade e a consciência. É a base do nosso equilíbrio. Quando ele nos aponta um caminho, ainda que esteja em desacordo com o que desejamos, se o seguimos, podemos lutar, sofrer a princípio, mas aos poucos sentiremos alívio, serenidade, força moral e, o que é importante, paz de consciência. Bem-estar, por termos agido de acordo com ela. Se você abandonasse sua família e viesse morar aqui, nos sentiríamos constrangidos, angustiados, diminuídos. Dentro de algum tempo, nosso relacionamento estaria ruim e ambos seríamos infelizes.

Abanei a cabeça contrariado.

— A seu lado eu jamais seria infeliz.

Anne sorriu.

— Nós nunca convivemos durante muito tempo, no dia a dia. Você pode estar exagerando.

Tomei-lhe as mãos, apertando-as com força.

— Eu a amo. Você sabe disso.

— Sei. Nosso amor é um fato.

— Então por que continuarmos separados?

— Porque a vida nos separou. Se você aceita continuar como até aqui, continuaremos a nos ver de vez em quando. Acredito em nosso amor e acho que quando estamos juntos não estamos fazendo nenhum mal a ninguém. Você volta para seus compromissos, eu para os meus, e aqueles momentos que foram só nossos, o afeto que trocamos, faz bem à nossa alma, alimenta-nos o coração. Mas, se a pretexto do nosso sentimento vamos perturbar a vida dos nossos familiares, então o melhor é nos separarmos agora, para sempre. Se não puder conter-se, não voltaremos a ver-nos.

No fundo, eu sentia que Anne estava certa. Sua maneira de pensar, apesar de contrariar meus desejos, começava a serenar minha insatisfação. Baixei a cabeça, pensativo. Anne alisou-me os cabelos com carinho.

— Um dia, quem sabe, quando Deus quiser, seremos livres e poderemos ficar juntos.

Abracei-a comovido e ficamos assim, calados, ouvindo as batidas do nosso coração e sentindo a força dos nossos sentimentos.

Capítulo 14

A notícia ecoou como uma bomba. A Alemanha invadira a Bélgica e era iminente a declaração de guerra contra o *kaiser*. O povo foi às ruas para conhecer os detalhes e os jornaleiros passavam gritando as últimas notícias em manchetes garrafais. Todos os jornais da cidade tiraram várias edições, que se esgotavam rapidamente no torvelinho das informações desencontradas e ainda incertas.

Agitado, sentindo o coração opresso, comprei o jornal e folheei-o apressadamente. Havia dias os boatos circulavam pela cidade, prognosticando um conflito iminente por causa das pressões econômicas e a ambição de países que, não se satisfazendo com seu espaço, buscavam, na conquista e no poder, subjugar outros povos.

Por toda parte havia o temor e a indignação ante o ataque brutal e, apesar de tudo, inesperado.

Fiquei preocupado. Fui para casa. Uma guerra indesejada, segundo os entendidos, poderia assumir proporções mundiais, tais os interesses que envolvia. Eliane estava tão preocupada quanto eu. Nosso exército por certo não estava preparado para enfrentar o inimigo, que, segundo se sabia, planejara o ataque e adestrara-se deliberadamente.

O temor e a insegurança tomaram conta de mim. Eu queria fazer alguma coisa, mas não sabia o quê. Julien estava indignado. Os estudantes saíram à rua, discursando inflamados, cantando hinos, exigindo do governo uma resposta à altura. E ela veio depressa: a declaração formal de guerra contra a Alemanha e a convocação militar dos soldados da reserva para reforçarem as fileiras do nosso exército.

Nos dias que se seguiram, as notícias desencontradas e os boatos sucediam-se. Eram unânimes em afirmar as vantagens do inimigo vencendo em toda a linha e as baixas e os recuos dos nossos.

O exército abriu postos de alistamento de civis e muitos já estavam se inscrevendo. Eu estava preocupado. Julien mostrava-se exaltado e eu temia que ele resolvesse alistar-se. Eu procurava dar aos acontecimentos um enfoque mais otimista, mas, no fundo, eu temia que aquela guerra se estendesse de maneira impiedosa.

Nervoso, preocupado, procurei Lenice. Ela me abraçou com carinho. Seu rosto estava sério ao ouvir minhas dúvidas e temores. Em seus olhos havia um brilho emotivo quando disse:

— É triste que tenham optado pela guerra. Nunca se sabe a que sentimentos um confronto desses pode levar.

— Você acha que vai durar muito?

— Não sei. Há muito ódio, muita ambição, muitos interesses em jogo.

— Estou angustiado — declarei, segurando sua mão com força. — Julien está muito exaltado. Temo que se envolva.

Lenice suspirou pensativa, depois respondeu:

— É hora de oração. Todos nós precisamos manter a calma, a fé. Angústia e preocupação não vão ajudar. O medo também não.

— Você tem feito sessões, o que pensam os espíritos?

— Há muito nos alertavam para a necessidade de buscarmos orar pela paz. Sempre são contra a violência.

— Se são contra, por que não impediram de acontecer? Afinal, eles podem ver as coisas com maior profundidade.

— Acalme-se. Você sabe que somos livres para escolher nossos caminhos e eles não interferem. Se os homens preferiram a luta armada, embora estejam convencidos de que isso trará muitos sofrimentos para a humanidade, eles nada farão.

— Não acho justo. Quem escolhe são os governos e todos pagaremos por isso.

— O sofrimento é um bem que só atinge quem necessita dele. Os outros, apesar de tudo, sairão ilesos.

— Você acha?

— Claro! Deus é bom e justo, e só faz o que é certo.

— Fico descontrolado só em pensar que Julien pode ir para a luta.

Lenice alisou minha cabeça com carinho:

— Jacques, onde está sua fé? Por que permite que o medo faça morada em seu coração? Não sabe que o medo atrai aquilo que teme?

Senti um aperto no coração.

— Não quero ter medo, mas quando penso em Julien...

— Guardemos a calma. Vamos orar juntos. Faz tempo que você não vem às nossas sessões. Tenho sentido sua falta.

Baixei a cabeça, envergonhado. Não queria que ela soubesse sobre meu relacionamento com Anne. Temia que não pudesse compreender. Eu queria parecer sempre correto. Queria que ela me admirasse.

— Não tenho tido tempo para vir.

Lenice sorriu.

— O importante é que você está aqui hoje. Estou muito contente.

Fechou os olhos por alguns instantes, depois continuou:

— Jacques, preciso falar com você!

Notei que sua voz se modificara e seu rosto tinha expressão diferente.

— O que é?

— Estava com saudade. Faz tanto tempo!

Um arrepio percorreu-me o corpo. Alguém falava através de Lenice. Em silêncio, esperei que ela continuasse. Lenice suspirou e de olhos fechados prosseguiu:

— Desde minha partida tenho desejado vir, mas só agora me foi possível. Não me reconhece?

Pensei em Elisa, mas não tinha certeza.

— Sou eu mesma — disse ela. — Você tem sido bom para Julien e eu lhe sou muito grata.

Fiquei comovido.

— Elisa! — murmurei admirado.

— Sim. Sou eu. Finalmente estou bem. Tenho saúde, alegria. Só a saudade por vezes aparece, despertando o desejo de estar aí com vocês. Devo conformar-me. Não é possível. Sei que é questão de tempo.

Vim para falar-lhe. Tenho percebido sua angústia e suas preocupações. Onde está a sua fé? Onde está aquela força que tanto me ajudou quando eu, doente e fraca, despedia-me da Terra? Por que se afasta de Deus e dos espíritos que o querem ajudar?

Baixei a cabeça sem saber o que responder. Teria Elisa percebido a verdadeira razão? Conheceria tudo que se passava dentro de mim?

Ela continuou:

— Jacques, quando vivemos na Terra, enxergamos apenas o momento presente, a vida material. Não temos paciência para esperar a hora da nossa verdadeira felicidade. Não damos à vida tempo para realizá-la. Queremos conseguir tudo na hora e do jeito que nós idealizamos.

Uma onda de revolta invadiu-me o coração.

— Estou esperando há muito tempo e até agora não consegui. Quando encontrei o amor, não pude vivê-lo plenamente. Desculpe se a magoo.

Lenice sorriu levemente, meneando a cabeça.

— Não me magoa por nada. Eu usei você para resolver meus problemas. Arrependo-me, você sabe. Mas não é esse o ponto. Hoje estou vendo as coisas de forma diferente. Sob outro prisma. Se por um lado não agi corretamente, eu o escolhi porque você também, por sua vez, estava propício a essa experiência. Sem apagar meus enganos, só consegui envolvê-lo porque permitiu. Não vim falar do passado. Conheço a nobreza do seu espírito e agradeço ter aceitado Julien como seu filho. Vim para dizer-lhe que não se afaste das nossas sessões, principalmente agora.

— Por quê?

— Vejo-o confuso, triste, preocupado. Os encontros com a espiritualidade vão ajudá-lo muito. Lembre-se de que os espíritos não julgam ninguém. Você é livre para escolher o seu caminho. Não importa o que tem acontecido em sua vida. Peço-lhe para não se afastar da oração e das coisas espirituais. Leia, procure estudar. Você é um juiz. Como exercer sua função, seu trabalho, sem se aprofundar no conhecimento das leis eternas?

Senti-me envergonhado. Estava claro que Elisa sabia tudo sobre mim.

— Obrigado — respondi. — Procurarei comparecer sempre. Você tem razão.

— Aconteça o que acontecer, não falte. Lembre-se de que tudo está certo como está e que Deus dirige tudo. Ore e confie. Preciso ir. Diga a Julien que o amo muito. Hoje é um dia feliz para mim. Jamais o esqueci. Tem em mim uma devotada serva. Obrigada por tudo. Estarei pronta a ajudá-lo. Adeus!

Lenice suspirou fundo e estremeceu levemente. Abriu os olhos e fitou-me, parecendo ainda um pouco alheia. Eu estava comovido. Muitas vezes me perguntara o que teria sido feito de Elisa. Não havia se comunicado antes.

Era confortador saber que ela não me condenava pelo meu procedimento com Anne, nem os outros espíritos. Senti-me mais calmo. Lenice olhava-me séria.

— E então? — indagou.

— Elisa me comoveu. De hoje em diante, virei todas as semanas à nossa reunião. Realmente, tenho muito que aprender.

— Alegra-me que tenha resolvido isso. Eliane não falta. Acompanhe-a, será ótimo.

Sorri.

— Estou bem agora — acariciei-lhe a face com carinho. — Você é o anjo bom da minha vida.

— Vou fazer um chá para você.

Quando saí de lá, estava sereno. Deus estava cuidando de tudo, o que temer?

A partir daquele dia, passei a ir todas as semanas às sessões de Lenice. Surpreendeu-me o progresso de Eliane. Ela realmente via os espíritos. Descreveu a figura de meu pai, de Elisa, de forma impressionante. Ela não os conhecera em vida. Jean, por sua vez, também confirmara as descrições que ela fazia dos seus parentes mortos.

Eu não deixara de ver Anne, porém estava mais calmo e aceitava melhor a situação. Foi quando tudo aconteceu. A notícia pegou-me de forma inesperada. O que eu nunca julgara possível ocorreu. Sir William fora morto em um acidente um tanto suspeito. Os conselheiros reuniram-se às pressas e, como ele não tivesse herdeiros, reivindicaram para Christopher o lugar. Por causa da guerra, as notícias demoravam a chegar, mas Anne recebeu um portador que a convocou imediatamente a levar Christopher para Dolgellau.

Exasperei-me. Sabia que Anne iria. Sua noção de dever e de patriotismo não lhe permitiria recusar. Fui chamado à sua casa e inteirado de tudo. Tentei convencê-la a não ir. Foi inútil.

— Você não me ama! — gritei irritado. — Como pode ir para tão longe?

— Mais uma vez a vida nos separa, Jacques. Não é nossa hora ainda.

Ela estava pálida, porém firme.

— Nossa hora nós a fazemos. Anne, não vá! Vamos embora juntos, eu, você e Christopher. Vamos lutar pela nossa felicidade!

— Nossa felicidade não está em abandonarmos nossos deveres. Eu também acho difícil nossa separação. Tenha paciência. Poderemos nos ver nas férias, em Brandemburgo ou, quem sabe, aqui mesmo em Paris.

Retirei o braço em que ela pousara a mão.

— Não posso conformar-me com essas migalhas. Já é difícil suportar essa situação. O que fazer quando vier a vontade de abraçá-la, de estar com você? Como suportar essa distância entre nós?

— Acalme-se, Jacques. Partiremos daqui a dois dias. Contudo, não sei o que encontraremos lá. Há muita coisa para ser decidida. Vão fazer propostas, expor condições, terei que estudá-las. Só aceitarei o que for digno, honroso e justo. Bom para Christopher e para nosso povo. Há muitas coisas para saber antes de decidir.

— Irei com você.

— Não. Não gostaria de despertar nenhuma suspeita a nosso respeito.

Saí da casa de Anne transtornado. Pensamentos desordenados afluíam-me à mente. Como evitar a partida de Anne? E se eu revelasse a verdade, que Christopher não era filho de Sir Anthony? Talvez eles procurassem outra solução. Não, não faria isso. De nada adiantaria. Serviria apenas para causar um escândalo e ferir a reputação de Anne, nada mais. Além disso, ele era neto de Sir Charles, senhor daquelas terras. Era o herdeiro legítimo, fosse quem fosse o pai.

Senti-me indisposto e sem vontade de ir à casa de Lenice naquela noite. Esqueci-me de que prometera não faltar.

— Não vou, Eliane. Não estou me sentindo bem. Fica para a próxima vez.

Eliane, sempre tão cordata, olhou-me séria e respondeu:

— Hoje você não pode faltar. Vamos, por favor!

— Por quê?

— Está precisando.

— Vocês estão ficando fanáticas. Uma noite que eu quero ficar sem ir não tem importância.

Eliane olhou-me indecisa, depois disse um pouco assustada:

— Há um espírito do seu lado e ele está muito zangado. Ameaça-o e está jogando ódio em você. Sinto medo.

Fiquei curioso e indaguei:

— Como é ele?

— Velho, alvos cabelos, parece estrangeiro. Veste roupa de gala, toda cheia de medalhas. Olhos muito magnéticos. Ele diz que se chama Charles.

Empalideci. Eliane ignorava tudo a respeito.

— O que ele quer de mim? — inquiri, tentando testá-la.

— Ele diz que lutou muito para conseguir levá-los de volta. Teve que tirar pessoas do caminho. Não entendo o que ele quer dizer, não tem sentido!

— Não se importe com isso. Procure ouvi-lo. O que diz mais?

— Para você não se meter no caminho dele. Ameaça-o. Está muito zangado. Diz que você sabe do que se trata. Acho melhor ir à sessão. É um espírito determinado e perigoso.

Senti um arrepio pelo corpo. Então era isso! Eu não podia duvidar.

— Iremos — decidi.

Eu estava angustiado. Ele teria alguma coisa a ver com a morte de William? Podiam os espíritos intervir e tirar a vida de uma pessoa? Nesse caso, onde está a justiça de Deus?

Estava perturbado e confuso. Queria falar com Anne, aproveitar o pouco tempo que nos restava para estarmos juntos, mas eu não podia deixar de esclarecer o assunto. Fui assaltado pelo medo. O velho conde de Loucester estava manipulando tudo. Dominara Christopher e Anne, interferindo em suas vidas?

Apesar das dúvidas que me queimavam a alma, não pude falar claramente sobre o assunto com Lenice por causa de Eliane. Havia também um casal que participava das sessões. Sentados ao redor da mesa, antes de iniciar os estudos da noite, Eliane relatou o que vira e eu completei:

— Acredito que seja o conde de Loucester de Dolgellau. Sir William, que governava esse condado, morreu dias atrás, vitimado por um acidente.

Lenice ouvira com atenção e sugeriu:

— Guardemos calma. Vamos nos preparar para nossos estudos de hoje e rogar a Deus por esses espíritos.

Após a prece, perguntei:

— Até que ponto chega a influência de um espírito desencarnado sobre as pessoas? Pode chegar a provocar a morte?

— Penso que não — disse Jean. — Só Deus tem o poder absoluto. Nada acontece sem sua permissão. Se os espíritos pudessem matar, todos nós estaríamos indefesos, não seria justo.

— Sempre pensei assim — continuei. — Mas agora estou em dúvida.

Lenice interveio:

— Não se pode generalizar em assunto tão vasto e delicado. Se você acha que um ser desencarnado pode pegar uma arma e matar, é claro que não seria possível. Porém, as pessoas são influenciáveis e influenciam-se umas às outras muito mais do que seria razoável. No mundo das ideias, não existem barreiras. A telepatia, a persuasão, a força de pensamento realizam sugestões que podem envolver as criaturas e provocar acontecimentos, materializar situações que eventualmente poderão causar a morte.

— Isso é pior do que um assalto à mão armada — respondi. — Porque você não enxerga o agressor.

— Foi por isso que Jesus nos ensinou a orar para ganhar forças e vigiar para não permitir que esses intrusos invadam a sagrada intimidade do nosso pensamento. Quem procura pensar de forma positiva e adequada, ficando atento para as sugestões mentais negativas e não as alimentando, está fechando a porta a essas influências. Nem sempre elas vêm de espíritos desencarnados. Podem conviver conosco, vir de pessoas como nós, amigos, parentes e até familiares.

— É apavorante — retruquei assustado.

— Nunca se deu conta dessa verdade? Nunca prestou atenção, por exemplo, em quantas coisas você fez impulsionado pelos ditames sociais ou pelos costumes?

— Está exagerando — respondi chocado.

Eu sempre dera grande valor aos preceitos sociais. Fora por causa deles que eu lutara para manter a fortuna e a posição.

Lenice sacudiu a cabeça negativamente.

— Não exagero. Procure perceber. O homem cria leis, estabelece limites de acordo com seus interesses do momento. O tempo encarrega-se de transformar tudo, modificando as coisas. As leis que foram úteis e aceitas durante certo tempo não são mais suficientes e se estabelecem novos padrões. As transformações sociais estão na história da nossa civilização a mostrar a precariedade desses costumes.

— É preciso ter regras para sustentar a estrutura social e proteger o direito de cada um — considerei.

— Concordo. Mas as pessoas não as veem como são e as aceitam como verdades absolutas e eternas. Muitos já estão maduros para mudar e compreender melhor a vida, porém sufocam seus anseios de progresso e conhecimento que a Natureza luta para trazer à tona, presos aos pensamentos preconceituosos. Os espíritos desencarnados, ou as pessoas que pretendem nos influenciar, usam nossas próprias ideias negativas para nos arrastar aos enganos.

— De que forma? — indagou Jean.

— É fácil, por exemplo, sugerir pensamentos de vingança a uma pessoa orgulhosa que se julga preterida no afeto, no emprego. É fácil sugerir depressão e até suicídio para quem se coloca na posição de vítima, pensando que todos o rejeitam só porque não consegue que as pessoas façam todas as suas vontades.

— O que está dizendo é muito sério — disse Jean. — Precisamos pensar mais sobre o assunto.

— Quero que percebam como Deus é justo. Se as coisas não estão como desejamos, se somos prejudicados por influências perniciosas, precisamos encontrar qual a nossa atitude mental que permitiu que isso acontecesse.

— Esse é um campo vasto. Precisamos saber mais — ajuntei, pensando nos casos que tratava na justiça.

— Tem razão — concordou Lenice. — Voltaremos ao assunto sempre que possível. Só quero que percebam que, mesmo o que nos parece mau, porque é desagradável, acaba permitindo nosso progresso e desenvolvimento. Essa é a sabedoria divina, é a vida.

Marie, a jovem senhora amiga de Lenice, começou a agitar-se tentando conter-se, o que não lhe era muito fácil.

— Passemos agora à outra parte — disse Jean sério, apagando as luzes e deixando a sala fracamente iluminada.

Marie suspirava aflita e perturbada.

— Pode deixar — disse Lenice. — Todos orem por ele.

Marie deu violento soco sobre a mesa, praguejando com voz rouca, grossa e empastada. A custo conseguimos entender.

— Eu exijo respeito! O que pensam que são? Não sabem com quem estão falando?

Falava com forte acento inglês.

— O que deseja? — perguntou Jean, sério.

— Eu é que faço as perguntas. O que pretendem, segurando-me desta forma? Não sabem que posso prendê-los a todos? A uma ordem minha posso acabar com todos vocês. Meus soldados os destruirão.

— Não somos seus inimigos. Não precisa preocupar-se — disse Jean.

— Aqueles cachorros! Pensaram que tinham me destruído só porque meu corpo foi para o túmulo. Enganaram-se. Eles não são donos de tudo. Não podem mudar o que eu deixei. Agora estou vingado. Logo estarei de volta e tomarei conta de tudo para sempre.

— Seu tempo acabou — disse Jean com voz suave, porém firme.

— Quem me fala? — indagou Marie.

— Olhe-me bem, Charles. Não me reconhece?

— Elizabeth! O que faz aqui? Por que volta do inferno para atormentar-me?

— Sou eu. Não desejo atormentá-lo. Ao contrário, posso agora ajudá-lo.

— Você?! Posso esmagá-la de novo como a um verme. Saia do meu caminho. Não vai impedir-me agora que estou conseguindo a vitória.

— Não pode. Você está morto e o condado não mais lhe pertence. Acabou.

— Saia da minha frente — vociferou ele.

— Pense bem. Chegou a hora de arrepender-se de seus erros. Não pode intervir mais.

— Ninguém vai impedir-me. Depois de tanto tempo e trabalho, não vou deixar tudo. Eles têm de assumir o lugar a que têm direito. Foi por isso que tirei todos do caminho.

— Anthony não se conforma. Procura-o por toda parte. Deseja vingar-se.

— Aquele cachorro. Fingido. Depois de tudo quanto fiz por ele, me traiu. Mas pagou caro por isso.

— William nada fez.

— Tomou meu lugar. Usurpou o que era meu.

— Não é verdade, ele usou seus direitos. Você está morto, nada mais lhe pertence.

— Vou ocupar de novo meu lugar.

— Essa criança tem defesa.

— Se fala da mãe, ela não é tão santa como você pensa. Sei como pegá-la. Eles farão tudo quanto eu quiser, e eu estarei de novo no poder.

Fiquei apavorado. Tudo estava claro para mim. Sir Charles pretendia envolver Christopher e Anne e, através deles, alimentar sua ambição. Isso não podia acontecer. Naquele instante, não pensei em meus problemas, mas apenas no bem-estar de Anne e de meu filho. Eles não podiam ficar à mercê de criatura tão cruel. Com toda a convicção de que era capaz, orei pedindo a Jesus que o esclarecesse e o afastasse dos meus entes queridos.

— Diga a ele para não se intrometer em meus negócios — continuou Marie. — Se eu tolerei a presença dele lá com ela, foi porque servia aos meus fins. Ela sempre optando pelo dever! Nunca pude dominá-la. Um deslize convinha-me. Mas agora ele quer impedir-nos de ir, quer afastar-me e isso eu não posso permitir. Vou tirá-lo do caminho da mesma forma que fiz com os outros.

Senti que ele falava para mim, mesmo assim continuei orando, firme. Lenice prosseguiu:

— Por que teima em não ver a verdade? Não receia o clamor dos seus desafetos, que o buscam para o ajuste de contas? Agora você não pode mais esconder-se no seu castelo, sob a proteção dos seus soldados. Vai ter que confrontá-los de igual para igual, um a um. Já pensou nisso?

— É mentira! Essa corja eu esmago com o tacão da minha bengala! Eles não se aproximam porque temem. Sou forte, ainda tenho soldados que me obedecem. Deixo meu aviso. Ele que não se meta. Saia do meu caminho.

— Você vai deixá-lo.

— Depende dele.

— Pense no que eu disse. Seu tempo acabou. Não lhe será permitido perturbar quem não merece.

— Veremos.

— Voltaremos a nos ver.

— Vou embora — disse ele. — Já disse o que queria.

O corpo delicado de Marie foi sacudido por um tremor e depois pendeu sobre a mesa, como um saco vazio. Lenice suspirou fundo, depois disse:

— Vamos orar com muito amor, para ele e para Marie.

Alguns instantes depois, a moça remexeu-se, levantou a cabeça empastada de suor e respirou fundo. Lenice encerrou a sessão e Jean acendeu as luzes.

Eu estava assustado. O espírito de Charles não cedera e pretendia continuar perseguindo seus escusos objetivos. Eu não queria de forma alguma que ele estivesse perto de Anne e Christopher.

Lenice, percebendo minha preocupação e embaraço diante de Eliane, disse séria:

— Embora ele não tenha concordado, se Elizabeth disse que seu tempo acabou, ele por certo será contido.

— De que forma? — indaguei.

— Os espíritos superiores têm meios para evitar que ele cumpra suas ameaças se for necessário e se as pessoas visadas não merecerem. Há legiões de espíritos ignorantes e belicosos, ambiciosos e cruéis. Se eles pudessem fazer tudo que querem, ninguém poderia viver em paz neste mundo. Eles só permitem quando há necessidade de aprendizagem dos envolvidos. Sempre a lei das influências de que eu falei. A sintonia é outra lei que regulamenta essas relações.

— Não entendi bem — disse Eliane. — Mas tive medo dele. Era um espírito cruel e egoísta. Lançava farpas escuras contra você. Parecia conhecê-lo. Pode dizer-me por quê?

— Em minhas viagens, há muitos anos, estive em Dolgellau e conheci essas pessoas.

— Não devemos comentar muito o assunto para não atraí-lo novamente. Procuremos esquecer o que aconteceu, confiar em Deus, que cuidará de tudo e melhor do que nós. Vamos tomar um café.

A conversa generalizou-se e eu procurei desviar a atenção dos presentes, falando de outros assuntos, porém no fundo do meu coração a preocupação e a dúvida permaneciam. Eu queria muito conversar com Lenice, contar-lhe tudo e esclarecer as indagações que me afligiam. Naquele instante não era possível. Resignei-me e fomos para casa.

O dia seguinte era o último dia de Anne em Paris. Essa ideia me atormentava. Não pude dormir. Vendo Eliane adormecida, levantei-me sorrateiro, vesti-me e saí.

Entrei na casa de Anne com a chave que ela me dera e fui aos seus aposentos. Acordei-a suavemente. Vendo-me, ela me abraçou com força.

— Pensei que não viesse.

— Não pude dormir. Nossos últimos dias!

— Não fale assim — pediu ela. — Ninguém sabe do futuro.

— Estou desesperado! Não quero perdê-la.

— Não vai me perder. Eu o amo muito!

Beijei-a com amor. Queria contar-lhe tudo, mas ao mesmo tempo temia assustá-la. Por fim resolvi. Pedi-lhe que se sentasse confortavelmente no sofá e sentei-me ao seu lado. Segurando sua mão com carinho, contei-lhe tudo. Ela ouviu séria e não interrompeu. Quando concluí, Anne disse com voz firme:

— Ele tem estado aqui.

— Como soube?

— Christopher o viu. Estava no salão, sorria para ele. O menino assustou-se. Procurou-me aflito, seu coração batia descompassado. Custei a acalmá-lo. Disse-lhe que não devia temer o avô, que não desejava fazer-lhe mal. Ele, porém, estava pálido e trêmulo.

— Como sabe que era ele?

— Pelo relato. Christopher reconheceu-o, descreveu seu traje, como você o fez. Não tenho nenhuma dúvida de que ele tem estado aqui.

— Quando foi? Por que nada me disse?

— Há uma semana. Não quis preocupá-lo com isso. Podia ser alucinação de Christopher. Ele às vezes vê coisas. Não acredito muito. É um menino muito criativo. Julguei que fosse fantasia.

— Agora sabe que não é. Ele viu realmente o avô. E é provável que tenha visto outros espíritos. Ele é médium, Anne. Você sabe o que é isso?

— Sei. Mas ele não pode se preocupar com essas coisas agora. Tem sérios compromissos a cumprir.

A presença de meu pai era um aviso, queria prevenir--nos do que ia acontecer.

Fiquei preocupado. Anne parecia não ter compreendido bem o que estava acontecendo.

— Anne — tornei sério —, você precisa ter muito cuidado, fazer alguma coisa. O espírito de Sir Charles pretende usar Christopher para dar vazão à sua ambição. Quer governar através dele. Quer dominá-lo.

— Isso é possível? — indagou ela assustada.

— É. Precisa a todo custo protegê-lo. Seu pai era um homem cruel e continua voltado aos mesmos pensamentos.

— Confio em Deus — disse ela. — Cumprindo o dever e fazendo o que é certo, estaremos a salvo de qualquer má influência.

Balancei a cabeça pensativo.

Anne era uma pessoa digna. Ele tivera dificuldade em envolvê-la. Mas Christopher era uma criança.

— Observe muito tudo o que acontecer. Pense bem antes de tomar suas decisões. Aqui em nossas sessões, faremos sempre orações para vocês. Qualquer coisa diferente que aconteça, escreva-me. Temos espíritos amigos que nos ajudarão a evitar a interferência dele.

— Saberei defender Christopher — garantiu ela com firmeza. — Nada de mal nos acontecerá.

— Eu preferia que ficasse aqui, que não fosse preciso assumir compromissos tão pesados quanto perigosos.

— Sabe o que eu penso. Não queria que acontecesse, porém, se aconteceu, cabe-nos assumir nossa parte. Nosso povo precisa de nós. Haveremos de governá-los bem, de forma humanitária e justa.

Abracei-a. Sabia que era inútil tentar convencê-la do contrário.

— Aproveitemos o tempo que nos resta — disse baixinho.

— Sim — concordou ela, enlaçando-me o pescoço com amor.

Capítulo 15

Fazia dois meses que Anne partira e eu, acabrunhado, sentia aumentar a saudade. Por que tínhamos que viver separados? Por que não podíamos sequer desfrutar de um relacionamento furtivo, que, se não satisfazia nossos anseios, pelo menos nos ajudava a suportar a situação?

Era com Lenice que eu aliviava o coração no desabafo aflito. Depois daquela sessão com a presença de Sir Charles, eu lhe contara tudo. Precisava da sua ajuda. A ideia de que esse espírito pudesse envolver Anne e Christopher me atormentava.

Ela me repreendia delicadamente.

— Você deveria agradecer a Deus pela ajuda, em vez de se revoltar. Aprenda uma coisa. Tudo está certo como está.

— Não posso aceitar essa separação.

— Ela é necessária. Com a proximidade de Anne, você não conseguia controlar seus impulsos. E isso poderia agravar a situação.

— Por quê? Eu não deixei de cumprir meus deveres de marido. Sempre poupei e amei a família. Anne sempre exigiu isso de mim. Não nos ver mais exigiria muito de nós, iria além das nossas forças. Anne é livre e nós já nos amávamos antes de eu conhecer Eliane. Temos um filho! Está sendo severa, preconceituosa — disse nervoso.

— Compreenda, Jacques. Não se trata de preconceito meu, nem do que eu acho do assunto. Aliás, eu não pretendo julgá-los. Trata-se das consequências perniciosas que poderiam advir se essa situação continuasse.

— Como assim?

— Anne é uma mulher digna e com noções acentuadas do dever. Para ela, por mais que se rendesse ao amor que os une, sempre estaria sendo a outra. Você é casado. Sua mulher é uma boa esposa. Ela se entregava a você com uma sensação de culpa, de deslize.

— Isso é verdade — concordei.

Lenice prosseguiu:

— Por outro lado, por ligações e compromissos passados, ela e Christopher estão ligados a Merionethshire e a todos os que lá viveram e vivem. O espírito de Charles deseja envolvê-los em seu jogo de poder. Quem nos garante que essa sensação de culpa que Anne carrega não acabaria por torná-la vulnerável à sua influência?

Fiz um gesto contrariado.

— Você me assusta — disse.

— Apenas tento perceber a verdade. Deus sempre faz o melhor. Se os afastou de você agora, é porque isso é o melhor. Longe, Anne terá mais paz interior, perderá essa sensação de culpa e se tornará livre do assédio dele. Se você se recorda, ele tornou claro esse ponto quando aludiu que lhe convinham os deslizes de Anne. Só se irritou com você quando percebeu que desejava impedi-los de voltar a Dolgellau. É quase certo que ele estava perto de vocês havia muito tempo.

— Não sei o que dizer. Talvez tenha razão — concordei com alguma dificuldade.

— Por outro lado, você diz que nunca prejudicou sua família, cumprindo seus deveres. Tem certeza de que realmente ofereceu a Eliane todo o amor e a atenção que ela desejava? Pode afirmar com segurança que ela nunca desconfiou de nada?

Olhei-a admirado.

— Ela lhe disse alguma coisa? — indaguei apreensivo.

— Não. Jamais deu a perceber a menor diferença. Contudo, atrevo-me a dizer que, se Jean tivesse outra mulher, por certo eu saberia. É difícil esconder um sentimento tão forte como o seu, principalmente da mulher que o ama. Eliane o quer muito, e isso pode ser notado em seus olhos quando o vê, em seu rosto quando está a seu lado.

Um vago sentimento de culpa tomou conta de mim.

— Não gostaria que ela sofresse — disse. — Ela não tem culpa de nada.

— Você também não tem culpa de amar Anne e ter Christopher. Contudo, é preciso optar. Ninguém pode viver dividido. Se você e Anne quisessem assumir o amor que sentem um pelo outro, melhor teria sido fazê-lo publicamente, enfrentando as consequências com coragem e dignidade. Mas, se preferiram optar pelo dever e por não magoar sua família, teria sido melhor acabar com esse relacionamento mal assumido e realmente dar à sua família o amor e a atenção que ela merece e você pretendia lhe dar.

Baixei a cabeça, envergonhado. Lenice tinha razão. Longe de Anne e dominando melhor meus sentimentos, eu podia perceber isso.

— Começo a pensar que tem razão.

— É melhor perceber como você é assistido pela bondade divina, que colocou tudo nos devidos lugares. Decidiu por você, num momento em que você não se mostrava capaz e, como sempre, fez o melhor. Não deve lamentar, deve agradecer. Não deve ficar triste, mas procurar realizar com alegria e bom ânimo a tarefa que lhe coube.

— E meu amor por Anne? E a saudade?

— Guarde-os no coração com muito carinho. Um dia, quando for o momento, a vida os reunirá e, se o amor for verdadeiro, estarão juntos para sempre.

Suspirei fundo. Minha revolta tinha passado. Lenice tinha o condão de me tranquilizar. Apesar disso, considerei:

— Anne é mais forte do que eu. Tem acentuado ideal. Acredita que pode ajudar seu povo e isso parece ser mais importante para ela do que sua própria felicidade, ou a minha.

— É um belo gesto e ela deve ser respeitada por isso.

— Mas... e eu? O que fazer da vida?

— Sempre pensei que desejasse trabalhar por uma justiça social mais elevada e equitativa. Não tem sido esse o seu ideal?

Sacudi a cabeça negativamente.

— Estou desiludido. Sonhei com a magistratura, pensando em fazer valer o direito de cada um, no equilíbrio das relações sociais, fazendo brilhar uma justiça limpa e justa. Cedo me desiludi. O homem faz da justiça um jogo sórdido a serviço dos seus interesses nem sempre confessáveis, e nelas muitos são massacrados. É muito difícil encontrar a verdade dos fatos nesse cipoal controvertido dos interesses de cada um.

— Está muito amargo. Esse sentimento o faz ver as coisas de um ponto muito negativo.

— Mas verdadeiro. Cansei-me de sonhar. Ultimamente, tenho pensado em deixar a magistratura.

Lenice ficou pensativa durante alguns instantes, depois disse:

— Não o julgava covarde.

Uma onda de indignação me envolveu.

— E não sou. Por que diz isso?

— Porque pretende abandonar todos os seus ideais. Não enxerga mais a beleza do direito, da liberdade e da responsabilidade?

— O homem abusa de tudo e, em suas mãos, tudo quanto eu pensava transformou-se em hipocrisia e vileza. Não pretendo servir a esses interesses.

— Por que se deixa influenciar pelos outros? É tão fraco que permite à opinião alheia dominá-lo a ponto de destruir seu ideal, ou será que não os tinha?

Senti-me inseguro. Meu orgulho estava ferido. Eu, deixar-me dominar pelos outros? Ela estava enganada.

— Por que me diz essas coisas? É claro que minhas ideias permanecem. Não estou sendo guiado pelos outros. Entretanto, reconheço que não há campo para as realizações que eu pretendia.

— E vai desistir assim?

— O que posso fazer? Como mudar as pessoas, fazê-las entender os valores que desconhecem?

— Questione seus pontos de vista. Sinta se são verdadeiros. Se postos em prática, poderiam melhorar o meio social, beneficiar pessoas, elevar o padrão da vida, dar mais calma, paz, harmonia.

— Quanto a isso não tenho dúvida. Se houvesse mais compreensão dos direitos de cada um, mais respeito pelo outro, tudo seria melhor.

— Se tem certeza disso, calar-se, desistir e cruzar os braços na inércia será atender aos mesmos interesses que diz repudiar.

— Jamais faria isso — respondi sério.

— Então, posicione-se. Pregue seus pontos de vista, continue escrevendo livros, aja de acordo com o que ensina. Sacuda a poeira dos velhos interesses subalternos, lute por suas ideias. Faça de sua vida uma bandeira do seu ideal. Garanto que, sendo verdadeiro, ele frutificará e beneficiará muitas pessoas. Não se preocupe com os negativistas nem com os cegos, que preferem continuar pelos velhos caminhos. Porém, você vai à frente, abrindo as portas da inteligência e dos sentimentos daqueles que estiverem prontos para alcançar sua mensagem.

Senti uma onda de entusiasmo envolver-me o coração.

— Acha que serei capaz?

— Consulte seu coração. Reveja seus pontos de vista. Escolha sua postura. Só tem dois caminhos: partir para a execução dos seus ideais ou cruzar os braços diante das dificuldades, omitir-se. Sinta qual das duas hipóteses o fará mais feliz.

Lenice tinha o dom de expor as coisas de maneira clara para mim. Vistas daquela forma, senti abalarem-se dentro de mim os temores que me fizeram desanimar na profissão.

— Vou pensar no assunto — respondi.

— Pense. A vida é maravilhosa e guarda infinitas possibilidades de alegria e felicidade. Se não podemos em algum momento realizar um sonho bom porque talvez não estejamos prontos ainda para vivê-lo, sempre haverá outros que estão em nossas mãos naquela hora, possíveis e oportunos, que nos farão igualmente felizes.

Beijei-lhe a face, agradecido.

— Apesar de estar sendo muito severa comigo, reconheço que tem certa dose de razão.

Ela sorriu alegre.

— Conheço-o bastante para saber que não desistirá.

— Pensei que não acreditasse na justiça dos homens. Afinal, você sempre prega a justiça de Deus.

— A justiça de Deus age sempre, nunca falha. Não precisa de nós para que seja exercida. Todavia, a justiça dos homens expressa o nível espiritual em que a humanidade estagia em sua compreensão do direito e da responsabilidade. Ela se modifica à medida que o seu desenvolvimento espiritual cresce, no entendimento das leis divinas. E essas modificações acontecem através daqueles homens que conseguiram perceber melhor a verdade e procuram expressá-la aos demais. São os grandes pensadores, os sábios, os justos, os mais afinados com a essência divina.

— Você crê que eu possa fazer isso?

— Por que não? Eles eram homens como você. Descobriram coisas verdadeiras e as divulgaram. Sua força estava na certeza do que afirmavam e na própria verdade que ninguém conseguirá encobrir.

— O que deverei fazer?

— O que eu disse. Procurar dentro de você, rever ideias, sentimentos, ideais. Estudá-los. Compreendê-los. Quando se sentir seguro, preparado, posicione-se. Garanto que, então, as coisas começarão a acontecer ao seu redor para impulsioná-lo à execução do seu trabalho. A verdade tem uma força irresistível. Quando temos certeza de alguma coisa, nosso pensamento movimenta poderosas energias em nosso favor. Você verá. É essa chama que vemos brilhar nos olhos dos grandes homens, que os distingue dos demais e atrai multidões ao seu redor. Nosso espírito é sedento de verdade. Sente a necessidade de crescer e progredir. Quem tiver algo para matar nossa sede de espiritualidade nos atrairá imediatamente. Essa necessidade tem nos levado, algumas vezes, aos enganos do fanatismo em seitas e religiões que acenam com vislumbres de verdade, mas nos encarceram com exigências e práticas inúteis.

— Não representa um perigo?

— Não. Os enganos e as desilusões pretendem nos ensinar a não esperar dos outros o nosso progresso espiritual. Se podemos receber ideias, influências e até alguma segurança das outras pessoas, só vamos nos beneficiar delas se as experimentarmos, se nos voltarmos para nossos próprios recursos e procurarmos desenvolver nosso próprio espírito. Ninguém poderá fazer isso por nós. Cada um deve andar com suas próprias pernas.

A voz de Lenice estava modificada e eu sabia que ela não falava por si mesma.

— Vou pensar — disse sério.

— Pense. Você tem condições de cumprir bem sua missão na Terra. Estude, aprenda, experimente, descubra, observe, trabalhe, escreva, fale, transmita aos outros suas experiências. Faça todo o bem às pessoas. Dedique-se. Garanto que será muito auxiliado pelos espíritos. Nada lhe faltará. Sentirá alegria e paz. E um dia, quando for o momento, chegará aonde deseja.

Lenice suspirou fundo. Senti uma onda de emoção. Um desejo forte e sincero de realizar algo bom, grande, útil, belo e verdadeiro tomou conta de mim. Naquele instante, veio-me a certeza de que eu poderia fazê-lo.

Sentindo no coração uma onda de gratidão, fechei os olhos e, em pensamento, fiz comovida oração. Quando os abri, estava sereno e alegre. Lenice olhava-me com carinho e eu a abracei calorosamente.

A partir desse dia, senti-me mais calmo e aceitei melhor a situação. Lenice tinha razão. De que me adiantaria conservar a amargura e a revolta?

A guerra recrudescia e outros problemas solicitavam-me a atenção. Havia sofrimento e dor em muitas famílias e o temor da invasão e da crueldade do inimigo. As atrocidades que chegavam ao nosso conhecimento, vindas do campo da luta, onde perdíamos terreno, aumentavam nossa insegurança. Eu temia por Julien, vendo-o desejoso de alistar-se.

Não me envergonho de dizer que fiz o possível para que ele não fosse chamado. Usei minha influência, as amizades, tudo, sem que ele soubesse. Eu o amava muito e nem sequer me lembrava de que eu não o tinha gerado. Era meu filho e eu não queria que algo ruim lhe acontecesse.

Fiquei desesperado quando ele se alistou. Veio para casa emocionado e sério, esperando meu apoio. Não pude esconder a contrariedade. Tentei dissuadi-lo, inutilmente.

— Esquecerei suas palavras — disse, fitando-me com olhos brilhantes. — Tenho a certeza de que você não deseja ter um filho covarde. Muitos amigos meus estão combatendo. Eu acredito na paz e na liberdade. Esses valores estão ameaçados. Não posso cruzar os braços.

Olhei-o e lágrimas vieram-me aos olhos. Meu filho era um homem e eu ainda não dera por isso. Abracei-o, sentindo um misto de orgulho e receio.

— Por que você? Nesse caso, eu irei, você fica.

Ele balançou a cabeça negativamente.

— Não, meu pai. Os solteiros devem seguir primeiro. Você é mais útil aqui, com a família. Nós vamos ganhar essa guerra! Você verá!

Quisera sentir o mesmo entusiasmo, porém um arrepio de medo me envolvia ao vê-lo preparar-se para partir. Depois de dois meses de treinamento ele se foi, e eu fiquei triste e preocupado. Detestava as guerras. Sempre fora contrário a elas. Era um homem da lei e da justiça. Acreditava que todas as questões poderiam ser resolvidas pacificamente. Não via necessidade de as pessoas se matarem, se torturarem, se destruírem, por divergência.

Morrer numa guerra, para mim, não era tornar-se um herói, mas compactuar com a ignorância daqueles a quem a sede de poder cegou. A guerra parecia-me um erro tão visível que era lamentável os homens a aceitarem e pagarem por isso.

Quando ele partiu, foi nas sessões na casa de Lenice que encontrei conforto, serenidade.

— Sinto que a guerra é um erro clamoroso dos povos. Não é por aí que precisamos seguir para encontrar a alegria e a felicidade, o progresso e a maturidade — desabafei. — No fim, ela só leva à desolação e à dor. A vitória é tão amarga e sangrenta quanto a derrota, e a violência nunca solucionou os problemas humanos.

— Tem razão — respondeu Lenice.

Sentindo o apoio de Lenice e a aprovação de Jean, que me ouvia pensativo, prossegui falando com entusiasmo sobre a paz e a necessidade de o homem modificar sua postura diante dos problemas de relacionamento entre os povos. Expus ideias, sentimentos, reflexões. Quando me calei, Lenice falou:

— Você está certo. Por que não escreve um livro sobre isso? Você sente profundamente o que expressa. Conseguiu uma visão adequada e verdadeira do assunto. Está amadurecido e preparado. Concordo com você. A guerra é um flagelo triste e desnecessário.

— Faça isso — ajuntou Jean. — Fará bem às pessoas. Tenho visto muita amargura, ódio e ressentimento nos corações. Além do mais, a indústria da guerra e o interesse dos grupos alimentam-se do ódio que fomentam de todas as formas, para que não lhes faltem pessoas que, exaltadas, se submetam a essa luta inglória. Alguém precisa falar de amor, de paz, de justiça nesse momento de loucura e dor.

Fiquei comovido.

— Vou escrever — respondi firme. — Deus me ajudará.

— Por certo — disse Lenice com convicção. — Quando você fala no amor, na paz, na fraternidade e na compreensão, está expressando a força de Deus. Todos os bons espíritos o ajudarão.

Fui para casa disposto a começar naquela noite mesmo. Hoje reconheço que escrever esse livro foi realmente uma bênção de valor inestimável para mim.

Fazia quase um ano que Anne se fora e nenhuma notícia me chegara. Soubera pelo senhor Leterre que Christopher fora reconhecido como legítimo conde de Loucester e Anne, assessorada pelo magistrado representante do príncipe de Gales, governaria o condado até Christopher completar dezesseis anos, quando teria sua maioridade declarada.

Anne, por certo, tentara escrever-me, mas a guerra tornara difícil e incerta a correspondência. Julien também fora havia quase dois meses e nem sequer sabíamos onde estava.

Escrever meu livro me proporcionava um momento de encontro com minha alma e a necessidade interior de expressar aquela parcela de verdade que eu conseguia perceber.

Dediquei-me com afinco à magistratura, ao livro e à minha família. Estudei com muito interesse livros e fenômenos, experiências e fatos que falavam da realidade do espírito, da sobrevivência da alma após a morte, da reencarnação, das influências de espíritos desencarnados em nossas vidas.

Entreguei-me de corpo e alma a esse trabalho. Conheci outros médiuns, pesquisei e, depois de algum tempo, fui convidado a escrever artigos para um jornal de estudos psíquicos.

Eliane via com entusiasmo meu trabalho. Médium vidente, lúcida e equilibrada, prestava-me inestimável serviço. Esse trabalho me revigorava e havia momentos, ao escrever, em que minhas ideias se tornavam tão claras que me parecia impossível que as outras pessoas não as pudessem perceber.

Uma noite, em uma sessão na casa de Lenice, Elisa apareceu. Percebi sua presença assim que Lenice começou a falar. Estava feliz. Falou muito a respeito do meu trabalho, incentivando-me a prosseguir.

— Continue — disse ela —, porque a hora é de muita luta. É preciso falar de perdão, de amor e de esperança! Principalmente para aqueles que perderam seus entes queridos nessa luta. Você precisa contar que a morte é ilusão e a vida continua. Ninguém morre. Apenas muda de casa. É preciso compreender, apesar das ilusões e dos enganos dos homens, que Deus está na direção de tudo. Com sua sabedoria, tudo faz de forma adequada. Escreva sobre isso, fale sobre isso, pense muito sobre isso. Eu estou muito feliz e quero que sinta.

Naquele momento, um sentimento de alegria banhou-me a alma. Quando terminou a sessão, Eliane descreveu Elisa. Ela me abraçara com o rosto radioso de felicidade.

— Sua emoção era muito grande — descreveu Eliane. — Ela alisou seus cabelos e em seus olhos havia uma lágrima.

Lenice olhou-me séria, mas nada disse. Saí entusiasmado, sentindo ainda a alegria na alma. Estava disposto a continuar escrevendo sobre os temas que ela pedira.

Uma semana depois o telegrama chegou: "Tombou no campo de batalha Julien Latour. Nossos sentimentos etc.". Quase desfaleci. Meu filho! Julien estava morto.

Eliane, assustada, tomou o telegrama dos meus dedos crispados e um soluço a sacudiu. Abraçou-me e, juntos, misturamos nossas lágrimas.

Meu filho! Tão jovem e tão belo, cheio de sonhos de amor, nobreza de alma e bondade, tinha sido devorado pela máquina do ódio, da cegueira de alguns governantes.

Milena e Lisete abraçaram-se a nós, chorando conosco. Vendo-as tão aflitas, procuramos conter nossa aflição.

Foram momentos de dor e de tristeza, sentindo a própria impotência diante dos fatos. Nem sequer tivemos o conforto de saber como acontecera ou de prestar-lhe a última homenagem.

Fiquei arrasado. Nessa hora, é difícil manter as ideias claras. Durante vários dias deixei-me ficar ao sabor da angústia que me atormentava a alma.

Lenice e Jean vieram ver-me e confortar-me. Olhei para Jean e não me contive, abracei-o forte e naquela hora esqueci todos os preconceitos.

— Nós perdemos Julien — disse. — Você também deve estar sofrendo.

Em seus olhos pude ver o brilho das lágrimas.

— Não o perdemos — respondeu. — Ele partiu primeiro. Vai nos esperar, por certo.

— Tão jovem — murmurei triste —, tão cheio de vida e de amor!

— Você fala como se a morte fosse o fim de tudo — disse Lenice com suavidade. — Ele está bem. Peça a Deus que ajude você a aceitar a separação.

— É difícil. Quando penso que a guerra, esse monstro destruidor a serviço dos interesses de grupos, mata nossos jovens, enluta as famílias, ceifa nossas esperanças, sinto desejos de destruí-los a todos.

Lenice abraçou-me com carinho.

— Lembre-se de que só acontece o que Deus permite. E Ele só permite o que é melhor para nós.

Sacudi a cabeça energicamente.

— Não posso aceitar isso. Como pode haver bondade nessa destruição terrível?

— Somos crianças aprendendo a viver bem. Nossa ignorância tem nos criado sofrimentos e dor, mas por outro lado eles nos amadurecem e ensinam. Em meio a tudo isso, é preciso confiar em Deus, que tudo criou e conduz com sabedoria. Deu-nos tudo, deu-nos a vida, o amor, a bondade, a alegria. Deu-nos este universo maravilhoso, nosso mundo, cheio de luz e de estrelas. Ao Seu ritmo, tudo caminha em harmonia. Criou-nos para sermos felizes. Um dia aprenderemos a enxergar mais a beleza do que a feiura, a bondade do que a maldade, a alegria do que a tristeza, o bem de todos do que só o nosso. Ele não erra nunca, ainda quando permite que a dor nos visite a alma e chame para a outra vida um jovem como Julien.

Acalmei-me um pouco, mas a tristeza era imensa.

— Mortifica-me pensar no que deve ter sofrido, lá longe, a dor, a falta de socorro... Dói pensar nisso, sem ter podido fazer nada para aliviá-lo.

Lenice afagou minha cabeça com carinho.

— Não se atormente com pensamentos tão dolorosos. Não o ajudarão em nada. Ao contrário. Ele agora precisa receber de todos nós força e compreensão.

Devemos ser fortes. Depois, Deus guarda recursos que desconhecemos. Quem nos garante que ele tenha sofrido? A vida espiritual é plena de amor e luz. Tudo foi programado. Tinha chegado sua hora. Elisa veio preveni-lo. Não percebeu isso?

Abri os olhos admirado.

— Será?

— Por certo. Quando ela o abraçou, havia uma lágrima em seus olhos. Ela sabia que você iria sofrer. Pediu-lhe que continuasse a escrever, principalmente sobre as verdades da vida espiritual. Por outro lado, ela estava radiante porque em breve Julien estaria com ela.

Senti um arrepio percorrer-me o corpo.

— Ela sabia!

— Sabia. Não tenho dúvida. Eu mesma pensei em Julien naquela noite.

— Lenice falou-me sobre isso — disse Jean.

— Falou o quê? — indaguei.

— Estava com pressentimentos de que Julien poderia ser ferido. Agora sei que ela sentia o que iria acontecer e quis poupar-me também. Sempre o apreciei. Orgulhava-me dele.

— Com razão — respondi.

— Jacques — continuou Lenice —, não se deixe abater. Você sabe que a morte não é o fim. Tem o conforto de conhecer a verdade. Amanhã ou depois, Deus permitirá que ele venha ter conosco. Sabemos que ele continua vivo. Pense na dor daqueles que nada sabem. Para quem o "nunca mais" representa um obstáculo intransponível, que apenas têm o conforto de olhar para uma lápide fria e dolorosa. Faça da própria dor uma bandeira que possa mostrar aos que sofrem nesta guerra cruel a perda de seus filhos que eles continuam vivos, felizes e saudáveis em outra dimensão da vida, com os mesmos sentimentos de amor e de amizade, e um dia poderão vê-los, abraçá--los, estar com eles de novo. Julien apreciaria muito que fizesse isso. Por certo, até o ajudaria.

Apesar da minha tristeza, senti que Lenice tinha razão. Abracei-a com força e disse com sinceridade:

— De hoje em diante, quero dedicar-me ao esclarecimento das pessoas. Estudarei, observarei, experimentarei e depois escreverei livros. Procurarei de todas as formas contar tudo quanto souber.

Lenice sorriu.

— Eu sabia que você compreenderia. Deus o abençoe. Conte comigo. Há muito que eu também me matriculei na escola da vida. Precisamos encontrar a felicidade. Sei que Deus nos destinou a ela. Vamos descobrir o caminho e mostrá-lo aos outros.

— Também quero participar — disse Jean sério.

— Eu também — tornou Eliane, que, de olhos marejados, nos observava.

Senti-me confortado. A partir daquele dia, passei a estudar ainda com mais assiduidade os livros espiritualistas, as pesquisas científicas e a frequentar a casa de Lenice duas vezes por semana.

O grupo foi aumentando. Eu e Jean compramos uma casa onde passamos a dar palestras públicas. Recebemos muitas pessoas cujos entes queridos tinham morrido na guerra. Dediquei-me a confortá-los, a mostrar-lhes a continuidade da vida. Lenice reunia alguns médiuns uma vez por semana, e naquela casa singela muitos encontraram consolação e conforto.

Eliane participava e, com sua capacidade para ver os espíritos, descrevia-os depois das sessões. Muitos reconheceram, emocionados, seus entes queridos.

Naqueles tempos, publiquei vários livros. Alguns sobre problemas de direito civil, tentando lançar luz aos intrincados assuntos da justiça humana. Mais tarde, compreendi que a justiça dos homens é exercida de acordo com sua maturidade espiritual. É por isso que existem tantas interpretações de uma mesma lei.

Por essa razão, cheguei à conclusão de que, para melhorar o nível judiciário no mundo, era fundamental amadurecer o homem. Esse era o trabalho mais importante e necessário.

Então, com a ajuda de Deus e de alguns amigos espirituais, estudei os problemas humanos à luz da vida eterna e das leis divinas.

Quando acabou a guerra, havia um sopro renovador sobre toda a Europa. Mudança de costumes, o progresso da ciência, o automóvel, o rádio, o cinema. Minhas filhas enchiam nossa vida de alegria. Milena transformara-se em uma bela mocinha. Lisete estava encantadora. Mirelle e André eram adoráveis e, às vezes, olhando para meu sobrinho reconhecia nele traços de Julien.

De vez em quando eu sentia sua presença carinhosa. Eliane o vira inúmeras vezes ao meu lado. O senhor Leterre também era visto. Ele morrera quase um ano depois de Julien. Chorei sua ausência. Estimava-o muito. Sem ele, como poderia rever Anne e Christopher? Eu pretendia encontrá-la em Brandemburgo. No entanto, ela nunca mais estivera lá. Depois da morte do nosso amigo, perdi as esperanças.

Todos os anos eu recebia um retrato da condessa de Loucester e seu filho Christopher, bem como um folheto das atividades e das benfeitorias do condado. Várias vezes senti vontade de ir vê-los. Agora, não havia mais a figura ameaçadora de Sir Charles ou de Anthony. A guerra, porém, não permitiu essa viagem. Quando ela acabou, eu estava empolgado com o trabalho no centro de estudos psíquicos que tínhamos fundado e com os livros.

Havia tanta gente interessada e sofrida que fui absorvido pelas atividades. A casa de Anne, em Paris, tornara-se local de hospedagem dos membros do conselho de Dolgellau, que com suas famílias ocupavam-na temporariamente, cuidando dos interesses de Merionethshire, ou simplesmente passando temporadas. Quando a guerra acabou, tive esperanças de que Anne viesse, mas ela não veio.

Em meus estudos e pesquisas, eu me correspondia com outros estudiosos em outros países. Trocávamos experiências e ideias, e eu lhes mandava meus livros e conferências. Por causa delas, várias vezes recebi convites para visitar esses grupos e falar, expor minhas ideias. Tornei-me militante e atuante no movimento espiritualista que banhou o mundo depois da guerra.

Viajei para a Inglaterra com o coração cheio de esperanças. Estava decidido a ir a Dolgellau. Agora que tudo estava diferente, poderia visitar Anne e ver Christopher sem despertar suspeitas.

Cheguei a Londres desejoso de resolver meus assuntos ali, para depois seguir para Dolgellau. Fui recebido com carinho por Arthur Conan Doyle, famoso escritor, e pude ter nas mãos o material resultante de suas pesquisas com Florence Cook, os filmes das fotos de Katie King, feitas por Sir William Crookes.

Fiquei empolgado. Conheci o senhor MacDowell, que me apresentou alguns membros da Sociedade de Estudos Psíquicos e dois médiuns dedicados ao auxílio do próximo com quem trabalhava.

Conversando animadamente, disse MacDowell:

— Tanto Ernest quanto Philip são muito procurados por gente importante — baixou a voz em tom confidencial: — Ainda ontem chegou um pedido da mãe de um chefe de Estado que precisa de socorro. Um caso de obsessão.

Curioso, perguntei:

— De onde ele é?

— Há sigilo, o senhor sabe... Só posso dizer que é do país de Gales.

Senti um receio súbito, uma suspeita. Preocupado, coloquei a mão no braço de MacDowell e perguntei:

— Sabe quem eles irão ver, isto é, sabe o nome?

MacDowell abanou a cabeça.

— Não. Se é sigilo, não comentamos. Eles seguirão amanhã. É só o que sei.

Fiquei aflito. Lembrei-me do espírito de Sir Charles. Estaria perturbando Christopher?

Apresentado aos dois médiuns, chamei-os a um canto da sala e disse:

— Sei que viajam amanhã para atender a um caso de obsessão.

Ernest assentiu com a cabeça.

— Por favor. Eu prefiro saber de quem se trata. Tenho sérias suspeitas e é necessário esclarecer tudo.

Ernest olhou-me nos olhos, depois respondeu:

— Há coisas que não estou autorizado a revelar.

— Pode fazer-me um favor?

— Se for possível...

— Vamos fazer assim. Eu falo o nome das pessoas que me são muito caras e a quem tudo farei para ajudar. Se forem elas que vão visitar, dirão? Devo esclarecer que estou ligado a essas pessoas por laços de forte amizade. Que vim à Bretanha pensando em visitá-los antes de voltar a Paris. Algo me diz que precisam de mim.

— Está bem — concordou Philip. — Se já sabe do caso, não vejo por que ocultar.

— Trata-se de Lady Anne e de seu filho Christopher, conde de Loucester?

Os dois entreolharam-se, e foi Ernest quem respondeu:

— Sim. Trata-se do jovem conde.

— Conte-me tudo, por favor — pedi.

— Não há muito para dizer ainda. Um portador de Lady Anne procurou-nos trazendo uma carta em que ela nos relata que coisas estranhas vêm acontecendo com o jovem conde, desde que ele completou a maioridade e assumiu a direção do condado. Ele tem tido crises e Lady Anne acredita que ele esteja sendo envolvido pelo seu avô. Pede-nos para ir até lá.

— Foi Deus quem me guiou os passos até aqui — disse emocionado. — Quero ir com os senhores. Fazer parte da sua comitiva. Ajudar.

Os dois entreolharam-se.

— Não sei se será possível. Lady Anne pediu-nos segredo — volveu Ernest.

Olhei-os emocionado. Havia o brilho de uma lágrima em meus olhos quando disse:

— Garanto que tenho todo o direito de estar ao lado deles nessa hora. Há um segredo entre nós, que não posso revelar. Lady Anne ficará confortada com minha presença, eu garanto. Depois, conheço esses casos, estudo-os há anos. Conheci Sir Charles em vida. Seu espírito visitou-me, ameaçou-me, ainda quando Lady Anne vivia em Paris. Ele não fez segredo de que pretendia voltar ao poder em Loucester, através do neto. Christopher viu-o várias vezes e Lady Anne conversou comigo a esse respeito.

Os dois olharam-me satisfeitos.

— Nesse caso, concordo que foi Deus quem o enviou aqui. Será um prazer tê-lo conosco — tornou Ernest.

— Estou sentindo isso mesmo — afirmou Philip.

Senti-me agradecido e esperançoso. Combinamos tudo. Eu ainda poderia proferir a conferência programada para aquela noite. No dia seguinte, seguiríamos para Dolgellau.

Depois de cumprir meu compromisso no Centro de Estudos Psíquicos, quando me recolhi para dormir, senti uma onda de gratidão e confiança invadir-me o coração. Era evidente que eu estava ali porque Deus determinara. Não acreditava em coincidências. Se ele permitira que eu pudesse participar da ajuda ao meu filho, era porque tinha chegado o momento de ele ser libertado.

O recurso espiritual com o concurso de dois médiuns capacitados indicava que Sir Charles seria afastado definitivamente. Eu não tinha dúvida de que Deus estava nos guiando. Fiquei emocionado. Agradeci a Deus por ter me dedicado a esses estudos e poder, naquela hora, utilizar meus conhecimentos em benefício de Christopher. Deus é tão generoso!

Eu me dedicara a esse ideal porque entendera que conhecer essa parcela de verdade que me iluminava a alma levaria alento e conforto às pessoas aflitas e desesperadas. Agora, eu tinha essa possibilidade abençoada de socorrer meu filho.

O sentimento de felicidade e gratidão foi tão intenso que, naquele instante, decidi dedicar-me mais e definitivamente a essa causa, em todos os momentos de minha vida.

Era já madrugada quando consegui acalmar a emoção e em brando sono adormeci.

Capítulo 16

Chegamos a Loucester no entardecer do dia seguinte. Fazia quase vinte anos que eu estivera em Dolgellau e pude observar que tudo tinha se modificado para melhor.

A vila graciosa transformara-se em pequena cidade com iluminação nas ruas, casas de comércio e outras benfeitorias do progresso. Por toda parte havia prosperidade e alegria.

Enterneci-me pensando em Anne. Por certo, ela fora a responsável por essa mudança.

Pela primeira vez pensei que nossa separação fora um bem. Se ela tivesse se recusado a aceitar seu dever para com aquele povo, era possível que as coisas não estivessem assim.

Eu também, se tivesse abandonado a família para viver com ela, não teria aprendido a enxergar a vida com realismo, percebendo o outro mundo, a outra dimensão da vida, as leis da mente, para onde vão nossos mortos e sua influência em nossas vidas.

Tive que reconhecer que Deus sempre faz tudo certo, ainda que não seja da forma como desejamos.

Ficaríamos hospedados em Loucester e eu, dentro do automóvel que nos fora buscar na estação de Dolgellau, sentia meu coração bater tanto que parecia querer sair-me pela boca.

Um criado tomou conta da nossa bagagem e fomos conduzidos aos nossos aposentos.

Uma criada informou-nos que Lady Anne nos receberia dentro de meia hora. Tirei um cartão do bolso e disse a ela:

— Entregue-o a Lady Anne e diga-lhe que preciso vê-la imediatamente.

Lavei o rosto, as mãos, penteei os cabelos. Olhei-me no espelho. Estava mais velho, um pouco grisalho nas têmporas, mas ainda era o mesmo.

E Anne, como estaria? A criada voltou em seguida. Abri a porta ansioso.

— Lady Anne espera-o em seu gabinete. Queira acompanhar-me.

A emoção sufocava-me. Entrei no gabinete e a criada se foi, fechando a porta. Anne estava diante de mim. Olhamo-nos. Atiramo-nos um nos braços do outro. Beijei-a repetidas vezes preso de grande emoção.

Passados os primeiros arroubos, eu disse com voz que a emoção modificava:

— Anne! É você! Que saudade!

— Custei a acreditar que fosse você. Sonhei muito tempo com este instante.

— Muitas vezes desejei vir. Pensei muito. Se eu tivesse vindo, não teria coragem de separar-me de novo. Esperei que fosse a Brandemburgo ou a Paris.

— A guerra... depois tive medo. Você tinha sua família e eu não tinha o direito de perturbá-lo.

— Pensei que me houvesse esquecido — tornei emocionado. — Nunca me procurou.

— Você sabe que era preciso.

— Anne! Ainda a amo! Sempre a amarei.

Ela me abraçou com força.

— Eu também. Tentei esquecê-lo, não consegui. Vivo das recordações dos tempos em que estivemos juntos.

— Jamais a esqueci. Entretanto, hoje, posso compreender melhor certas coisas. Inclusive o que Lenice sempre falou, que se o nosso amor for verdadeiro, um dia, seja onde for, a vida nos reunirá para sempre.

— Um dia estaremos juntos, sem nada que nos separe. Sei que será assim.

Quando nos sentimos mais calmos, sentamo-nos no sofá, lado a lado, e eu lhe contei tudo quanto se passara comigo durante aqueles anos. A morte de Julien, meus ideais de espiritualidade e renovação. Ela me ouviu comovida.

— Eu sabia que você faria da sua vida um objetivo nobre. Sempre admirei seu senso de justiça, sua bondade, sua inteligência. Quero ler seus livros, conhecer melhor essas ideias. Jacques, preciso ajudar Christopher. Conforta-me saber que está aqui e vai nos ajudar. Confio em seu bom senso, em seus conhecimentos. Foi Deus quem o trouxe de volta.

— Por que não me chamou?

— Não queria perturbar sua vida. Não sabia que estava tão voltado a esses assuntos. Recorri à Sociedade de Estudos Psíquicos de Londres porque não estou conseguindo afastar papai daqui. Não me esqueço das suas recomendações em Paris. Impressionaram-me muito na ocasião. Mas, como no início tudo estava bem, não me preocupei.

— Conte-me tudo.

— Quando chegamos a Dolgellau, o conselho de anciãos nos esperava. O povo estava revoltado e miserável. O enviado do príncipe de Gales afirmou que era vontade de sua majestade que eu aceitasse dirigir Loucester, assessorada por ele, até que Christopher completasse dezesseis anos, quando sua maioridade seria decretada e ele assumiria o comando. Aceitei. No início havia muita revolta e necessidade entre os súditos, mas, aos poucos, com esforço, trabalho e perseverança, tudo foi melhorando. Christopher sempre foi um menino inteligente, firme, de caráter. Conversávamos muito. Expliquei-lhe todas as coisas com relação ao nosso povo e ele se interessou muito. Compreendeu e aceitou ser o conde de Loucester, cuidar do progresso e do bem-estar da nossa gente. Bonito, justo e bondoso, aos poucos foi sendo estimado por todos. Recebeu professores e educadores que lhe ensinaram, prepararam para a difícil arte de governar. Depois da guerra, as coisas mudaram bastante. Temos a Câmara que legisla para todo o Reino Unido e nossa função é mais moderada. Mas, ainda assim, guardamos atribuições que permitem atuar na direção de Merionethshire como governadores. Christopher é o chefe de vasto território, que vai além dos limites de Loucester, por escolha e determinação de sua majestade, satisfeito com nosso trabalho aqui.

— Pude ver com satisfação as mudanças na vida do povo. Nota-se o progresso por toda parte.

Anne concordou com a cabeça.

— É verdade. Sinto-me feliz por isso. Como eu disse, estávamos bem, cumprindo nossos deveres com alegria. Todavia, depois que Christopher completou dezesseis anos e assumiu o governo, passou a sofrer de inquietação, perdeu o apetite, emagreceu e, o que ficou evidente, modificou sua maneira de ser, seu temperamento.

— Como assim?

— Sempre foi alegre, comunicativo, discreto, porém carinhoso e inteligente, cordato, compreensivo. Há algum tempo, passou a ter crises de humor, de irritação, e nesses momentos grita, impõe sua vontade, torna-se agressivo e prepotente. Quando passa, ele se envergonha muito, sente-se acabrunhado, triste. Não dorme bem, anda nervoso e sensível. Passa da euforia à depressão sem motivo aparente. Os médicos acham que ele está com esgotamento nervoso e culpam a política. Alegam que ele é muito jovem para arcar com tanta responsabilidade.

— Não acredito que seja isso.

— Nem eu. Christopher tem visto o avô. Várias vezes o viu em nossa sala de estar, em seu gabinete e até no carro, quando sai.

— O que ele sente quando o vê?

— A princípio, teve medo. Depois achou graça: "Ele não quer fazer-me mal", explicou-me. "Fala comigo com carinho e tem me ensinado coisas".

— Não acredito que ele o esteja ajudando.

— Christopher não percebe, mas em suas crises torna-se muito parecido com ele. Chega a usar as mesmas palavras que ele usava. Nessas horas, comete injustiças, torna-se intolerante como ele. Por isso, eu acho que é ele quem o está influenciando. Cumpriu o que disse, está tentando governar Merionethshire. Tenho rezado, pedido a ele que se vá, que nos deixe cuidar de nossa vida. Mas parece que ele fica pior. Quando eu peço, Christopher fica mais envolvido por ele. Penso que ele, assim, deseja mostrar-me que é mais forte do que eu. Por isso apelei para os senhores Ernest e Philip. Tenho informações de que são pessoas excelentes e com capacidade para ajudar-nos. Temos que afastar papai daqui.

— Acalme-se. Com a ajuda de Deus, tudo vai melhorar. Desta vez ele será afastado.

— Deus o ouça. Temo pelo equilíbrio de Christopher. Quando se descontrola, fala coisas estranhas, sem sentido.

Apertei a mão de Anne, que detinha entre as minhas, para transmitir-lhe força e confiança.

— Vamos falar com os nossos amigos médiuns. Conte-lhes tudo, resolverão o que fazer. Contudo, Anne, devo dizer-lhe que, conforme tenho estudado esses assuntos, aprendi que há pessoas sensíveis que precisam aprender a entender as leis que regem o mundo hiperfísico, para que cuidem do próprio equilíbrio. São os médiuns. Christopher é um deles.

Anne suspirou angustiada:

— Mas eu não quero! Ele tem outras tarefas. Precisa de toda sua lucidez para seu trabalho, não pode pensar nessas coisas.

— Anne, nesse caso, sua vontade ou a dele não prevalecem. A sensibilidade é condição da pessoa que nasce com ela. Funciona independentemente da nossa vontade.

— O que farei para impedir?

— Não pode. É uma força da natureza. Um dia todas as pessoas a terão. Por isso eu disse que é necessário estudar o assunto, compreender, aprender a viver com ela. Posso garantir-lhe que não é um mal, ao contrário. É algo mais que pode enriquecer muito o espírito, dando-lhe chance de perceber melhor a verdade do mundo que nos cerca e viver melhor.

— Acha isso?

— Acho. Christopher precisa estudar. Há livros, pesquisas sobre isso, de cientistas sérios e dedicados. Pense, Anne: se ele vê o avô, poderá ver outros espíritos que estão à nossa volta, que são bons e desejam ajudar-nos. Tem prova da sobrevivência da alma, portanto a morte para ele não é mais um doloroso mistério. Pensou nisso?

— Não. Não tinha pensado. Acho indigno e injusto que estejamos expostos à influência ruim de espíritos que nem sequer enxergamos e que podem nos influenciar tanto.

— São pessoas infelizes que não desejam aceitar as mudanças necessárias. Com o tempo e a observação, verá que não passam de seres que precisam de ajuda e esclarecimento.

— Eu disse a Christopher que receberia a visita de dois médiuns da Sociedade Psíquica. Não contei que os tinha chamado para ajudá-lo. Ele não acredita que esteja sendo influenciado.

— Vamos falar com eles. Juntos, combinaremos tudo.

— Está bem. Estou feliz por contar com você aqui nesta hora.

Sorri comovido. Anne chamou a criada e pediu que os dois médiuns viessem ter conosco.

Quando Ernest e Philip chegaram, depois dos cumprimentos, Anne colocou-os a par de tudo e finalizou:

— Espero que os senhores consigam afastá-lo daqui.

— Peçamos a Deus que nos ajude a esclarecer esse espírito — tornou Ernest sério.

Fez-se silêncio por alguns instantes. Foi Philip quem falou primeiro.

— Vamos fazer uma sessão hoje à noite. Seu filho concordaria em participar?

— Certamente. Ele acredita nos espíritos. Só não desejo que saiba o verdadeiro motivo de tê-los convidado.

— Não se preocupe, Lady Anne. Podemos marcar para hoje à noite às oito horas? — disse Ernest.

— Sim. O jantar será servido às seis e meia.

— Se não se importa, preferimos alguma coisa leve — pediu Philip.

— Providenciaremos tudo como deseja.

— Vamos nos recolher, preparar-nos — disse Ernest.

— Está certo. Serviremos às seis e meia.

Os dois inclinaram-se e saíram. Eu fiquei.

A presença de Anne me eletrizava. Tantos anos afastados não tinham apagado do meu coração aquele amor tão grande. Vendo-nos a sós, eu disse:

— Você está linda!

Ela sorriu, olhos brilhantes de emoção.

— Anne — disse —, sinto vontade de beijá-la, de apertá-la de encontro ao meu coração e nunca mais deixá-la sair.

— Contenha-se.

— Vamos passar aqui pouco tempo. Quero ficar a seu lado o mais que puder.

— Eu também — disse ela, refletindo nos olhos o amor que sentia. — Christopher deve estar em casa e desejo apresentá-lo antes do jantar.

Senti-me ansioso e um pouco inquieto.

— Ele não é mais uma criança — respondi pensativo. — Como me receberá?

— Muito bem. Vamos vê-lo.

Levantei-me e segui-a até uma bela sala de estar onde ela pediu à criada para avisar que tinham visitas. Sentamo-nos cerimoniosamente e esperamos. Meu coração batia descompassado. Ia rever meu filho! Christopher entrou na sala e levantei-me.

— Esse é o senhor Jacques Latour, lembra-se dele? Amigo do senhor Leterre, visitava-nos em Paris.

Christopher inclinou-se cortês.

— Sim — disse. — Lembro-me. Como está, senhor Latour?

— Muito bem.

— Sente-se, por favor — disse ele educadamente.

Eu estava emocionado e orgulhoso. Era um belo moço, cabelos louros, olhos claros como os de Anne, pele delicada, alto, porte elegante e altivo.

Sentamo-nos.

— É a primeira vez que vem a Loucester?

— Aqui, nesta casa, é. Estive em Dolgellau há cerca de vinte anos, quando estava na carreira diplomática. Fui hóspede de Sir John, de quem me orgulho de ter sido amigo.

— Como era nossa cidade tantos anos atrás?

— Uma pequena vila, sem muito conforto. Fiquei admirado pelo progresso que houve aqui. Felicito-o, senhor conde. Transformou tudo para melhor.

Ele sorriu, mostrando dentes alvos e bem distribuídos. Senti um baque no coração. Ele se parecia extraordinariamente com papai quando sorria. A boca, o nariz, o formato do queixo eram muito semelhantes aos dele e um pouco aos meus.

Conversamos de política e tive o prazer de perceber-lhe a inteligência arguta e o senso de observação bastante amadurecido para a idade.

Falamos do senhor Leterre, da nossa amizade, das suas qualidades de coração e caráter. Falamos da morte e pude sentir que meu filho a encarava com naturalidade e fé. Falei-lhe da França, suas belezas, suas tradições, dos meus ideais na aplicação da justiça, na magistratura, e o tempo passou rápido.

Quase na hora do jantar, Ernest e Philip juntaram-se a nós e pude notar que Christopher, que os recebeu cordialmente, logo depois perdeu a loquacidade e fechou-se, não mais participando dos assuntos. Remexia-se inquieto na cadeira e a certa altura saiu da sala. Anne olhou-nos apreensiva.

— Não se preocupe — disse Ernest. — Tudo sairá bem.

— Ele mudou de repente — disse ela. — Estava bem, conversando com o doutor Jacques.

— Pouco depois que chegamos — tornou Philip.

— É verdade — concordei.

— Tem razão, Lady Anne. Sir Charles tem envolvido seu filho. Está obstinado. Quer reinar neste condado de forma absoluta. Ficou furioso com nossa chegada. Disse que ninguém conseguirá demovê-lo — esclareceu Ernest.

— Falou com ele? — inquiriu Anne preocupada.

— Philip o viu. Tentou conversar, mas ele foge de um contato maior — esclareceu Ernest.

— Não se preocupe, Lady Anne. Vê-lo e conhecer-lhe as intenções é um grande passo — afirmei esperançoso. — Deus nos ajudará a conseguir o que desejamos.

— É verdade — ajuntou Philip.

O jantar foi servido e Christopher não compareceu. Anne mandou a criada chamá-lo e ela também não apareceu.

— Queiram desculpar — disse Anne decepcionada. — Ele sempre é bem-educado com as pessoas. Talvez não esteja bem. Com licença.

Anne afastou-se e reapareceu alguns minutos depois com a fisionomia transtornada.

— É ele — disse aflita. — A criada foi chamá-lo e ele ficou furioso, gritou com ela, até ameaçou espancá-la. A pobre moça está na copa, chorando muito assustada. Meu Deus! Ele está furioso.

— Deixe-o lá por agora — disse Ernest.

— O que faremos? — inquiriu Anne.

— Nada — respondeu Philip. — Ele quer conturbar o nosso ambiente e assustar-nos. Vamos confiar em Deus e jantar serenamente.

Anne concordou:

— Por favor, queiram sentar-se.

O jantar decorreu normalmente, embora pudéssemos sentir certa tensão no ar. Anne mal tocou nos alimentos. Contudo, esforçamo-nos para manter a serenidade.

Após o jantar, voltamos à sala principal.

Anne, aflita, considerou:

— E se ele não vier à sessão?

— Ajude-nos com sua fé — pediu Philip. — Precisamos dela. O pensamento positivo é força poderosa para conseguirmos nossos objetivos. Está na hora. Queremos uma sala tranquila onde ninguém nos interrompa.

— Venham comigo.

Anne conduziu-nos a uma pequena sala de estar acolhedora e finamente mobiliada. A um canto, havia uma mesa e algumas cadeiras.

— Aqui está bem — disse Ernest. — Queremos uma jarra com água e alguns copos.

Enquanto Anne pedia à criada para providenciar, Ernest corria os grossos reposteiros.

Philip saiu da sala, voltando logo depois com uma caixa, que colocou sobre a mesa. Anne a olhava curiosa.

— É a luz vermelha. Por fora tem esse papel vermelho, e dentro, a lâmpada. É especial para sessões porque a luz branca queima o ectoplasma, isto é, a energia da qual nos utilizaremos para comunicar-nos com os espíritos — expliquei.

Anne observava tudo atentamente.

— Vou chamar Christopher — disse.

— Pode ir — concordou Ernest —, porém, não insista. Diga-lhe apenas que vamos começar agora.

Ela saiu e nós nos sentamos ao redor da mesa. Ernest ligara a lâmpada que colocara sobre um móvel lateral e espalhava pela sala tênue luz avermelhada. Anne voltou em seguida.

— Ele não virá. Disse que está com sono.

— Não faz mal. Feche a porta, por favor. Não devemos ser interrompidos em hipótese alguma.

— Correrei o ferrolho — disse Anne.

— Muito bem. Queira sentar-se aqui, por favor — pediu Ernest.

Vendo-a acomodada, ele apagou as luzes, ficando a sala em escuro total.

— Vamos orar agora. Pedir a Deus que nos permita evocar o espírito de Sir Charles que está nesta casa. Pedimos às forças do bem e de Jesus Cristo que nos tragam o espírito de Sir Charles. Precisamos conversar.

Ernest calou-se e todos, atentos, esperávamos.

O silêncio era absoluto. Depois de alguns minutos, Ernest fez nova evocação.

— Sei que está aqui, Sir Charles. Não desejamos molestá-lo. Venha conversar conosco. Vamos orar em pensamento para que Deus nos permita obter essa graça.

Durante meia hora Ernest pediu preces aos presentes e evocou o espírito de Charles, sem obter êxito. De repente, Philip começou a inquietar-se e remexer-se na cadeira. Sua cabeça pendeu para a frente e ele se inclinou, encostando seu rosto na mesa. Alguns gemidos saíam de seus lábios.

— Graças a Deus — disse Ernest. — Não se preocupem, continuemos orando.

Algumas pancadas soaram em lugares diferentes, às vezes no teto, outras nos móveis da sala.

— Graças a Deus — repetiu Ernest. — Seja bem-vindo.

A luz vermelha acendeu-se sem que ninguém a tocasse e pudemos ver uma fumaça branca saindo da boca de Philip. Eu não queria perder nada. Abri bem os olhos, sem desviá-los dele. Aquela fumaça transformou-se em uma massa branca subindo sobre a cabeça do médium adormecido e foi aos poucos tomando forma, adensando-se até transformar-se num busto formoso de mulher. Loura, linda, trajes antigos, muito luxuosos.

— Mamãe! — gritou Anne emocionada.

Ela sorriu e seus lábios moveram-se dizendo:

— Não tenho muito tempo. Estamos ajudando, continuem.

— Obrigado, Lady Elizabeth. Pode nos dizer como conseguir o que precisamos?

— Continuem. Estamos aqui.

Sua voz calou-se, sua figura desfez-se e a luz vermelha apagou-se. Anne tremia qual folha batida pelo vento. Segurou minha mão com força. Percebi que chorava. A emoção fora forte demais. Eu sentia-me impressionado. Já assistira a algumas sessões de materialização, mas nunca daquela forma. Era sempre um local preparado por outras pessoas e no escuro total, condição que sempre nos deixava algumas dúvidas.

Ali, porém, na casa de Anne, sua mãe, materializada apenas a cabeça, os ombros e a parte do colo, que se formara diante dos nossos olhos e desaparecera da mesma forma... não havia como duvidar.

Eu sentia no coração imensa gratidão por Deus ter-me permitido estar ali e presenciar aquele acontecimento. Havia muito eu não tinha dúvidas sobre a existência dos espíritos. Todavia, ver tal fenômeno consolidou mais minha fé. Foi emocionante.

Ernest prosseguiu, pedindo-nos orações e chamando pelo espírito de Sir Charles. Mas ele não compareceu.

— Estou vendo meu guia espiritual. Está com Lady Elizabeth. Diz para mantermos nossa fé. Eles estão trabalhando no caso. Amanhã, à mesma hora, faremos nova sessão. Agora, podemos ir. Vamos orar agradecendo a Deus pelo que recebemos hoje e pedir que abençoe esta casa.

Ernest acendeu a luz vermelha e proferiu sentida prece. Philip ainda estava com o rosto encostado na mesa, adormecido. Não acordou nem quando Ernest acendeu totalmente as luzes.

Anne estava muito emocionada e olhou para Philip ligeiramente apreensiva.

— Não se preocupe, Lady Anne, logo ele voltará ao corpo.

— Foi extraordinário — disse ela. — Jamais pensei que fosse possível! Minha mãe! É inacreditável!

— Realmente, foi uma manifestação excelente! Estou encantado — disse eu com entusiasmo.

— Pena que Christopher não tenha visto! Foi uma experiência inesquecível. Minha mãe!

— Que linda ela é! — exclamei.

— É verdade. Pode comprovar isso nos quadros da galeria, embora hoje eu a tenha achado bem mais bela — enfatizou Anne.

— Ela tem elevação espiritual — esclareceu Ernest. — Sua beleza vem da alma.

— Estou muito feliz. Agradeço aos senhores por terem vindo e me proporcionado assistir a esse acontecimento. Jamais esquecerei, obrigada.

Ernest fixou-a com uma indefinível expressão em seus olhos brilhantes.

— Talvez agora, Lady Anne, possa compreender por que nos dedicamos tanto ao estudo desses fenômenos e à sua divulgação.

Ela assentiu com a cabeça e ele prosseguiu, calmo:

— Quem enxergar a vida como ela é, levantar a ponta do véu que encobre o mundo espiritual e conhecer-lhe as leis mudará completamente seus objetivos, seus valores, seu enfoque dos problemas humanos. Se, além disso, sentir dentro de si a força das energias superiores, certamente não mais as dispensará. Terá descoberto o estado de felicidade que sempre procurou, mas nunca tinha encontrado.

Anne estendeu-lhe a mão, dizendo:

— Deus o abençoe e ao seu ideal. Depois do que presenciei e senti esta noite, também quero estudar esses fatos. Não quero mais ter os olhos fechados para o que for verdadeiro e eterno. Acha que aprenderei?

Ernest apertou a mão dela com entusiasmo, dizendo:

— Nesses assuntos, cada um vive a própria experiência. Não me sinto em condições de ensinar. Podemos trocar ideias, livros e fatos. Nossa sociedade, em Londres, está à sua disposição para o que quiser. Ficaremos muito honrados com sua visita.

Antes que ela pudesse responder, tivemos a atenção voltada para Philip, que acordara e passava a mão pelos cabelos, ajeitando-os. Olhou ao redor como se quisesse situar-se. Dirigindo-se a Ernest, perguntou:

— E então?

— Tudo bem. Veio Lady Elizabeth, materializou-se parcialmente, mas muito nítida. Conversou conosco, animando-nos a prosseguir. Está ajudando.

— Ótimo — disse Philip.

— Amanhã continuaremos — concluiu Ernest.

Quando saímos da sala, Anne perguntou pelo filho, mas ele não saíra do quarto. Ela mandou servir um chá com bolos e conversamos durante mais meia hora sobre os acontecimentos da noite e as indagações que eles nos suscitaram.

Os dois médiuns retiraram-se, e eu fiquei. A proximidade de Anne reacendera a velha chama e eu sentia meu coração acelerar seus batimentos. Vendo-me sozinho com ela, não me contive. Abracei-a, beijando-lhe os lábios com amor.

— Anne — disse baixinho em seu ouvido —, não me obrigue a deixá-la esta noite. Eu preciso de você!

A respiração dela estava irregular, e sua voz, cheia de emoção.

— Vá para seu quarto. Deite-se e deixe-o às escuras. Irei ter com você.

Não pude conter a alegria. Obedeci prontamente. Mal podia esperar. Preparei tudo e deitei-me sem passar a chave na porta, atento ao menor ruído.

Finalmente ela chegou. Escutei o barulho da chave fechando e logo depois Anne estava de novo em meus braços.

A emoção era tanta que senti medo de acordar. Mas não era sonho. Anne realmente estava ali, e eu me entreguei ao momento de felicidade, aproveitando cada instante, sem querer parar ou pensar.

No dia seguinte, quando acordei, Anne já se tinha ido, mas eu conservava no coração a alegria do reencontro. Levantei-me rápido. Queria ficar perto dela o maior tempo possível.

Ela já se encontrava na sala e convidou-me ao desjejum na pequena sala de almoço. Sentou-se ao meu lado e conversamos enquanto comíamos.

Estava um pouco tensa, preocupada com Christopher. Ele saíra ao clarear do dia, apesar do mau tempo, sem dizer para onde ia. Tentei tranquilizá-la.

— Acalme-se. Foi dar uma volta. Por certo estará de volta até a hora do almoço.

Mas ele não voltou e eu também fiquei ansioso, embora tentasse ocultar a preocupação para não afligi-la ainda mais. Eu sabia que Sir Charles estava tentando afastá-lo da nossa influência. Procurei explicar isso a Anne.

— Tenho medo — disse ela.

— Nada de mal acontecerá a ele. Sir Charles o protegerá. É seu instrumento para conseguir o que deseja.

— Ele nunca agiu assim — considerou Anne.

Entretanto, os dois médiuns estavam confiantes e serenos.

— Não vamos dar força ao problema, cultivando o medo ou a insegurança. Nosso papel é de confiança e vitória. Lady Elizabeth nos disse que estão ajudando. Esperemos, agradecendo a Deus pelo esclarecimento de Sir Charles, pela sua compreensão — explicou Ernest com calma.

— Sir Charles pretende conservar o senhor conde fora da nossa influência, tentando inutilizar nossos propósitos — esclareceu Philip.

— O que vamos fazer? — indagou Anne.

— Esperar e confiar — propôs Ernest. — Nossos amigos espirituais sabem melhor do que nós o que fazer.

Anne, com gentileza, ofereceu-nos o carro para um passeio pelos arredores. Recusei com delicadeza e os dois também não aceitaram, preferindo recolherem-se aos seus aposentos.

— No momento, é necessário permanecermos aqui — disse Ernest.

Quando se foram, eu e Anne nos sentamos em uma sala pequena para conversar. Apesar da nossa ansiedade com relação a Christopher, foi muito bom podermos reviver os velhos tempos.

Contudo, à medida que as horas passavam e Christopher não voltava, sentíamos aumentar nossa ansiedade. Estava já escurecendo quando os dois médiuns nos procuraram. Anne não se conteve:

— Christopher não voltou até agora! Aonde terá ido?

— Precisamos de ajuda — disse Ernest. — Vamos buscá-lo.

— Como? — indagou Anne.

— Vamos à sala da nossa reunião de ontem — convidou Philip.

Obedecemos prontamente. Sentamo-nos ao redor da mesa.

— Todos nós desejamos a volta do senhor conde — garantiu Ernest. — Para que isso aconteça, vamos pensar nele e imaginá-lo entrando nesta casa, regressando.

— Será o bastante? — indagou Anne admirada.

— O pensamento é uma força viva e atuante. Vamos pensar no senhor conde e "vê-lo" se aproximar e entrar nesta casa. Sem ansiedade nem medo ou justificativas. Apenas com segurança e certeza, com calma e serenidade. Compreenderam?

— Sinto-me ansiosa. Como vou conseguir ter serenidade agora? — perguntou Anne angustiada.

— Reconhecendo que, se você não sabe onde ele se encontra, Deus sabe, entregue, pois, a ele a incumbência de trazê-lo de volta. Deus sempre faz o melhor e o que é certo. Diga isso no íntimo do seu coração e procure sentir como Deus é generoso, bom, perfeito e tudo pode. Sendo assim, entregue seu filho a Ele e sinta que pode ter confiança em que Ele o protegerá.

Fechemos os olhos e busquemos sentir dentro do nosso ser a ligação com a força divina. Agradeçamos a Deus por todas as coisas boas que conhecemos. Vamos sentir como Ele é forte e nos tem protegido sempre. Ele está aqui, particularizado em cada um de nós e está também em Christopher e em Sir Charles. Dentro desse encontro divino, nós nos abraçamos e reconhecemos que, embora todos nós sejamos um com Deus, cada ser tem seu próprio caminho, suas escolhas e suas experiências individuais e intransferíveis. Assim, eu, Ernest, tenho minha escolha livre e soberana, Philip tem a dele, Lady Anne a sua, e doutor Jacques também. Por isso, o conde Christopher deve seguir o rumo que lhe é peculiar, e Sir Charles, por certo, terá também seu próprio destino.

Ernest calou-se, respirou fundo e prosseguiu:

— O destino de cada um é sua própria felicidade. É o programa com o qual Deus o individualizou. E, como ele só será feliz cumprindo essa determinante, todas as vezes que se afastar desse rumo sofrerá até que volte e reencontre seu real destino. Pensemos em Sir Charles. Deus tem programado para ele, como filho, todo o bem e as coisas que particularmente o farão muito feliz. Para nós reservou, igualmente, maravilhosas condições de felicidade. Porém, uma não é igual à outra. Na conquista desses preciosos valores que nos darão a maturidade espiritual, cada personalidade deverá seguir e aprender, experienciar e aperfeiçoar-se. A vida, suas leis defendem inapelavelmente esses princípios, preservando os objetivos divinos ideais de cada ser. Assim sendo, não tolera por muito tempo as distorções, as imposições e os enganos humanos, suas ilusões obstinadas, acabando sempre por corrigir o afastamento da programação divina, recolocando o ser no rumo adequado. Torna-se inútil, portanto, a insistência obstinada do homem, querendo comandar a vida, as pessoas, dominar a natureza. Conquanto possa conhecer um pouco mais, jamais o conseguirá. O melhor será aceitar as situações e as mudanças que a vida impõe, tentar compreender o que ela deseja nos ensinar, e procurar nos esforçar para fazer o melhor.

Eu me sentia comovido com os conceitos de Ernest. De repente, muitas coisas ficaram claras na minha cabeça. Eu também tentara comandar a vida e ela reagira sempre, mudando as peças do jogo sem que eu pudesse impedir. Um profundo respeito, um sentimento fundo de gratidão brotou-me na alma. Minha confiança em Deus cresceu clara, firme, verdadeira.

— Continuemos mentalizando Sir Charles — pediu Ernest. — Ele está nos ouvindo agora. É um homem inteligente e altamente capacitado para exercer liderança. Contudo, não pode querer fazê-lo através de outra pessoa. Não terá espaço nem chance para colocar todo o seu potencial. O melhor seria preparar-se. As coisas mudaram. O progresso é vertiginoso. Ele poderá renascer aqui. Ter um outro corpo de carne só seu, onde poderá exercer livremente sua liderança. Posso conversar com ele e tornar isso possível. Só há esse caminho. Ele não poderá reviver seu velho corpo, que já foi decomposto. Mas Deus fará melhor, dando-lhe um corpo novo, jovem, forte, com o qual poderá ser ele mesmo, sem sofrer limitações. Estou pronto a conversar com ele calma e sensatamente, como pessoas civilizadas. Ninguém pretende discutir ou prejudicá-lo. Só o que ele tem a fazer é trazer o neto de volta e dispor-se a ouvir. Nós podemos tornar seu desejo realidade.

Eu estava admirado com aquela linguagem muito diferente da que estava habituado nas sessões que frequentara. Ernest prosseguiu:

— Vamos agora, durante alguns minutos, pensar e "ver" o conde entrar em casa.

Ficamos em silêncio e eu coloquei toda a firmeza em imaginar Christopher em casa. Depois de certo tempo, Ernest concluiu:

— Agradecemos, Senhor Deus, a volta do conde Christopher e a compreensão de Sir Charles. Muito obrigado por esta graça.

— E então, como se sente? — perguntei a Anne.

— Melhor — respondeu ela, mais calma.

— Ótimo — considerou Ernest. — A serenidade, o bom senso, o pensamento adequado aumentam nossa força.

— Faremos a sessão conforme o programado? — perguntei.

— Sim. Os espíritos marcaram, vamos atender.

— Christopher voltará a tempo? — inquiriu Anne.

— Ele estará em casa no devido momento — declarou Philip.

Anne mandara preparar um jantar leve, conforme solicitamos, e comemos em seguida. Os dois recolheram-se a seus aposentos, e nós dois, lado a lado, no aconchego do sofá, preferimos conversar.

Faltavam cinco minutos para as oito horas quando os dois voltaram, convidando-nos à reunião. Nenhuma notícia de Christopher. Anne mandara alguns homens à sua procura logo após o almoço e eles ainda não tinham regressado. Ela voltara a ficar apreensiva, e eu lutava para manter a confiança, procurando animá-la.

Sentamo-nos ao redor da mesa e as luzes foram apagadas. Apenas a luz vermelha de Ernest permaneceu acesa. Philip fez ligeira prece, evocando seus amigos espirituais. Ficamos em silêncio. De repente, Ernest suspirou profundamente. Depois de alguns instantes disse em voz um tanto diferenciada:

— Boa noite, amigos. Continuemos confiantes. Esta noite, vencida uma etapa, poderemos compreender melhor a causa dos problemas que têm afligido esta casa. Ela se perde no passado, quando se armaram os laços que ora tentamos desatar.

Um sentimento de fundo respeito invadiu-me o coração. Por que eu me unira a Anne por laços tão profundos e estava ali naquela noite, em uma terra distante, envolvido naqueles acontecimentos?

Ernest conservou-se silencioso por alguns instantes. Depois prosseguiu:

— Tem razão, meu amigo, você também participou desse passado. Viveu na Inglaterra, foi membro ativo do Parlamento ao tempo de Guilherme IV. A política era sua paixão. Quando a rainha Vitória subiu ao trono, você, trabalhador e inteligente, inflexível e duro, granjeou a simpatia da rainha, sendo para ela um apoio fiel e dedicado. Seus espiões trabalhavam com eficiência e tenacidade, informando-o e à rainha das intrigas políticas contra o seu poder. Muitas cabeças rolaram na defesa dos interesses do trono e você se sentia forte e orgulhoso por fazer justiça. Tinha esposa e filhos, os quais tratava com honesta severidade. Até que conheceu a esposa do conde de Loucester. Apaixonou-se.

Influente, procurou aproximar-se dela, afastando o marido para longas viagens. Correspondido, tornaram-se amantes. Um dia, surpreendido pelo conde, usou de sua arma, matando-o para defender-se. Ninguém soube da verdade. Apenas, a partir daquela noite, a condessa não conseguiu mais ter saúde, sofrendo de esgotamento nervoso e loucura. Você se sentiu culpado e a partir daí foi decaindo do poder. Deixou o Parlamento no ostracismo, tornou-se deprimido e neurastênico. Lady Helen terminou tristemente seus dias e o condado foi entregue ao seu filho mais velho, pai de Sir Charles.

Eu estava emocionado, trêmulo, e era como se de repente todos aqueles fatos dos quais participara estivessem acontecendo de novo. Anne chorava baixinho e eu compreendi que ela fora Lady Helen, cujo amor ainda vivia dentro de mim. Mas... e o seu esposo? Eu receava perguntar. Ernest, que se calara, continuou:

— O conde morreu cheio de ódio e não quis perdoar. Abraçou-se a Lady Helen jurando vingança. Nos momentos em que a via abatida, procurava o rival para atormentá-lo também. Em vão seus guias espirituais procuraram ajudá-los. A culpa que carregavam os tornava vulneráveis aos pensamentos dele. Foi depois que todos morreram, e Deus os ajudou a se equilibrarem, que puderam reencontrar-se e estabelecer um plano de refazimento que pudesse devolver-lhes a paz da consciência e o próprio perdão. Nesse plano, estava a devolução da vida e dos bens do conde assassinado. Tudo decorreu muito bem. Você e Lady Helen conseguiram superar interesses pessoais e realizar a sua parte do plano. Deram vida ao conde e hoje ele é novamente o dono de Loucester e Lady Helen está a seu lado, agora como mãe, para ajudá-lo. Você, como magistrado, está aprendendo a exercer melhor a justiça. Vocês não contavam com a interferência de Sir Charles, mas afianço que ele já compreendeu. Assim, Christopher poderá agora governar Loucester e prosseguir suas experiências interrompidas.

Eu estava muito comovido.

Anne chorava. Eu não tinha coragem de falar. Não tinha o direito ao amor de Anne.

Estaríamos separados para sempre?

Foi Ernest quem respondeu a meus pensamentos íntimos.

— A vida é eterna — disse. — O amor, quando verdadeiro, é abençoado. Um dia, quando for oportuno, vocês estarão juntos para sempre. Continuem confiando em Deus, ouvindo a voz da própria consciência. Lembrem-se de que os estudos sobre a vida espiritual, cultivando a ligação constante com Deus, lhes dará alegria, fé, compreensão e paciência para esperar. Não temam. Guardem o coração em paz. Deus os abençoe.

Ernest calou-se. Philip fez singela prece de agradecimento e encerrou a sessão.

Estávamos por demais emocionados para falar. As palavras que ouvíramos calaram fundo em nosso espírito.

Pude perceber que Anne, tanto quanto eu, sentia que eram verdadeiras.

Os dois médiuns, discretos e atenciosos, nada comentaram. Eu os abracei, agradecido.

— Obrigado por estarem nos ajudando nesta hora. Sinto que conhecem a nosso respeito mais do que nós próprios. Esta noite pude entender o porquê de tudo quanto nos tem acontecido.

— Sim — concordou Anne. — Os senhores têm toda a minha gratidão. Nossa alma viveu cheia de conflitos e apelos, e a vida foi nos guiando para fatos inesperados. A luta entre o desejo e o dever. Estou feliz por haver optado pelo dever.

Ernest assentiu.

— Sua consciência precisava dessa força para estar em paz.

— Desde quando sabiam que eu estava envolvido com o caso? — indaguei curioso.

Foi Philip quem respondeu:

— Desde que o conhecemos em Londres. Foi por isso que permitimos que nos acompanhasse.

Anne olhou-os admirada.

— Meu guia espiritual — disse Ernest — me avisou que deveríamos atender seu caso, cuja missiva acabávamos de receber, mas precisávamos esperar por uma pessoa que viria e deveria nos acompanhar, porque estava diretamente ligada ao assunto e ajudaria na solução.

— Como me identificaram?

— Foi fácil, o senhor mesmo se revelou assim que soube que viajaríamos a pedido de uma pessoa importante.

— É verdade, eu estava realmente ansioso. Que mais ele lhe disse?

— Que o passado tem muita força. No momento oportuno atrai as pessoas e as reúne para o entendimento. Como conhecem as coisas espirituais, foi-lhes permitido saber a verdade.

— Por um ato impensado do passado, teremos que permanecer separados para sempre? Não há esperanças para nós?

— Claro que sim — tornou Ernest com doçura. — A meu ver, quando um sentimento de amor é bastante forte para sobreviver a tantas experiências, e até ao tempo, acaba por conquistar seu lugar, realizando-se.

— Mas a vida tem colocado barreiras em nosso caminho — disse Anne pensativa. — Ainda agora não podemos ficar juntos como gostaríamos porque há impedimentos.

— A vida sempre faz o melhor — tornou Ernest. — Se colocou barreiras, foi porque ambos não estavam suficientemente livres e preparados para viverem juntos. Acha que seria fácil para o conde Christopher aceitar a presença do homem que, além de roubar-lhe o amor da esposa, tirara-lhe a vida? Acham que o espírito que estava habituado ao poder, através do qual atraíra várias pessoas para sua vida, poderia sujeitar-se a ficar em segundo plano neste condado? Meus amigos, a vida, com sua sabedoria, concedeu-lhes tempo para um amadurecimento interior. Um dia, quando se sentirem livres da culpa do passado e forem mais experientes, se o amor permanecer, então a vida não colocará barreiras, mas os aproximará e tudo será possível de uma forma mais bela e mais completa. É só ter paciência e confiar em Deus.

Um sentimento de paz brotou dentro de mim. Só um pensamento ainda me incomodava:

— Não conseguirei que Christopher me aprecie? — indaguei.

— Certamente — respondeu Philip. — As coisas são diferentes agora. Devolveu-lhe a vida, a esposa e tem lhe dado amor. O passado se apagará definitivamente. Ele conhecerá uma moça, será um reencontro com alguém que ele amou e muito o ama. Será muito feliz e muito fará pelo progresso do seu povo.

— Vou conquistar-lhe a simpatia — disse. — Ele acabará por estimar-me.

— Naturalmente — disse Anne. — Contudo, é tarde e ele ainda não apareceu.

— Não se preocupe — respondeu Ernest. — Ele estará de volta antes do amanhecer.

Tomamos um chá com torradas e os dois recolheram-se enquanto nós nos demoramos conversando numa pequena e aconchegante sala.

— Estou fascinada — comentou Anne. — Como eles puderam descobrir tudo?

— A mediunidade exercida com honestidade pode fazer muito em nosso benefício.

— De hoje em diante, desejo aprender sobre isso. Christopher vê os espíritos.

— Não só vê como sente e é envolvido por eles. Seria útil que ele compreendesse e estudasse as leis que regem esses fatos. Só assim poderá conhecer as causas das influências e proteger-se.

— Agora que tudo isso aconteceu, não descuidarei.

— Gostaria de ajudar. Tenho estudado, pesquisado, e seria também uma oportunidade para aproximar-me dele. Desejo muito que ele seja meu amigo.

— Compreendo e aprecio seu gesto. Tem todo o direito de tentar.

— Obrigado, Anne. Vou pensar em uma maneira.

Ficamos conversando durante muito tempo. Entre nós havia agora um novo entendimento.

Era muito tarde quando a criada entrou um tanto apressada, dizendo:

— Senhora, senhora! O senhor conde acaba de chegar!

Levantamo-nos incontinente. Anne acompanhou a criada e eu fui atrás. Na sala de refeições, Christopher estava sentado à mesa enquanto uma serva colocava à sua frente coisas para comer. Vendo que nos aproximávamos, levantou-se, dizendo admirado:

— Acordados até esta hora? Terei feito barulho?

Apesar de estar empoeirado e as vestes, um pouco rotas, parecia bem-disposto.

— Lady Anne estava preocupada com sua demora, não conseguia dormir. Eu fazia-lhe companhia.

— Desculpe-me, mamãe — disse ele beijando-a na face com desenvoltura. — Não pensei demorar-me tanto. Sinto tê-la afligido.

— Está tudo bem, meu filho. Estou feliz por vê-lo de volta.

— Tenho fome. Aceitam comer um pouco comigo?

Anne olhou-me indecisa, mas eu aproveitei a oportunidade.

— Aceito — disse.

— Eu também — concordou Anne.

Sentamo-nos. Christopher estava alegre e bem-disposto. Muito diferente do moço que eu vira ao chegar.

— Fui ver as coisas de perto. Saí a cavalo, pela floresta, e devo ter dormido, não sei bem. Andei o dia todo, estava cansado e com fome. Parei em uma cabana e fiquei lá. Comi biscoitos que encontrei em um pote. Com certeza, lá morava algum caçador. Não o vi. Devo ter dormido demais. Meu cavalo escapou e não o encontrei mais. Voltei a pé. Tinha fome e muita vontade de chegar. Afinal, nem sei por que saí. Senti medo. Acho que essas coisas de espíritos mexeram comigo.

Christopher comia com apetite e notei que ele estava muito bem. Anne estava feliz e eu também. Conversamos bastante. Anne contou-lhe a materialização de Lady Elizabeth e ele ficou cheio de curiosidade. Arrependeu-se por não ter estado presente.

Estava amanhecendo quando nos recolhemos. Eu sentia muita alegria no coração.

Christopher não demonstrara nenhuma animosidade. Eu poderia ter esperanças.

Reunimo-nos ao almoço. O ambiente estava agradável e sereno. Christopher fazia as honras da casa com cortesia e atenção. Ernest anunciou a partida para o dia seguinte e eu senti um aperto no coração. Christopher desculpou-se por não ter estado presente nas sessões anteriores e pediu para que fizessem mais uma.

Eles concordaram. Durante a tarde, Anne conversou longamente com o filho. Relatou-lhe o que se passara com Sir Charles, omitindo as revelações sobre o nosso passado. Aconselhou-o a estudar esses assuntos para que não voltasse a ser joguete nas mãos de espíritos não esclarecidos. Ele ficou impressionado e pensativo.

Antes do jantar, fomos à galeria dos antepassados para ver os retratos. Reconhecemos logo Lady Elizabeth. Fomos ver os outros. Em frente a Lady Helen, paramos. Havia nela alguma coisa que lembrava Anne, e eu comentei:

— Parece-se com Lady Anne.

Christopher respondeu prontamente:

— Lembra um pouco, mas elas são muito diferentes. Lady Helen era atormentada e doente. Perdeu o marido em um acidente. Nunca se conformou. Mamãe é equilibrada, forte, lúcida. Perdeu o marido assassinado e manteve o equilíbrio.

Inclinei-me delicado:

— Tem razão, conde.

Ele parou diante do retrato de um homem moço e em traje de gala.

— De todos os retratos, este é o que mais gosto. O marido de Lady Helen, por sinal. Um homem inteligente, tinha um futuro político promissor. Pena que tenha morrido tão prematuramente.

Olhei o retrato e estremeci. Era muito parecido com Christopher. Senti-me inquieto.

— O senhor conhece bem a história da família — comentei.

— Sim. Adoro Loucester. Mas esse conde era brilhante. Tinha projeção na corte e contava com a proteção de um membro do Parlamento, apoiado diretamente pela rainha. Aliás, chegou a ser distinguido pela honra de desempenhar tarefas de confiança para a Coroa, a pedido de Sua Majestade. Foi ao regressar de uma dessas viagens que sofreu o acidente que lhe tirou a vida.

— Christopher sempre se sentiu atraído por essa história — comentou Anne.

— É verdade — prosseguiu ele. — Infelizmente não encontrei informações mais detalhadas sobre esse acidente e muitas vezes cheguei a pensar que talvez os fatos tivessem ocorrido de forma diferente. Para mim, ele pode ter sido vítima de alguma armadilha intencional.

Senti um frio percorrer-me a espinha. Christopher se lembraria da verdade?

— Impressão, meu filho — considerou Anne. — Fantasia. Sequer houve suspeita.

Christopher não se deu por vencido:

— Naqueles tempos, havia muita sede de poder. Inveja. Ele era brilhante. Pode ter sido uma trama política. Seja como for, quanto mais penso, mais tenho a certeza de que ele foi assassinado.

Senti-me inquieto e contrafeito. Felizmente, fomos andando e vendo os outros retratos. Christopher pressentia parte da verdade. Contudo, falara com naturalidade, não deixara transparecer nenhuma emoção.

Fiquei pensando em como a vida nos aproximara de novo, depois de tanto tempo. Percebi que era a oportunidade que Deus me oferecia de ajudar aquele a quem eu prejudicara e agora aprendera a amar de verdade.

Naquela noite, quando nos reunimos na pequena sala para a nossa sessão, enquanto Ernest orava comovido, eu pedi ardentemente a Deus que me mostrasse como eu poderia ser útil ao meu filho e ganhar o seu afeto.

Logo nos primeiros instantes, Christopher mostrou-se inquieto. Quis levantar-se, mas Ernest aproximou-se, colocando as mãos em seus ombros, dizendo:

— Não tenha medo, senhor conde.

— É vovô. Ele está de volta.

— Deixe-o aproximar-se. Não resista. Relaxe.

Christopher respirou fundo e logo começou a tossir. Anne estava tensa. Era a tosse inconfundível de Sir Charles.

— Eu quero falar — disse Christopher em voz arrastada.

— Seja bem-vindo, senhor conde. Estamos ouvindo.

— Quero deixar claro que vou embora porque quero. Ninguém me obriga a fazer nada.

— Certamente, senhor — concordou Ernest.

— Sou um homem inteligente. Prefiro preparar-me para voltar a viver nesse mundo, com um corpo só meu, que eu possa comandar como eu quero, sem interferências. Estarei ausente por algum tempo, não sei bem quanto, quero deixar algumas instruções para Christopher. Ele não pode ser tão mole quanto sua mãe. Precisa ser duro com o populacho. Ninguém é respeitado se não se impuser com rigor. Quando eu voltar, quero encontrar as coisas muito bem. Ele precisa mandar e todos devem obedecer. Quando eu estiver de volta, assumirei o comando. Agora devo ir. Ai de vocês se não fizerem o que ordenei. Seguirei com a gente da nobreza que está me levando. Adeus.

A cabeça de Christopher pendeu sobre a mesa, e Ernest, com a mão espalmada sobre ele, orava em silêncio. Vendo Christopher voltar ao normal, sentou-se ao lado de Philip, que gemia e respirava de forma irregular. Logo começou a sair de sua boca uma substância branca que aos poucos foi se adensando e, quando a pequena luz vermelha se acendeu, eles viram o busto de Lady Elizabeth. Christopher olhava-a fascinado. Ela imediatamente postou-se na frente dele, que estava acometido de intensa emoção.

Lady Elizabeth estava mais luminosa e bela do que no retrato. E vibrante de vida. Olhando Christopher com penetrante lucidez e muito amor, disse:

— Christopher querido, quero dizer-lhe que vencemos uma etapa do passado. Charles, apesar do que disse, antes de poder regressar a Loucester, deverá amadurecer na compreensão e, por certo, ao voltar, não mais terá a dureza que o marcou até agora. Essa força, ao toque do entendimento, se transformará na firmeza positiva que trará muitos benefícios ao nosso povo. Você, Christopher, tem nas mãos todas as oportunidades para realizar seus desejos de progresso. Procure dirigir o condado com justiça, mas com compaixão e benevolência. Esse povo precisa ser orientado para que possa desenvolver suas qualidades e conduzir-se melhor. Para isso, você deve estudar a vida espiritual. Sua sensibilidade deve ser educada e você precisa aprender a fazer dela um instrumento útil. Peça ao doutor Jacques que o ajude nesse campo. Ele está preparado para ser seu professor e amigo. Agora, devo ir, abençoo a todos vocês, a esta casa que tanto amo, ao meu povo. Agradeço a Deus por esse privilégio. Adeus.

A figura de Lady Elizabeth foi se desfazendo e a luz vermelha apagou-se.

Ernest proferiu ligeira prece e encerrou a sessão. Quando a luz se acendeu, Christopher estava entusiasmado. Não podia conter-se. Falava da beleza da avó, admirava-se de que tal fenômeno não fosse de domínio público.

Anne estava emocionada.

— Não sei como agradecer tanta bondade — considerou. — Foi um privilégio.

— Foi extraordinário — comentei.

— Realmente — concordou Ernest. — Nem sempre conseguimos manifestações como as duas que obtivemos aqui. É lícito entender que houve muito interesse da parte dos espíritos nessas demonstrações. Tenho comigo que o que se passou aqui, desde que chegamos, foi muito mais importante do que nós podemos compreender.

— O que quer dizer? — indagou Christopher com interesse.

— Não saberia explicar. Mas os espíritos sempre dão mais quando cuidam dos interesses que envolvem muitas pessoas.

— O que não é o nosso caso — tornou Christopher.

Ernest sacudiu a cabeça negativamente.

— Não penso assim. O senhor conde é o líder de todo um povo. Muitos espíritos que pretendem ajudar essas pessoas se interessam pelo senhor. Depois, há o doutor Jacques, que vem desenvolvendo um trabalho de esclarecimento através dos seus livros. Muitas pessoas estão sendo e serão beneficiadas por eles. Confio no futuro. Tudo que acontece é para melhor.

Conversando com entusiasmo, fomos tomar nosso chá, e o ambiente estava alegre e acolhedor. Christopher aproximou-se de mim, olhando-me com interesse:

— Doutor Jacques — disse —, vovó falou que o senhor tem condições de orientar-me quanto à parte espiritual. Não estarei abusando da sua boa vontade, depois de tudo quanto nos tem feito?

Senti um brando calor aquecer-me o coração. Notei o olhar emocionado de Anne pousado em nós.

— De forma alguma — disse. — Nesses últimos anos, tenho dedicado grande parte do meu tempo ao estudo desses assuntos. Cheguei à conclusão de que são poucas as pessoas que percebem a influência dos espíritos em nossas vidas, sendo muitas vezes seus instrumentos sem o saber.

— Como eu — tornou ele.

— O senhor sabia, tem o dom de ver.

— Ainda assim, deixei-me envolver. Agora percebo bem. O que devo fazer?

— Posso indicar-lhe alguns livros.

— Pena que vá embora amanhã — considerou ele.

— Disponho de mais alguns dias. Se estiver interessado, poderei ficar um pouco mais.

Os olhos de Christopher brilharam.

— Eu apreciaria muito. Na verdade, não me atreveria a lhe pedir. Afinal, o senhor já nos ajudou muito.

— Seja. Ficarei mais alguns dias se Lady Anne concordar, naturalmente.

— Com prazer, doutor Jacques. O senhor faz-me lembrar do nosso querido senhor Leterre, de saudosa memória.

— Ele sempre o acompanha — disse Christopher olhando fixamente para mim.

— Pode vê-lo? — inquiri.

— Sim. Hoje por duas vezes eu o vi a seu lado. Parece-me muito bem. Ele não disse, mas eu "sei" que ele o ajuda quando escreve seus livros.

Sorri alegre.

— Parece que não terei muito a ensinar-lhe sobre as coisas espirituais...

Naquela noite inesquecível, ao recolher-me, agradeci a Deus tanta bondade. Sentia dentro da alma uma felicidade imensa e um novo sentimento de paz e harmonia banhando-me o coração.

Andando pelas alamedas perfumadas daquele jardim, eu sentia no peito grande saudade. O tempo varrera todas as coisas e tudo transformara. Eu, no entanto, ainda era o mesmo. O amor por Anne, a amizade por Eliane, Elisa, o carinho por Julien, Lisete, Milena, Christopher, minha mãe, meu pai, Mirelle, André, Lenice e Jean. As pessoas que marcaram minha vida, muitas das quais ainda se demoravam na Terra. Eu voltara primeiro, depois Lenice, Eliane e Jean.

Sentei-me em um banco agradável e pus-me a recordar. Aquela viagem a Dolgellau tinha sido o marco que transformara minha vida definitivamente.

Depois que Ernest e Philip partiram, fiquei e durante um mês vivi naquele encantamento. Levei muito a sério a tarefa de esclarecer Christopher e mandei buscar livros, estudamos juntos, fizemos sessões, tornamo-nos inseparáveis. Descobrimos pontos de afinidade e, quando finalmente regressei a Paris, continuamos a nos corresponder com assiduidade. Dediquei-me aos estudos e escrevi alguns livros que foram recebidos com entusiasmo por todos os que eu amava. Eliane ajudou-me muito nessa tarefa. Voltamos a ver-nos, Anne e Christopher, algumas vezes, com alegria e afeto.

Tudo quanto Ernest previra aconteceu. Christopher apaixonou-se, casou-se e viveu feliz. Sua mediunidade o ajudou a perceber melhor as coisas e a reinar em seus domínios com bondade e justiça. Era adorado pelo povo.

Lembrei-me da tristeza que senti ao deixar a Terra, da saudade de Anne, sem poder vê-la para despedir-me. Logo ao chegar, quando estava me recuperando, tive a grata surpresa de receber a visita de Elisa e Julien.

Chorei ao abraçá-los. Eles estavam muito bem e cheios de projetos para o futuro. Procurei sair da depressão e refazer-me. Estava voltando para casa e, apesar do velho apego à Terra, sabia que a vida muda sempre para melhor. Aceitar a mudança é harmonizar-se com ela e encontrar a felicidade e a paz.

Quando Eliane chegou, cinco anos depois, fui visitá-la. Sentia-me bem e conseguira juntar-me a um grupo que trabalhava no esclarecimento das coisas espirituais, atuando nos centros espíritas da Terra. Conheci o Brasil, apaixonei-me por suas belezas, muito diferentes das que eu conhecera. Fiz muitos amigos. Eliane estava bem. Era credora de muitas amizades no plano mais alto. Soube que ela logo seguiria para outro lugar mais adequado ao seu espírito.

Abraçamo-nos com afeto. Sabíamos que nossa ligação, apesar de sincera, terminara na Terra. Vendo-me um pouco constrangido, segurou-me a mão dizendo com doçura:

— Não se perturbe. Não pretendo cobrar nada. Há muito compreendi que o sentimento que nos une está longe de ser definitivo. Estimo-o de verdade. Sempre recordarei os anos que vivemos juntos com carinho e respeito. No entanto, eu sei que não sou a sua companheira para sempre. Outros afetos me chamam em outro lugar e você também sente a mesma coisa.

Ela estava com a razão. Abraçamo-nos novamente com muito carinho. Estivemos juntos enquanto ela ficou em nossa cidade e despedimo-nos com alegria. Nós nos veríamos de vez em quando e eu estava em paz.

Dediquei-me com alegria ao trabalho de esclarecimento espiritual. Durante esse tempo, interessei-me pelo estudo do comportamento humano, tentando compreender para viver melhor.

Olhei a beleza das árvores frondosas e aspirei o ar leve e agradável com prazer. Anne ainda estava na Terra. Senti uma onda de saudade. Era-me permitido vê-la e eu, sempre que podia, comparecia ao velho castelo de Loucester, onde podia abraçá-la e acompanhar seu progresso espiritual.

Anne também se transformara depois daquelas sessões memoráveis. Dedicara-se aos estudos dos fenômenos espíritas, mantendo contato com a Sociedade Psíquica de Londres e outros grupos de estudiosos, participando ativamente dessas pesquisas, contribuindo até financeiramente para isso.

Seu espírito nobre e reto encontrou muita alegria no conhecimento da dinâmica da vida, da justiça de Deus, da reencarnação e da sobrevivência da alma. Pensando nela, sentia-me contente, observando que ela estava abrindo seu espírito para o conhecimento dos verdadeiros valores da vida.

Fechei os olhos com profundo sentimento de amor. Que bom se eu pudesse tê-la ao meu lado, ali, para sempre!

— Jacques!

Uma emoção enorme me invadiu.

— Anne!

Abri os olhos. Ela estava diante de mim, parada, braços estendidos. "Se for uma ilusão, vai desfazer-se", pensei com euforia, enquanto corria para seus braços apertando-a de encontro ao peito.

Beijei seu rosto com muito amor e continuei a abraçá-la para certificar-me de que ela estava realmente ali. Muitas vezes imaginara nosso encontro, o momento em que não houvesse mais a barreira da carne entre nós. Via-me abraçando-a como agora, mas, por fim, ela se desvanecia e eu percebia que era apenas imaginação.

Desta vez, ela não se desfez. Abraçou-me com força e eu podia sentir seu corpo tremer de emoção e de alegria.

— Anne! É você?! Não posso crer.

— Sou eu, sim, Jacques. Finalmente nos encontramos. Posso dizer da minha saudade, do meu amor! Agora somos livres!

Apertei-a de novo de encontro ao peito e beijei-a nos lábios com muito amor. Quando nos acalmamos, olhei-a com carinho. Ela estava tal qual eu a vira em Loucester quando fora com Ernest e Philip. Eu estivera no velho castelo havia duas semanas e a encontrara bonita, saudável, porém com cerca de oitenta anos. Como acontecera aquele milagre?

Sentamo-nos no banco abraçados. Eu queria saber.

— Custo a acreditar — disse. — Estive com você em Loucester há duas semanas e você estava bem. Quando veio?

— Há dez dias apenas.

— Como foi? Por que não fui avisado? Tudo faria para recebê-la.

— Eu sei. Foi o coração. Adormeci e acordei aqui, dois dias depois. Nada sofri. Passei muito bem.

— Por que não me avisou?

Anne sorriu.

— Eu estava muito feia, queria melhorar a aparência. Deixei um corpo velho, conservava dele forte impressão.

Olhei-a com admiração.

— Você está linda. Precisa ensinar-me como conseguiu remoçar assim.

— Usei a força do pensamento e a alegria de revê-lo, reviver nossos momentos felizes. Você também remoçou. Não ia gostar mais de mim daquele jeito.

Abracei-a comovido.

— Gosto de você de qualquer forma. Onde está residindo?

— Aqui mesmo, nesta cidade. Minha mãe já veio visitar-me. Foi ela quem me disse que você estava aqui.

— Lady Elizabeth é o anjo bom que nos tem protegido. Anne, precisamos procurar nosso diretor. Estou disposto a trabalhar muito, fazer o que for necessário para ficarmos juntos. Sinto que estou livre dos meus compromissos. Elisa está bem e segue seu rumo. Eliane compreendeu que nosso relacionamento é apenas de amizade e seguiu seu destino em outros planos, onde tem outros afetos. Estou livre!

— Eu também. Cumpri a parte do trato e sinto a consciência tranquila. Eu quero ficar com você!

Naquele momento mesmo, mãos entrelaçadas, corações vibrando harmoniosamente, cheios de amor, entregamo-nos aos nossos projetos de alegria e paz. E neles, além do amor que nos unia, incluímos o desejo sempre maior de estudar a vida, aprender a enxergar a luz, o bem, a viver a experiência de Deus em tudo e em todos, para desenvolver nossas almas, crescer, participar e amar cada vez mais.

As primeiras estrelas começaram a brilhar, e nós, ainda abraçados, sentíamos muita gratidão por Deus nos ter dado a glória de viver e estarmos juntos para sempre.

GRANDES SUCESSOS DE

ZIBIA GASPARETTO

Com 19 milhões de títulos vendidos, a autora tem contribuído para o fortalecimento da literatura espiritualista no mercado editorial e para a popularização da espiritualidade. Conheça os sucessos da escritora.

Romances

pelo espírito Lucius

A força da vida
A verdade de cada um
A vida sabe o que faz
Ela confiou na vida
Entre o amor e a guerra
Esmeralda
Espinhos do tempo
Laços eternos
Nada é por acaso
Ninguém é de ninguém
O advogado de Deus
O amanhã a Deus pertence
O amor venceu
O encontro inesperado
O fio do destino
O poder da escolha
O matuto
O morro das ilusões
Onde está Teresa?
Pelas portas do coração
Quando a vida escolhe
Quando chega a hora
Quando é preciso voltar
Se abrindo pra vida
Sem medo de viver
Só o amor consegue
Somos todos inocentes
Tudo tem seu preço
Tudo valeu a pena
Um amor de verdade
Vencendo o passado

ZIBIA GASPARETTO

Eu comigo!

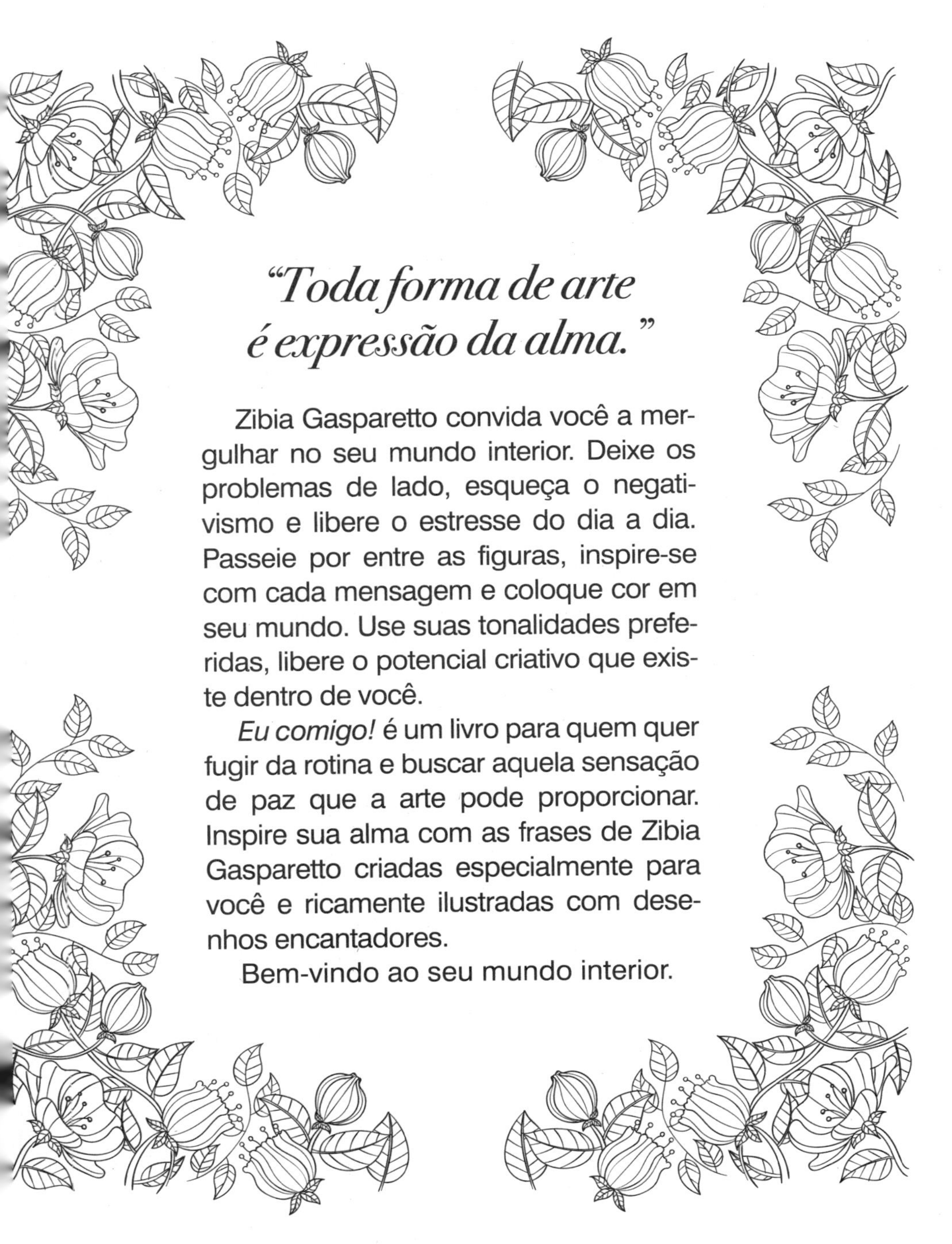

"Toda forma de arte é expressão da alma."

Zibia Gasparetto convida você a mergulhar no seu mundo interior. Deixe os problemas de lado, esqueça o negativismo e libere o estresse do dia a dia. Passeie por entre as figuras, inspire-se com cada mensagem e coloque cor em seu mundo. Use suas tonalidades preferidas, libere o potencial criativo que existe dentro de você.

Eu comigo! é um livro para quem quer fugir da rotina e buscar aquela sensação de paz que a arte pode proporcionar. Inspire sua alma com as frases de Zibia Gasparetto criadas especialmente para você e ricamente ilustradas com desenhos encantadores.

Bem-vindo ao seu mundo interior.

www.vidaeconsciencia.com.br

Rua das Oiticicas, 75 – SP
55 11 2613-4777

contato@vidaeconsciencia.com.br
www.vidaeconsciencia.com.br